嘉兴学院经济管理实验中心系列实验教材

U0662915

人力资源管理专业
实验（实训）指导书

葛培华　孔冬　郭如平　等编著

经济科学出版社

图书在版编目（CIP）数据

人力资源管理专业实验（实训）指导书／葛培华，
孔冬，郭如平等编著. ——北京：经济科学出版社，2011.6（2016.7 重印）
（嘉兴学院经济管理实验中心系列实验教材）
ISBN 978 - 7 - 5141 - 0798 - 2

Ⅰ.①人…　Ⅱ.①葛…　②孔…　③郭…　Ⅲ.①人力资
源管理 - 高等学校 - 教学参考资料　Ⅳ.①F241

中国版本图书馆 CIP 数据核字（2011）第 119038 号

责任编辑：周胜婷
责任校对：王苗苗
技术编辑：王世伟

人力资源管理专业实验（实训）指导书
葛培华　孔冬　郭如平　等编著
经济科学出版社出版、发行　新华书店经销
社址：北京市海淀区阜成路甲 28 号　邮编：100142
总编部电话：88191217　发行电话：88191613
网址：www. esp. com. cn
电子邮件：esp@ esp. com. cn
北京汉德鼎印刷有限公司印刷
河北省三河市华玉装订厂装订
787 × 1092　16 开　18.75 印张　430000 字
2011 年 7 月第 1 版　2016 年 7 月第 2 次印刷
ISBN 978 - 7 - 5141 - 0798 - 2　定价：35.00 元
（图书出现印装问题，本社负责调换）
（版权所有　翻印必究）

序　言

　　近年来，地方本科院校招生规模迅速扩张，在我国高等教育体系中发挥着越来越重要的作用。地方本科院校在日趋激烈的高校竞争中需要正确定位，培养适应区域社会经济发展需要的毕业生，这既关系到学校自身的生存和发展，也影响到我国高等教育的整体水平。为此，地方本科院校需要加快人才培养模式的创新，努力探索应用型人才培养的新路径。嘉兴学院作为一所地处东部沿海发达地区的地方本科院校，近年来认真研究区域经济社会发展对应用型人才的需求特点，积极推动应用型人才培养模式创新，取得了令人瞩目的成果。

　　嘉兴学院是一所具有 97 年办学历史的省属本科院校，在近一个世纪的办学历程中培养了一大批经济管理人才，形成了自身的办学特色。学校一直致力于应用型人才的培养，注重学生的实践动手能力和创新能力。在高等教育大发展的背景下，学校确立了"学校办学以人才培养为根本、人才培养以教育质量为中心、教育质量以育德育才为重点、育德育才以务实致用为目标"的教育观念，着力推进人才培养模式改革与研究，按照"夯实基础，拓宽口径，强化能力，注重创新"的人才培养要求，充分考虑地方经济社会发展需要和学校定位，科学确定各专业人才培养目标。

　　嘉兴学院经济管理实验中心自 2007 年被确定为国家级经济管理类实验教学示范中心建设单位以来，在实验室建设、实验教学改革和高校共享等方面取得了一系列的成效。目前已构建了满足学校经管类专业实验教学的软硬件平台，共有实验室 15 个，为学校 11 个经管专业和其他专业提供服务，开出实验课程 100 余门。经济管理实验中心积极推动经管类专业探索学生综合应用能力和创新能力培养的新模式。经管类专业在确定应用型人才培养目标的基础上，进一步分解、细化应用型人才能力规格，完善实验教学体系，补充完善各专业的实验项目。经济管理实验中心组织经济学、国际经济与贸易、金融学、市场营销、人力资源管理财务管理、工商管理、会计学、统计学、信息管理与信息系统、公共事业管理等专业教师编写系列实验教学指导书。本系列教材具有以下几个特色：

　　1. 综合性。本系列实验教学指导书将每个经管专业的所有专业课实验项目汇编在一本书中，让学生进校后就能了解在大学四年学习中应该完成的实验项目。学生能够借助实验指导书，自言选择实验、实训项目开展实验实训活动，培养自主学习能力。本系列实验教材围绕人才能力规格的总体要求整体设计相关实验项目，有利于避免实验项目间重复现象。

　　2. 应用性。本系列实验教学指导书紧紧围绕应用型人才的培养目标，突出了学生实践能力的培养。根据应用型人才培养方案，在分解、细化应用型人才能力规格的基础上，设计符合地方本科院校特色的实验项目。在项目设计时将学生创新能力培养作为重要内容，增加了综合性和创新型实验项目，让学生在思考中去解决问题，注重学生创新意识和创新精神的培养。

3. 探索性。编写本系列实验教学指导书是一项探索性很强的工作，缺乏可以借鉴的经验。由于不同专业的差异性较大，本系列实验教学指导书在保持基本格式一致的基础上，允许各个专业体现自身的特色和个性。有些指导书以模块化结构形式出现，而有些指导书则按照课程实验和实验课程的关系来编排。

本系列实验教学指导书凝结了嘉兴学院经管类专业广大专业教师的心血，各专业的项目负责人带领教学团队历时近两年时间，经过了多次讨论和修改。尽管如此，本系列实验教学指导书还存在不少需要改进的空间，我们将在今后的教学中不断加以改进。让我们共同努力，不断推进经管类人才培养模式的改革，提高学生的实践能力，为我国经济社会建设培养更多的应用型人才。

徐建民

2011 年 4 月

前　　言

　　在当今的经济发展与企业竞争中，人力资源开发与管理显得愈发重要，人力资源已成为一种关键性战略资源。人力资源管理专业人才的培养是企业获取这种关键性战略资源的决定性因素。随着现代企业人力资源管理理论与实践的不断探索、深化，专业教育已初步构建起了较为完整的人力资源管理专业理论教学体系，使学生掌握现代企业人力资源管理的基本理论和知识，具有开展人力资源管理日常工作的基本技能。

　　在人力资源管理理论教育体系快速完善的同时，实践教育体系的构建却相对滞后。为适应我国经济与社会发展的需要，市场对应用型人才的需求呼声日益高涨。以培养应用型高级人力资源管理专门人才为目标，强化与规范实践教学，本着"明确思路、创新理念、塑造亮点、创建示范、加强规范、保证常规"的人力资源管理专业实验教学体系建设思路，构建人力资源管理专业实验教学新体系，为此我们组织编写了人力资源管理专业实验指导教材。

　　本实验教材以人力资源管理专业人才培养目标为蓝图，将应用型高级人才培养目标具体细化为专业人才能力和素质规格要求，以人力资源管理培养方案为主线，构建起专业基础能力、专业能力和综合实践创新能力培养相衔接，模块式、点线面相结合的实践教学新体系。设置人力资源规划与设计、招聘与测评、培训与开发、绩效与薪酬管理、劳动关系管理和人力资源管理综合实验等六大专业实验教学模块，每一模块内分别设置课程知识点、线的实验项目，并以跨课程、跨专业的综合实验实现专业实践能力的层次推进和分层培养。采取模拟型实验教学、案例教学、行动学习法及探究型实验教学等多种实验教学方法，全面培养学生专业创新能力，为实现应用型高级专门人才的培养目标提供有力支撑。

　　从人力资源管理专业实践能力培养体系和培养模式出发，本教材以能力培养为主线，通过对课程的整合，组织编写了六大模块共 68 个实验项目。实验项目按其属性划分为验证性、设计性、综合性三大类，按专业方向和实验教学条件设立必开与选开项目，教学过程中可配合课程教学需要和实验课时设置情况，选开其中相应的实验项目。

　　本实验教材的编写工作集合了嘉兴学院人力资源研究所全体教师的智慧。其中，人力资源规划与设计实验模块由陈至发、龚尚猛老师负责编写；郭如平老师承担了人力资源招聘与测评实验模块的编写设计；任国元、赵欢君老师负责人力资源培训与开发实验模块；葛培华、孔冬老师承担绩效与薪酬管理模块实验的设计与编写工作；蒋懿老师承担劳动关系管理实验模块的编写；葛培华、龚尚猛、杨婷华老师承担人力资源管理综合实验的设计与编写。本书由葛培华老师负责总纂。钱方明院长、顾惊雷博士、张玉才博士也多次参与了本书大纲的讨论与修改工作，同时本教材也得到了校内外各位专家的悉心指导，在此深表谢意，此外，我校人力资源管理实验室的建设与北京金益康（集团）公司、北森测评技术有限公司、北京现代中欧管理科学研究院等单位有着长期的合作，本指导书编写过程中参阅了金益康人力资源管理信息系统、北森人力资源测评教学系统、中欧 KJ 人力资源管理沙盘模拟等，对他们长期以来的合作与支持在此表示感谢。由于我们尚在理论与实践的学习和探索中，水平和视野较为有限，偏颇、疏漏甚至错误在所难免，恳请专家和学者不吝赐教。

编著者

2011 年 4 月

目　　录

第一章　人力资源规划与设计实验模块

实验一　访谈提纲编写实验（E001）

一、实验名称和性质

所属课程	工作分析
实验名称	访谈提纲编写实验
实验学时	2
实验性质	□验证　□综合　√□设计
必做/选做	√□必做　□选做

二、实验目的

1. 通过实验，熟练运用问卷调查法和访谈法，学会对工作分析过程中收集的信息进行整理和归纳。
2. 培养问卷编写的实际操作能力。

三、实验的环境要求

开放式实验室。

四、知识准备

熟悉并掌握与岗位有关的信息类型以及管理沟通的相关理论及技巧。

五、实验材料和原始数据

访谈问卷实例。

访谈问题样本（一）

（1）请问你的姓名、职务名称、职务编号是什么？

（2）请问你在哪个部门工作？请问你的部门经理是谁？你的直接上级是谁？

（3）请问你主要做哪些职务？可以举一些实例。

（4）请你尽可能详细地讲讲你昨天一天的工作内容。

（5）请问你对哪些事情有决策权？哪些事情没有决策权？

（6）请讲讲你在工作中需要接触到哪些人？

（7）请问你需要哪些设备和工具来开展你的工作？其中哪些是常用的？哪些只是偶尔

使用？你对目前的设备状况满意吗？

（8）请问你在人事审批权和财务审批权方面有哪些职责？可以举些实例。

（9）请问你认为做好这项职务需要什么样的文化水平？需要哪些知识？需要什么样的心理素质？

（10）如果对一个大专学历层次的新员工进行培训，你认为需要培训多长时间才能正式上岗？

（11）你觉得目前的工作环境如何？是否还需要更好的环境？你希望哪些方面得到改善？

（12）你觉得该工作的价值和意义有多大？

（13）你认为怎样才能更好地完成工作？

（14）你还有什么要补充的？

（15）你确保你回答的内容都是真实的吗？

六、实验要求

（1）模拟一次人物访谈。

（2）设计完整的访谈方案，要求有开放式的设计问卷。

七、实验步骤

第一步，确定工作分析访谈岗位和目标；

第二步，选择模拟访谈的学员并进行角色分配；

第三步，访谈活动模拟；

第四步，访谈活动总结并编制访谈提纲；

第五步，老师点评。

八、实验结果和总结

实验结果以实际编写的访谈提纲为据，提交实验报告。

九、实验成绩评价标准

本实验采用五级评分制：

A：能够熟练编写访谈提纲，内容完整，文字规范；

B：能够熟练编写访谈提纲，内容基本完整，文字较规范；

C：能够较熟练编写访谈提纲，内容基本完整，文字规范；

D：能够及时完成访谈提纲的编写，内容基本完整，文字较规范；

E：能够完成访谈提纲的编写，内容基本完整，文字基本规范。

实验二 职务分析问卷设计实验（E002）

一、实验名称和性质

所属课程	工作分析
实验名称	职务分析问卷设计实验
实验学时	2
实验性质	□验证　　□综合　　√□设计
必做/选做	√□必做　　□选做

二、实验目的

1. 通过实验，熟练运用问卷调查法和访谈法，学会对工作分析过程中收集的信息进行整理和归纳。

2. 培养 PAQ 问卷编写的实际操作能力。

三、实验的环境要求

开放式实验室。

四、知识准备

熟悉并掌握职务分析问卷的相关知识。

五、实验材料和原始数据

PAQ 实例。

职务分析问卷 （样式 A 节选）

一、具体说明

首先请判定项目是否适合目标工作。

问卷中有些项目前的代码被小方框图住，它们被认为是通用性的，可以应用到所有工作中。当分析任何工作时，都需要作出判断。对于没有用小方框标出的项目，分析人员首先要判定此项目是否适合被分析的工作，如果不适用，用"—"标出。

当某项目适合于目标工作时，请根据对应评价尺度作出等级判断。

评价尺度说明：每一个项目的前面标有的代码，表示相应的评价尺度。整份问卷包括五种代码：

1. 代码 I ：表示项目对工作的重要程度，共分为六个等级：

"—"表示：不适用；

"1" 表示：非常微小（是工作偶然性的、微小的因素）；

"2" 表示：低（处于一般重要以下）；

"3" 表示：一般（是对整个工作一般重要的因素）；

"4" 表示：高（对工作有足够重要的因素）；

"5" 表示：极高（是对工作非常重要的因素——最重要之一）。

2. 代码 T：表示行为或者工作情景出现的时间。

3. 代码 U：表示工作中具体信息源使用的范围。

4. 代码 S：表示该项目适用的评价尺度是个性化的，不适用于其他的项目，当出现此代码时，会有对应的等级说明。

5. 代码 X：表示检查项目，当某一项目前的代码是 X 时，如果要对该项目作出评价，需要采用其他手段进行检查确定。

二、正 文

工作名称

组织

部门/单位

日期

分析者

雇员姓名（选择项）

1 信息输入

1.1 工作信息源

根据任职者在执行工作任务时把该项目用作信息源的范围，给下面的项目分级。

1.1.1 工作信息的视觉源

（1）U 书写材料（公告、报告、备忘录、文章、工作说明书、电脑打印件、批注等）。

（2）U 图片资料（出现在报纸和电影等上面的非口头信息源，例如绘画、蓝图、图表、表格、地图、摹图等）。

（3）U 数量资料（报表、记账、细目、数据表格等，测量仪器除外）。

（4）U 测量仪器（标尺、圆规、刻度尺等。这些都是数量或者数量信息源）。

（5）U 工作辅助设施（工作辅助设施，例如模板、模型等，在用的期间作为观察的信息源）。

（6）U 机械设备（工具、装备、机器等，在使用或者操作中观察到的信息源）。

（7）U 加工材料（零件、材料、加工物等，为加工、操作或其他处理时的信息源）。

（8）U 不在加工过程中的材料（零件、材料、加工物等，如处理、检查、打包等，但是没在加工过程中的信息源）。

（9）U 视觉显示（拨号、量规、信号灯、雷达检测等）。

（10）U 自然环境（风景、场地、地理条件、植物、天气情况和其他室内或室外环境，它们是可以通过观察或检测来获得的工作相关信息)。

1.2 鉴别和感性活动

1.2.1 鉴别活动

等级　　　　　　　　　　　　精确度（S）

1 大概（对工人在近处视觉鉴别精确度方面要求很小，例如产品装箱，农艺等）。

2 一般（对工人在近处视觉鉴别精确度方面要求一般，例如，读刻度盘和量规，邮件分类等）。

3 高（对工人在近处视觉鉴别精确度方面要求很高，例如，使用显微镜修理手表等）。

六、实验要求

（1）职务分析问卷框架陈述。

（2）设计类型，从开放式调查或封闭式调查表中自选一种。

七、实验步骤

第一步，PAQ 主要内容回顾；

第二步，确定工作分析的具体岗位和对象；

第三步，学员分组讨论；

第四步，问卷编写；

第五步，老师点评。

八、实验结果和总结

实验结果以实际编写的问卷为据，提交实验报告。

九、实验成绩评价标准

本实验采用五级评分制：

A：能够熟练编写问卷，内容完整，文字规范；

B：能够熟练编写问卷，内容基本完整，文字较规范；

C：能够较熟练编写问卷，内容基本完整，文字规范；

D：能够及时完成问卷纲的编写，内容基本完整，文字较规范；

E：能够完成问卷的编写，内容基本完整，文字基本规范。

实验三　服务类岗位说明书编写实验（E003）

一、实验名称和性质

所属课程	工作分析
实验名称	服务类岗位说明书编写实验
实验学时	1
实验性质	□验证　□综合　√□设计
必做/选做	√□必做　□选做

二、实验目的

熟悉并理解工作分析说明书编制的基本流程，对具体编制过程中将要遇到的问题及应该注意的事项有初步的了解，学会撰写工作分析说明书。

三、实验的环境要求

开放式实验室。

四、知识准备

熟悉并掌握岗位说明书编写的相关知识。

五、实验材料和原始数据

岗位说明书实例。

"招聘专员"工作说明书

职务名称：招聘专员
所属部门：人力资源部
直接上级职务：人力资源部经理
职务代码：XL－HR－021
工资等级：9～13
工作目的：为企业招聘优秀、适合的人才
工作要点：
1. 制订和执行企业的招聘计划。
2. 制定、完善和监督执行企业的招聘制度。
3. 安排应聘人员的面试工作。

工作要求：认真负责、有计划性、热情周到

工作责任：

1. 根据企业发展情况，提出人员招聘计划。

2. 执行企业招聘计划。

3. 制定、完善和监督执行企业的招聘制度。

4. 制定面试工作流程。

5. 安排应聘人员的面试工作。

6. 应聘人员材料管理。

7. 应聘人员材料、证件的鉴别。

8. 负责建立企业人才库。

9. 完成直属上司交办的所有工作任务。

衡量标准：

1. 上交的报表和报告的时效性和建设性。

2. 工作档案的完整性。

3. 应聘人员材料的完整性。

工作难点：如何提供详尽的工作报告

工作禁忌：工作粗心，不能有效地向应聘者介绍企业的情况

职业发展道路：招聘经理、人力资源部经理

任职资格：

1. 工作经验：3 年以上大型企业工作经验。

2. 专业背景要求：曾从事人事招聘工作 2 年以上。

3. 学历要求：本科，大专以上需从事专业 3 年以上。

4. 年龄要求：25 岁以上。

5. 个人素质：独立工作能力强，工作认真，责任心强，善于表达，积极热情；四级英文，熟练使用 Office。

六、实验要求

（1）服务类岗位自选陈述。

（2）遵循工作说明书编制的准确性、实用性、逻辑性、完整性、统一性原则，编写完整的工作说明书。

七、实验步骤

第一步，工作说明书编写格式和内容回顾；

第二步，服务类岗位的确定和信息介绍；

第三步，分组讨论；

第四步，岗位说明书的编写；

第五步，老师点评。

八、实验结果和总结

实验结果以实际编写的工作说明书为据，提交实验报告。

九、实验成绩评价标准

本实验采用五级评分制：

A：能够熟练编写工作说明书，内容完整，文字规范；
B：能够熟练编写工作说明书，内容基本完整，文字较规范；
C：能够较熟练编写工作说明书，内容基本完整，文字规范；
D：能够及时完成工作说明书的编写，内容基本完整，文字较规范；
E：能够完成工作说明书的编写，内容基本完整，文字基本规范。

实验四 培训专员工作说明书设计实验 （E004）

一、实验名称和性质

所属课程	工作分析
实验名称	培训专员工作说明书设计实验
实验学时	1
实验性质	□验证 □综合 √□设计
必做/选做	√□必做 □选做

二、实验目的

熟悉并理解工作分析说明书编制的基本流程，对具体编制过程中将要遇到的问题及应该注意的事项有初步的了解，学会撰写工作分析说明书。

三、实验的环境要求

开放式实验室。

四、知识准备

熟悉并掌握岗位说明书编写的相关知识。

五、实验材料和原始数据

岗位说明书实例。

"人力资源部经理" 工作说明书

职务名称：人力资源部经理

所属部门：人力资源部

直接上级职务：行政副总经理

工作目的：负责公司人力资源管理工作

工作要求：工作细致、服务意识强

工作责任：

1. 编写、执行公司人力资源规划。

2. 招聘：制定招聘程序、组织社会招聘和学校招聘、安排面试、综合素质测试。

3. 绩效考评：制定考评政策、考评文件管理、考评沟通、不合格员工辞退。

4. 激励与报酬：制定薪酬/晋升政策、组织提薪/晋升评审。

5. 福利：制定福利政策、办理社会保障福利。

6. 人事关系：办理员工各种人事关系转移、办理职称评定手续。

7. 培训：组织员工岗前培训、协助办理培训进修手续。

8. 与员工进行积极沟通，了解员工工作、生活情况。

衡量标准：

1. 工作报告的完整性。

2. 公司其他员工对人力资源部工作的反馈意见。

工作难点：如何更好地为员工服务

工作禁忌：服务意识差、行动缓慢

职业发展道路：行政副总经理

任职资格：

1. 工作经验：3 年以上管理类工作经验。

2. 专业背景要求：曾从事人力资源管理工作 2 年以上。

3. 学历要求：大专以上。

4. 年龄要求：30 岁以上。

5. 个人素质：积极热情、善于与人交往、待人公正。

六、实验要求

（1）培训专员岗位知识收集、整理。

（2）培训专员工作说明书编写设计。

七、实验步骤

第一步，培训专员的工作职责和内容介绍；

第二步，学员分组并讨论；

第三步，工作说明书的编写；

第四步，工作说明书的设计讲解；

第五步，老师点评。

八、实验结果和总结

实验结果以实际编写的工作说明书为据，提交实验报告。

九、实验成绩评价标准

本实验采用五级评分制：

A：能够熟练编写工作说明书，内容完整，文字规范；

B：能够熟练编写工作说明书，内容基本完整，·文字较规范；

C：能够较熟练编写工作说明书，内容基本完整，文字规范；

D：能够及时完成工作说明书的编写，内容基本完整，文字较规范；

E：能够完成工作说明书的编写，内容基本完整，文字基本规范。

实验五　A企业人力资源规划方案编制 （F001）

一、实验名称和性质

所属课程	人力资源管理基础
实验名称	A企业人力资源总体规划方案编制
实验学时	4
实验性质	□验证 √□综合 □设计
必做/选做	√□必做 □选做

二、实验目的

1. 掌握和运用人力资源需求和供给预测方法。

2. 掌握和运用人力资源规划的程序和编制人力资源规划的方法。

三、知识准备

前期要求掌握的知识

管理学中的有关计划的原理和知识以及人力资源管理基础中的人力资源规划的基本理论、知识与方法。

实验相关理论或原理

人力资源规划是一个企业或组织为实现其发展目标，而对所需人力资源进行供求预测、制定系统政策和措施，以满足自身人力资源需求的活动。

人力资源规划的总体过程包括收集和分析信息、人力资源需求预测和人力资源供给预测、人力资源规划目标设定与战略规划和人力资源规划实施与绩效评价。

人力资源需求预测方法主要有主观判断法、德尔菲法、趋势预测法、回归预测法和比率预测法。人力资源供给预测方法主要有技能清单、人员替换、人力资源"水池"模型和马尔科夫模型。

人力资源规划实验流程

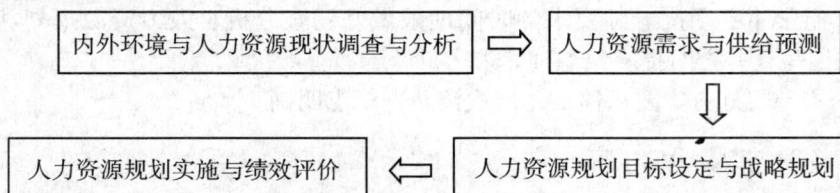

```
┌──────────────────────────────┐      ┌──────────────────────────┐
│  内外环境与人力资源现状调查与分析  │ ⟹  │   人力资源需求与供给预测    │
└──────────────────────────────┘      └──────────────────────────┘
                                                    ⇓
┌──────────────────────────────┐      ┌──────────────────────────┐
│   人力资源规划实施与绩效评价    │ ⟸  │ 人力资源规划目标设定与战略规划 │
└──────────────────────────────┘      └──────────────────────────┘
```

四、实验材料和原始数据

案例： A企业集团本部地处浙江省东阳市南部，总部在杭州，是国家级企业集团，全国大型乡镇企业集团，是全国文明乡镇企业和国家高新技术企业，名列"中国上规模民营企业500强"和"浙江省制造业百强企业"，并被列为2007年中国大企业集团竞争力500强第136位，荣获"全国优秀乡镇企业开拓创新奖"和"全省民营企业参与新农村建设贡献奖"。A企业集团拥有18家全资或控股企业，5家跨地区企业。A企业集团从服装厂起家，紧抓机遇，改革创新，不断发展壮大，于1993年6月，组建了村级工业公司——A工业公司；1995年组建了A企业集团公司；1996年3月根据现代企业制度的要求，把核心企业改造成A企业工贸集团有限公司，使科学合理的现代企业制度建设步入轨道；1996年经国家工商行政管理局的批准，公司变更为国家级集团公司，同年被国家农业部确认为国家级首批乡镇企业集团。经过20多年的发展，A企业集团已形成以高科技产业为主导，传统产业和新兴产业相配套的发展格局。主要产业有：医药化工、房地产开发、建筑建材、纺织服装、火腿食品、电子器材、外贸出口、医院、商贸、农产品生产加工、旅游休闲和教育等。

截至2010年12月，A企业集团的全部员工期末人数为4638名。其中管理人员486名，生产人员2896名，技术人员1256名。

据统计，近5年来员工的平均离职率为5%，但不同类员工的离职率并不一样，生产工人的离职率为10%，技术人员的离职率为2%，管理人员的离职率为3%。

根据战略发展的需要，A企业在未来3年内，将筹建生产A产品的分公司，并计划第三年12月前正式投产。根据投产规模，需要生产员工480人，技术人员206人，管理人员80人。

五、实验要求和注意事项

1. 布置案例。根据教学需要，由老师至少提前1周布置案例。

2. 分组。所有学生分成5~6人的小组，小组的成员要注意男女同学搭配；每个小组推举 1 名同学担任小组长，具体负责小组成员的讨论和人力资源规划方案的编制活动。

3. 课外小组讨论。学生利用课外时间，自主组织小组讨论和分析，进行人力资源预测并编制人力资源规划方案，讨论和分析、编制人力资源规划方案要结合案例事例进行，并要注意运用所学专业理论和专业知识。

4. 所有同学必须积极参与小组活动，参与到各个环节中去。小组成员之间既要有合理分工，又要保持密切合作。

5. 每小组学生必须按老师要求的时间期限做好调查分析、人力资源规划和人力资源规划方案的编写，并按时提交给老师。

6. 人力资源规划方案要求简洁，层次清楚，观点明确。

六、实验步骤和内容

（一）分组

将学生分成小组，每组学生 5~6 人，以小组为单位进行人力资源规划实验。

（二）调查分析

1. 调查分析企业经营战略。
2. 调查分析外部环境。
3. 调查分析人力资源现状。
4. 调查分析企业内外资源。

（三）人力资源预测

1. 人力资源需求预测。
2. 人力资源供给预测。

（四）人力资源规划目标设定及战略规划

1. 人力资源规划目标设定。
2. 人力资源战略规划。

（五）制订人力资源业务计划

（六）形成书面的 A 企业人力资源规划方案

七、实验成绩评价标准

（一）实验成绩评定依据

1. 人力资源规划方案设计的科学性。
2. 人力资源规划方案的合理性。
3. 人力资源规划方案的完整程度。
4. 实验参与态度与纪律。

（二）成绩评定等级与标准

A. 人力资源规划方案科学、数据合理准确、方案完整、态度端正；

B. 人力资源规划方案较科学、数据较合理准确、方案较完整、态度较端正；
C. 人力资源规划方案基本科学、数据基本合理准确、方案基本完整、态度基本端正；
D. 人力资源规划方案尚科学、数据尚合理准确、方案尚完整、态度尚端正；
E. 人力资源规划方案不科学、数据不合理准确、方案不完整、态度不端正。

第二章　人力资源招聘与测评实验模块

实验六　16PF 个性测验（**G001**）

一、实验名称和性质

所属课程	招聘与甄选
实验名称	16PF 个性测验
实验学时	1
实验性质	√□验证　□综合　□设计
必做/选做	√□必做　□选做

二、实验目的

1. 掌握人格的定义，认识到人格对工作绩效和方式的影响。
2. 掌握 16PF 的理论基础，知道 16PF 的优点，了解每个维度的解释。
3. 借助标准化测试，了解自己的个性特点。
4. 在相关的人力资源管理环节中运用 16PF 测验。

三、实验的软硬件要求

硬件要求

IBM 兼容机；奔腾 2.0GHz 以上 CPU；1GB 内存以上；CD – ROM 光驱（用来安装）；10GB 硬盘空间。

使用的软件名称、版本号以及模块

北森人力资源测评教学系统 NETV3.0、学生上机进入前台模块。系统所需软件环境为 Microsoft Windows 2003 or 2000 并安装 IIS Microsoft SQL Server2000。

四、知识准备

前期要求掌握的知识

人员素质测评的基本概念和相关原理；心理测验的基本知识；企业人力资源管理的基本概念和知识。

实验相关理论或原理

16PF 个性测验依据的是美国著名心理学家卡特尔的人格特质理论。雷蒙德·卡特尔（R. B. Cattell）受化学元素周期表的启发，用因素分析法对人格特质进行了分析，提出了基于人格特质的一个理论模型。模型分成四层：个别特质和共同特质；表面特质和根源特质；素质特质和环境特质；动力特质、能力特质和气质特质。

表面特质和根源特质。表面特质是指从外部行为能直接观察到的特质；根源特质是指那些相互联系而以相同原因为基础的行为特质。表面特质和根源特质既可能是个别的特质，也可能是共同的特质。它们是人格层次中最重要的一层。

体质特质和环境特质。在根源特质中可以再分为素质特质和环境特质两类。素质特质是由先天的生物因素决定；而环境特质则由后天的环境决定。

动力特质、能力特质和气质特质。动力特质是指具有动力特征的特质，它使人趋向某一目标；能力特质是表现在知觉和运动方面的差异特质包括流体和晶体能力；气质特质是决定一个人情绪反应速度与强度的特质。

雷蒙德·卡特尔对人格特质理论的主要贡献在于提出了根源特质。1949 年，卡特尔用因素分析法提出了 16 种相互独立的根源特质，并编制了《卡特尔 16 种人格因素测验》（16PF）。这 16 种人格特质是：

乐群性、聪慧性、稳定性、影响性、活跃性、规范性、敢为性、情感性、怀疑性、想象性、世故性、忧虑性、变革性、独立性、自律性、紧张性。

卡特尔认为在每个人身上都具备这 16 种特质，只是在不同人身上的表现有程度上的差异。

雷蒙德·卡特尔是在英国成长的美国伊利诺大学心理学教授，用因素分析法研究人格特质的著名代表。他同意高尔顿·威拉德·奥尔波特的看法，认为人格中有共同特质和个别特质，但认为奥尔波特列举的特质太多、太繁，于是把 1 万多个形容人格特质的词归类为 171 个，然后用统计方法归并为 35 个特质群，卡特尔称之表面特质。表面特质是可直接观察的个体行为的外在表现，不是人格的本质。为探究人格的基本特质，卡特尔运用因素分析法对 35 个表面特质进一步加以分析，获得 16 个根源特质。表面特质和根源特质是有层次的，前者是表面的，可直接观察的，后者是内蕴的、本质的、隐藏在表面特质后面和人格结构的内层，只能通过表面特质去推知和发现，为此卡特尔设计了一种 16 项人格因素问卷（16PF），用以测量 16 个根源特质。

五、实验材料和原始数据

北森 16PF 人格测验测评试题

该测验的开发背景是最新的胜任素质模型以及"人—岗匹配"原理，从企业应用角度，测试了现代企业招聘中十分关注的维度特征，帮助招聘人员实现轻松、有效招聘。另外，该系统的测试报告详细分析了员工的个性特征、人际关系、决策能力、社会适应性、做事风格等方面的素质，辅助企业在安置、培训、选拔、考核等各个环节中的人事决策。

六、实验要求和注意事项

本测验包括一些有关个人性格与态度的问题。本问卷中的所有问题都是取自人们的日常生活，测验者的回答只是表明其通常是如何看待和处理事物的。每个人都有自己的看法，对问题的回答自然不同，所有的问题都无所谓对与错，更无好坏之分。请试着尽量按照自己真实的情况作答。作答的时候，请注意以下四点：

1. 请不要费时斟酌，顺其自然地按照个人的第一反应作答。通常每分钟可以做 5 ~ 6 题，全部问题应在 35 分钟左右完成。

2. 除非在万不得已的情况下，尽量避免选择如"介于 A 与 C 之间"或者"不确定"这样的中性答案。

3. 作答的时候，请坦白表达自己的态度、兴趣、性格，不必顾忌到他人的意见或者立场。

4. 请不要遗漏，对每个问题都必须作答。

七、实验步骤和内容

1. 在前台页面用自己注册的邮箱和密码进行登录（如图 2 – 1 所示）。

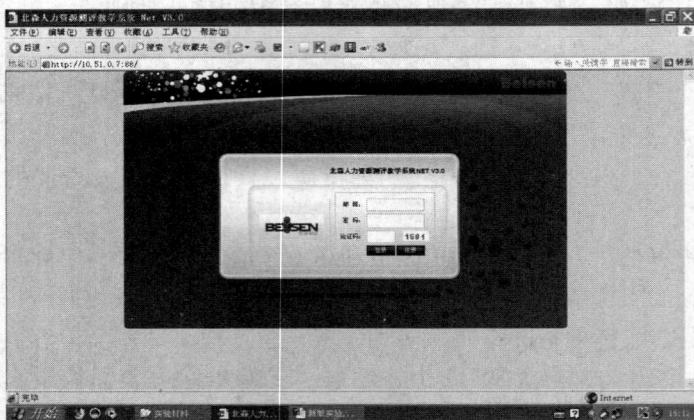

图 2 – 1　学生登录页面

2. 登录后，进入"测验列表"页面后输入教师分配的序列号（如图 2 – 2 所示），出现教师在建立测评活动时选择的测验列表（如图 2 – 3 所示）。

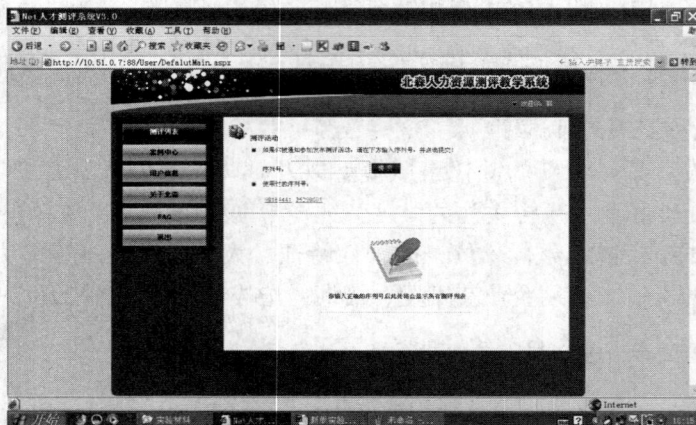

图 2 – 2　学生输入序列号

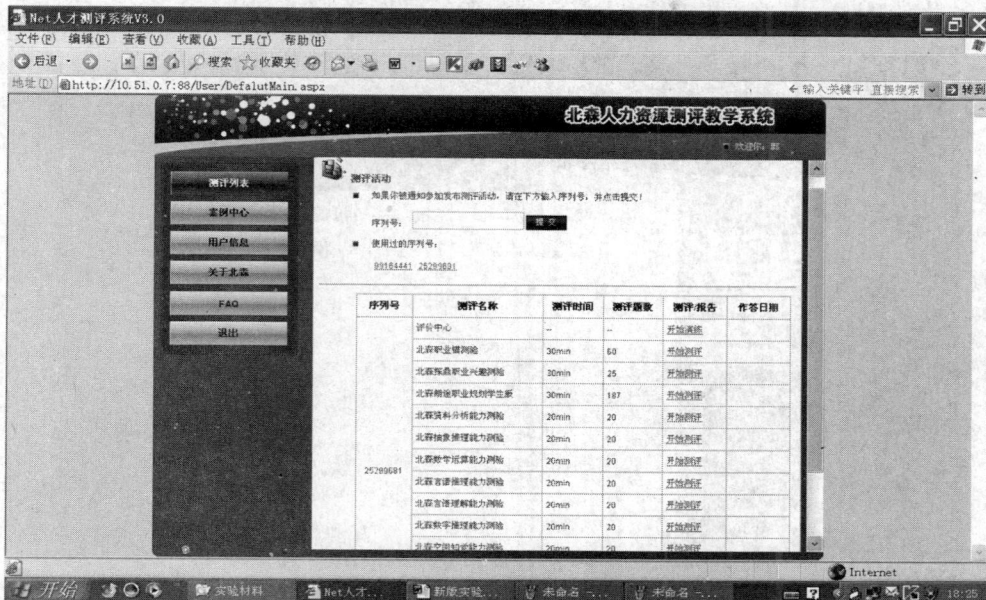

图 2-3 输入序列号出现测验列表

3. 在"测验列表"页面点击"北森16PF人格测验"后的"开始测评",进入测验页面,阅读完指导语后,点击"进入测评",即开始做测验(见图2-4)。

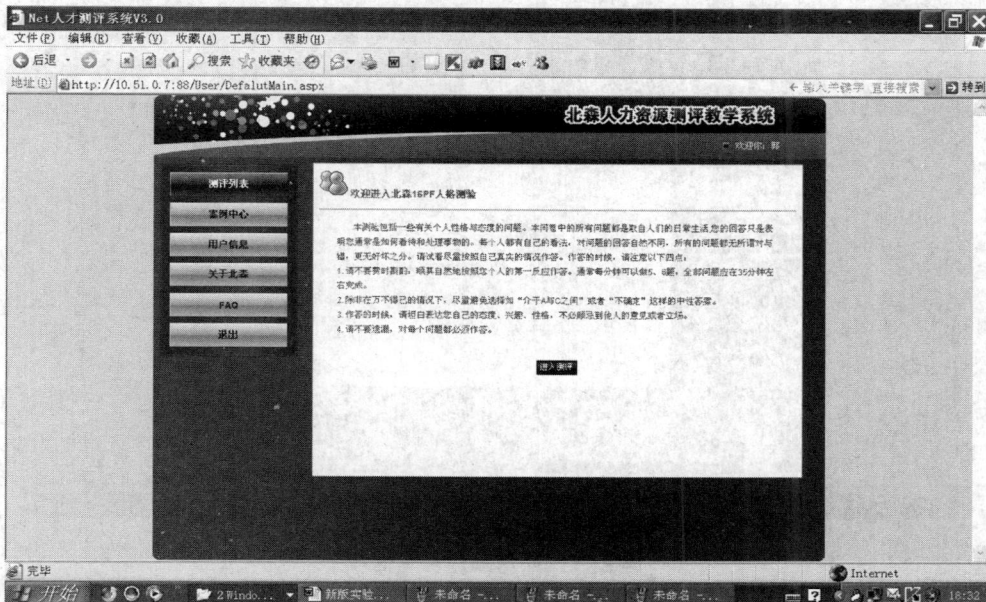

图 2-4 学生做测验

4. 做完测评，点击"提交完成"，完成测验（如图2－5所示）。

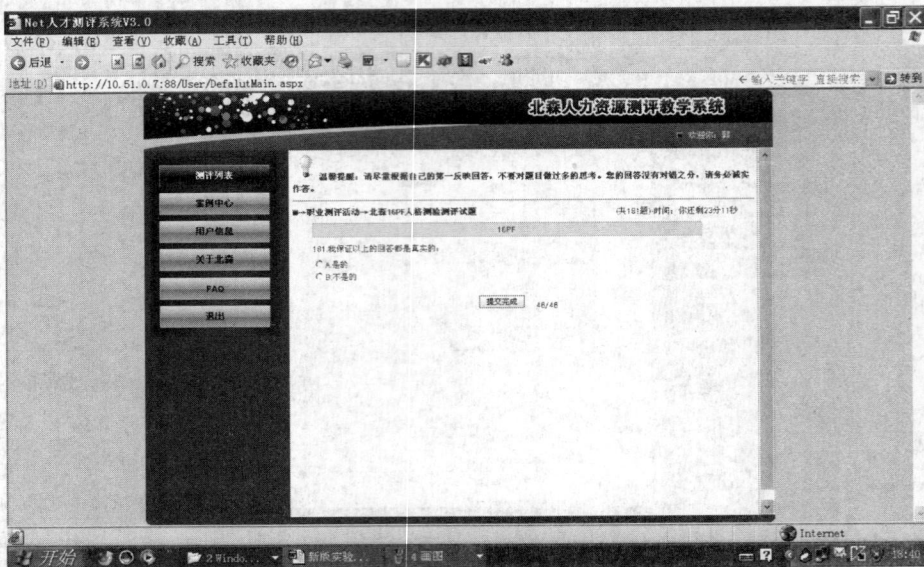

图2－5　学生做完测验

5. 完成测验后，点击"查看报告"，查看测验报告（如图2－6所示）。

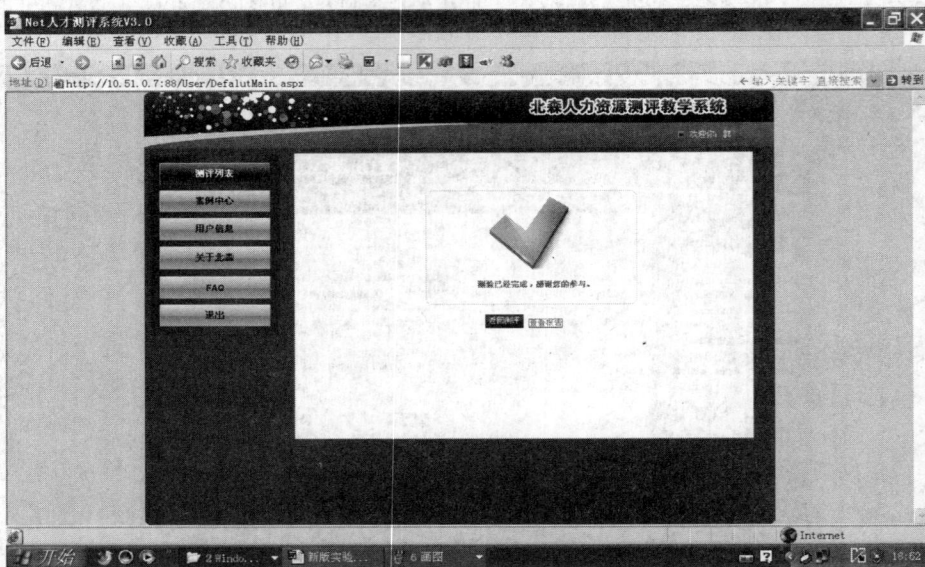

图2－6　学生查看测验报告

八、实验结果和总结

实验结果以打印的实验报告为准。理解测验报告，总结实验过程，完成实验报告。

九、实验成绩评价标准

本实验采用五级评分制：

A：能够熟练掌握测验软件，正确导出测评报告；实验报告内容完整、书写规范，能正确理解实验结果；

B：能够熟练掌握测验软件，正确导出测评报告；实验报告内容完整、书写比较规范，基本理解实验结果；

C：能够熟练掌握测验软件，正确导出测评报告；实验报告内容基本完整、书写基本规范，基本理解实验结果；

D：能够掌握测验软件，正确导出测评报告；实验报告内容基本完整、书写规范性较差，不能完全理解实验；

E：不能够掌握测验软件，不能正确导出测评报告；实验报告内容不完整、书写不规范，不能正确理解实验结果。

实验七 职业锚测验 （G002）

一、实验名称和性质

所属课程	招聘与甄选
实验名称	职业锚测验
实验学时	1
实验性质	√□验证 □综合 □设计
必做/选做	√□必做 □选做

二、实验目的

1. 了解职业锚的理论，掌握分析职业锚的方法。
2. 借助标准化测试，了解自己的职业锚。
3. 在相关的人力资源管理环节中运用职业锚测验。

三、实验的软硬件要求

硬件要求

IBM 兼容机；奔腾 2.0GHz 以上 CPU；1GB 内存以上；CD－ROM 光驱（用来安装）；10GB 硬盘空间。

使用的软件名称、版本号以及模块

北森人力资源测评教学系统 NETV3.0、学生上机进入前台模块。系统所需软件环境为 Microsoft Windows 2003 or 2000 并安装 IIS Microsoft SQL Server2000。

四、知识准备

前期要求掌握的知识

人员素质测评的基本概念和相关原理；心理测验的基本知识；企业人力资源管理的基本概念和知识。

实验相关理论或原理

职业锚的概念是由美国 E. H. 施恩教授提出的。施恩说，这一概念最初产生于美国麻省理工学院斯隆研究院的专门小组，是从斯隆研究院毕业生的纵向研究中演绎成的。1961年、1962年、1963年的斯隆学院44名毕业生，自愿形成了一个专门小组，愿意配合和接受施恩所进行的关于个人职业发展和组织职业管理的研究与调查，并且在1973年返回麻省理工学院，就他们演变中的职业与生活接受面谈和调查。

施恩在对他们的跟踪调查和对许多公司、个人及团队的调查中，形成了自己的一些看法，并提出了职业锚的概念。施恩说："设计这个概念是为了解释，当我们在更多的生活经验的基础上发展了更深入的自我洞察时，我们的生命中成长的更加稳定的部分。"

所谓职业锚，是自我意向的一个习得部分。个人进入早期工作情境后，由习得的实际工作经验所决定，与在经验中自省的动机、需要、价值观、才干相符合，达到自我满足和补偿的一种稳定的职业定位。

施恩在对他们的跟踪调查和对许多公司、个人及团队的调查中，形成了观点，提出了五种职业锚的概念。随后，国外许多机构进行了大量的试验来研究职业锚理论，在1992年拓展为八种职业锚。

1. 技术/职能型。

技术/职能型的人追求在技术/职能领域的成长和技能的不断提高，以及应用这种技术/职能的机会。他们对自己的认可来自他们的专业水平，他们喜欢面对来自专业领域的挑战。他们一般不喜欢从事一般的管理工作，因为这将意味着他们放弃在技术/职能领域的成就。

2. 管理型。

管理型的人追求并致力于工作晋升，倾心于全面管理，独自负责一个部分，可以跨部门整合其他人的努力成果，他们想去承担整个部分的责任，并将公司的成功与否看成自己的工作。具体的技术/功能工作仅仅被看做是通向更高、更全面管理层的必经之路。

3. 自主/独立型。

自主/独立型的人希望随心所欲安排自己的工作方式、工作习惯和生活方式。追求能施展个人能力的工作环境，最大限度地摆脱组织的限制和制约。他们愿意放弃提升或工作扩展机会，也不愿意放弃自由与独立。

4. 安全/稳定型。

安全/稳定型的人追求工作中的安全与稳定感。他们可以预测将来的成功从而感到放松。他们关心财务安全，例如，退休金和退休计划。稳定感包括诚信、忠诚，以及完成老板交代的工作。尽管有时他们可以达到一个高的职位，但他们并不关心具体的职位和具体的工作内容。

5. 创业型。

创业型的人希望使用自己的能力去创建属于自己的公司或创建完全属于自己的产品（或服务），而且愿意去冒风险，并克服面临的障碍。他们想向世界证明公司是他们靠自己的努力创建的。他们可能正在别人的公司工作，但同时他们在学习并评估将来的机会。一旦他们感觉时机到了，他们便会自己走出去创建自己的事业。

6. 服务型。

服务型的人一直追求他们认可的核心价值，例如，帮助他人，改善人们的安全，通过新的产品消除疾病。他们一直追寻这种机会，即使这意味着变换公司，他们也不会接受不允许他们实现这种价值的工作变换或工作提升。

7. 挑战型。

挑战型的人喜欢解决看上去无法解决的问题，战胜强硬的对手，克服无法克服的困难障碍等。对他们而言，参加工作或职业的原因是工作允许他们去战胜各种不可能。新奇、变化和困难是他们的终极目标。如果事情非常容易，它马上变得非常令人厌烦。

8. 生活型。

生活型的人是喜欢允许他们平衡并结合个人的需要、家庭的需要和职业的需要的工作环境。他们希望将生活的各个主要方面整合为一个整体。正因为如此，他们需要一个能够提供足够的弹性让他们实现这一目标的职业环境。甚至可以牺牲他们职业的一些方面，如：提升带来的职业转换，他们将成功定义得比职业成功更广泛。他们认为自己如何生活，在哪里居住，如何处理家庭事务，以及在组织中的发展道路是与众不同的。

五、实验材料和原始数据

北森职业锚测验量表。

六、实验要求和注意事项

职业锚问卷的目的在于帮助测验者思索自己的能力、动机及价值观，从而找出影响其作出职业决策的最重要的因素。

测验中给出了一系列描述，每个题项有 6 级判断，分别表示"非常不同意、不同意、不太同意、有点同意、同意、非常同意"。请对每个选项进行 6 级评判，并选择相应选项。注意：所有选项均没有对错、好坏、高低之分，与测验者的生活和工作也没有任何利害关系，请放心根据自己的实际情况和真实想法作答，不要考虑应该选择什么或别人希望自己选择什么。

七、实验步骤和内容

1. 在前台页面用自己注册的邮箱和密码进行登录（如图 2 − 7 所示）。

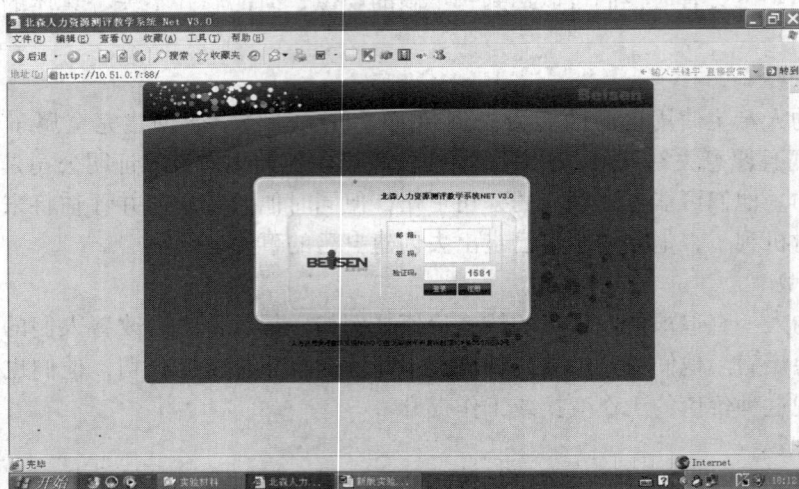

图 2 − 7　学生登录页面

2. 登录后，进入"测验列表"页面后输入教师分配的序列号（如图 2 − 8 所示），出现教师在建立测评活动时选择的测验列表（如图 2 − 9 所示）。

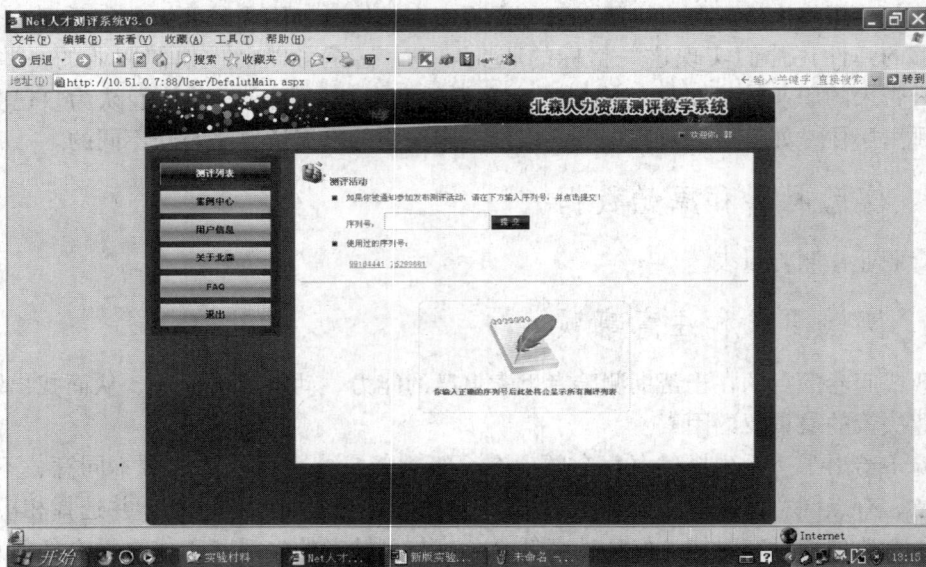

图 2 − 8　学生输入序列号

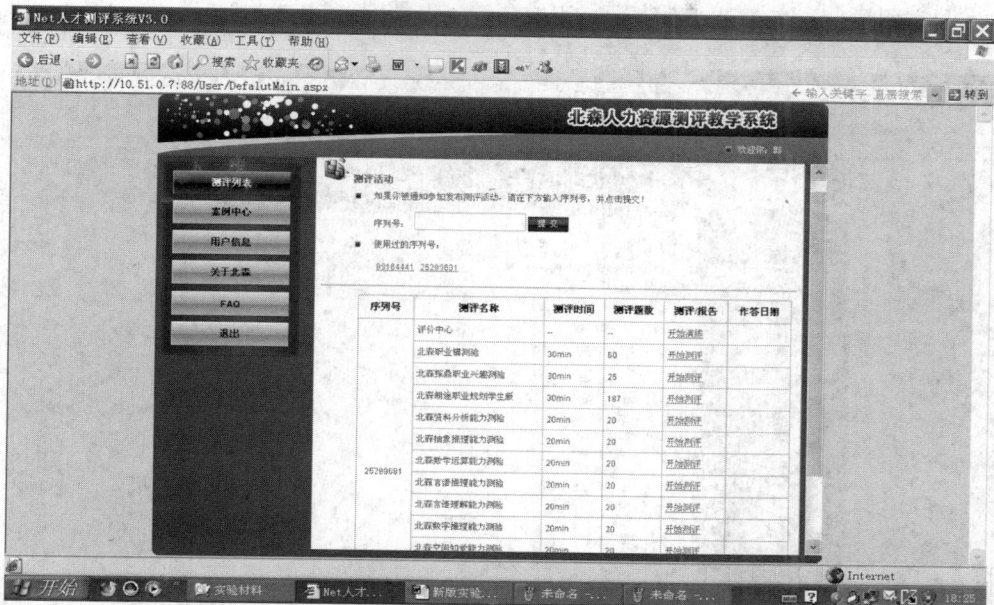

图 2 - 9 输入序列号出现测验列表

3. 在"测验列表"页面点击"北森职业锚测验"后的"开始测评",进入测验页面,阅读完指导语后,点击"进入测评",即开始做测验(见图 2 - 10)。

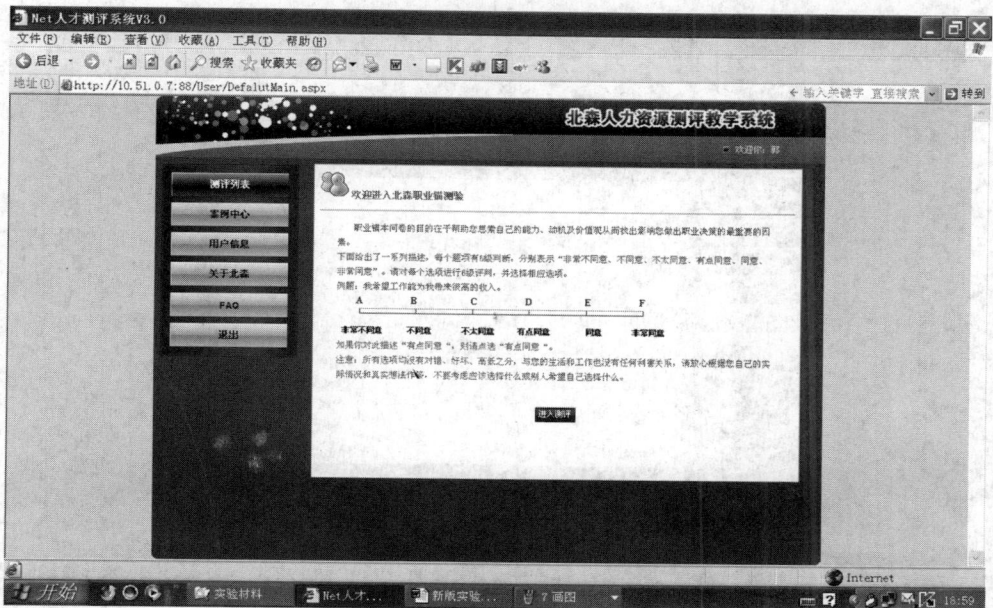

图 2 - 10 学生做测验

4. 做完测评，点击"提交完成"，完成测验（如图 2 – 11 所示）。

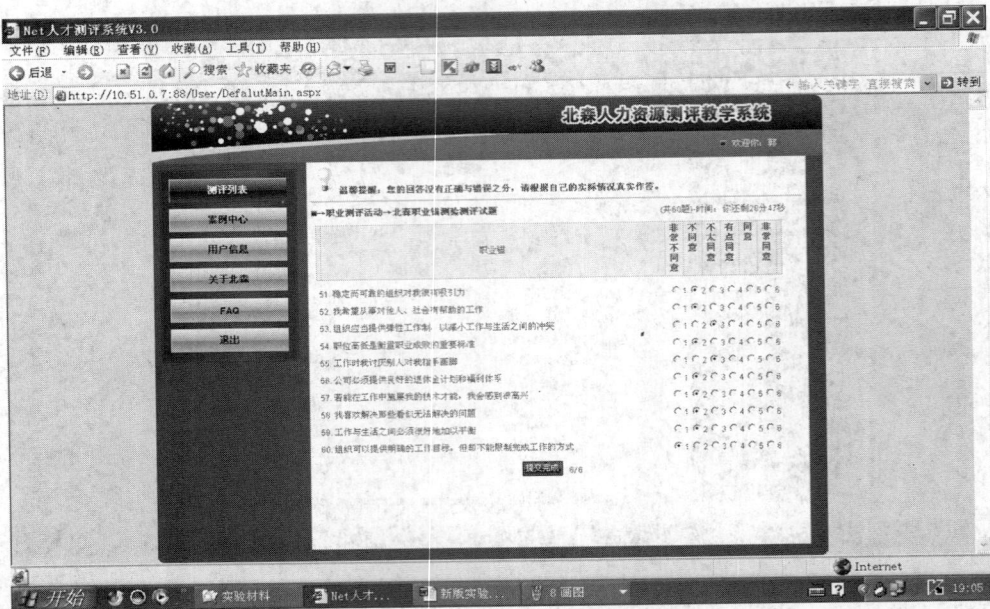

图 2 – 11 学生做完测验

5. 完成测验后，点击"查看报告"，查看测验报告（如图 2 – 12 所示）。

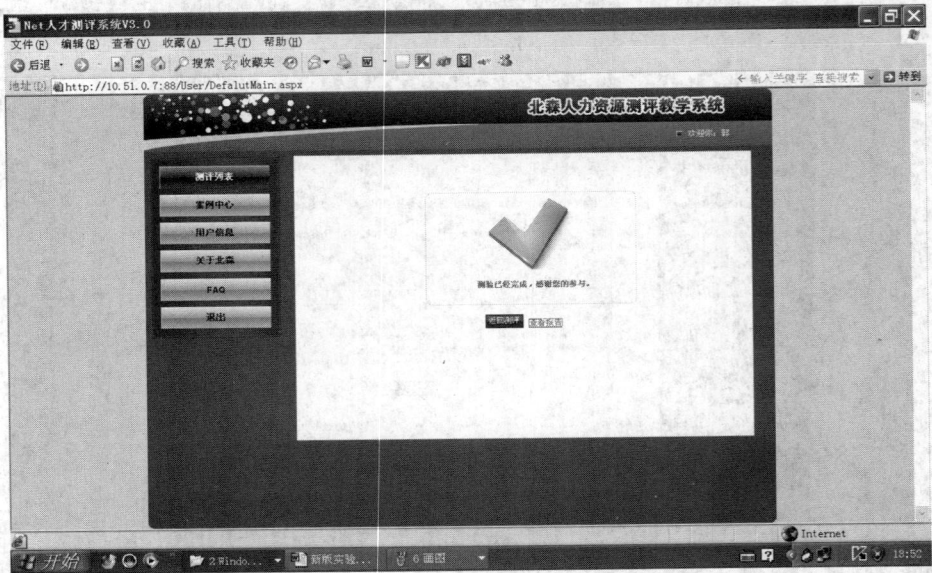

图 2 – 12 学生查看测验报告

八、实验结果和总结

实验结果以打印的实验报告为准。理解测验报告，总结实验过程，完成实验报告。

九、实验成绩评价标准

本实验采用五级评分制：

A：能够熟练掌握测验软件，正确导出测评报告；实验报告内容完整、书写规范，能正确理解实验结果；

B：能够熟练掌握测验软件，正确导出测评报告；实验报告内容完整、书写比较规范，基本理解实验结果；

C：能够熟练掌握测验软件，正确导出测评报告；实验报告内容基本完整、书写基本规范，基本理解实验结果；

D：能够掌握测验软件，正确导出测评报告；实验报告内容基本完整、书写规范性较差，不能完全理解实验；

E：不能够掌握测验软件，不能正确导出测评报告；实验报告内容不完整、书写不规范，不能正确理解实验结果。

实验八　职业发展规划测验 （G003）

一、实验名称和性质

所属课程	招聘与甄选
实验名称	职业发展规划测验
实验学时	1
实验性质	√□验证　□综合　□设计
必做/选做	√□必做　□选做

二、实验目的

1. 理解职业发展与规划的相关理论。
2. 借助标准化测试，了解影响自己职业发展的因素。
3. 在相关的人力资源管理环节中运用职业发展规划测验。

三、实验的软硬件要求

硬件要求

IBM 兼容机；奔腾 2.0GHz 以上 CPU；1GB 内存以上；CD – ROM 光驱（用来安装）；10GB 硬盘空间。

使用的软件名称、版本号以及模块

北森人力资源测评教学系统 NETV3.0、学生上机进入前台模块。系统所需软件环境为 Microsoft Windows 2003 or 2000 并安装 IIS Microsoft SQL Server2000。

四、知识准备

前期要求掌握的知识

人员素质测评的基本概念和相关原理；心理测验的基本知识；企业人力资源管理的基本概念和知识。

实验相关理论或原理

职业生涯管理（Career Management）是近十几年来从人力资源管理理论与实践中发展起来的新学科。职业生涯，根据美国组织行为专家道格拉斯·霍尔（Douglas T. Hall）的观念，是指一个人一生工作经历中所包括的一系列活动和行为。职业生涯系统是组织机构收集各种人力资源方面的政策、优先权和行为，并用以管理雇员进入组织、融入组织及离开组织的整个流程。一个完善的职业生涯系统能够协调雇员的行为（包括进入、融入、及离开）进入一个规范的程序，这样有助于雇员尽快地适应组织环境。

职业生涯管理分为个人的职业生涯管理和组织的职业生涯管理，个人的职业生涯管理是以实现个人发展的成就最大化为目的的，通过对个人兴趣、能力和个人发展目标的有效管理实现个人的发展愿望。企业职业管理的最终目的是通过帮助员工的职业发展，以求组织的持续发展，实现组织目标。组织职业生涯管理是以提高公司人力资源质量，发挥人力资源管理效率为目的的，通过个人发展愿望与组织发展需求的结合实现组织的发展。

目前比较成熟、应用比较广泛的职业生涯规划理论有职业兴趣理论和职业锚理论。

五、实验材料和原始数据

北森朗途职业规划学生版。

六、实验要求和注意事项

请仔细阅读每一部分的指导语，并根据指导语选择合适的选项。在答题时不必对每个题多加考虑，只要按感觉判断进行作答即可。

本问卷中的所有问题都是取自人们的日常生活。您的回答只是表明您通常是如何看待和处理事物的。所有的问题都无所谓对与错，更无好坏之分，因此，如实作答是最基本的要求。

七、实验步骤和内容

1. 在前台页面用自己注册的邮箱和密码进行登录（如图 2 - 13 所示）。

图 2 - 13　学生登录页面

2. 登录后，进入"测验列表"页面后输入教师分配的序列号（如图 2 - 14 所示），出现教师在建立测评活动时选择的测验列表（如图 2 - 15 所示）。

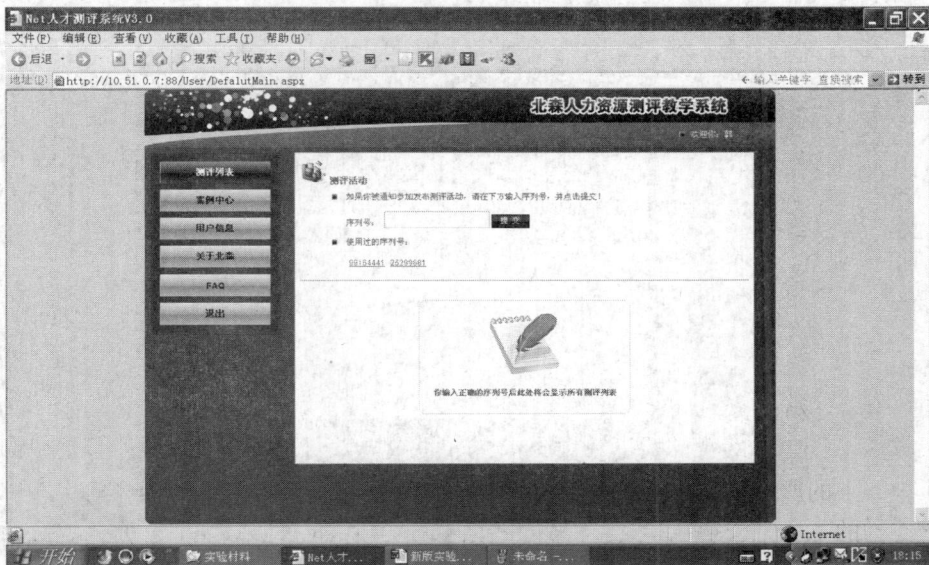

图 2 - 14　学生输入序列号

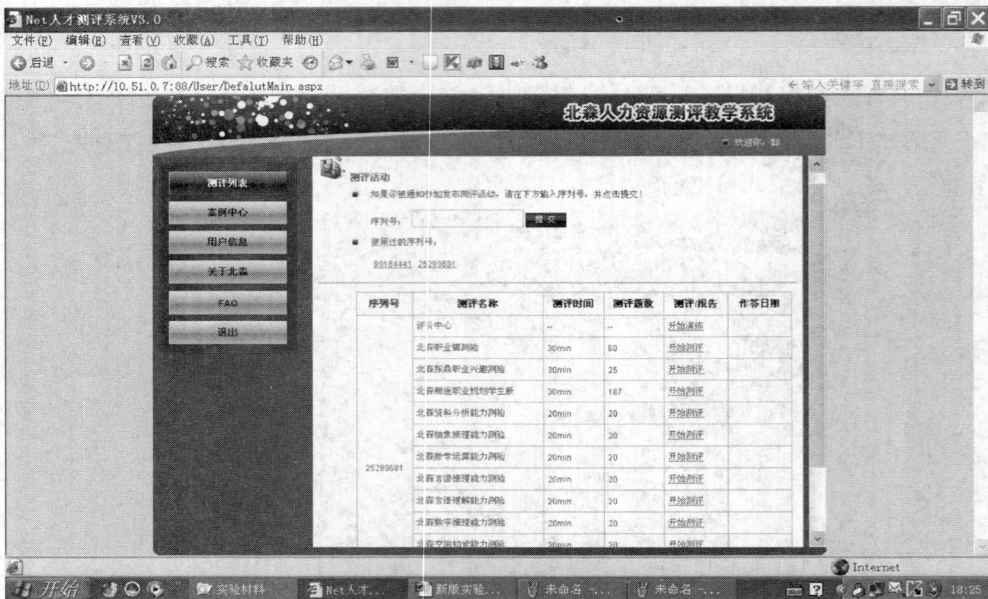

图 2-15　输入序列号出现测验列表

3. 在"测验列表"页面点击"北森朗途职业规划学生版"后的"开始测评"，进入测验页面，阅读完指导语后，点击"进入测评"，即开始做测验（如图 2-16 所示）。

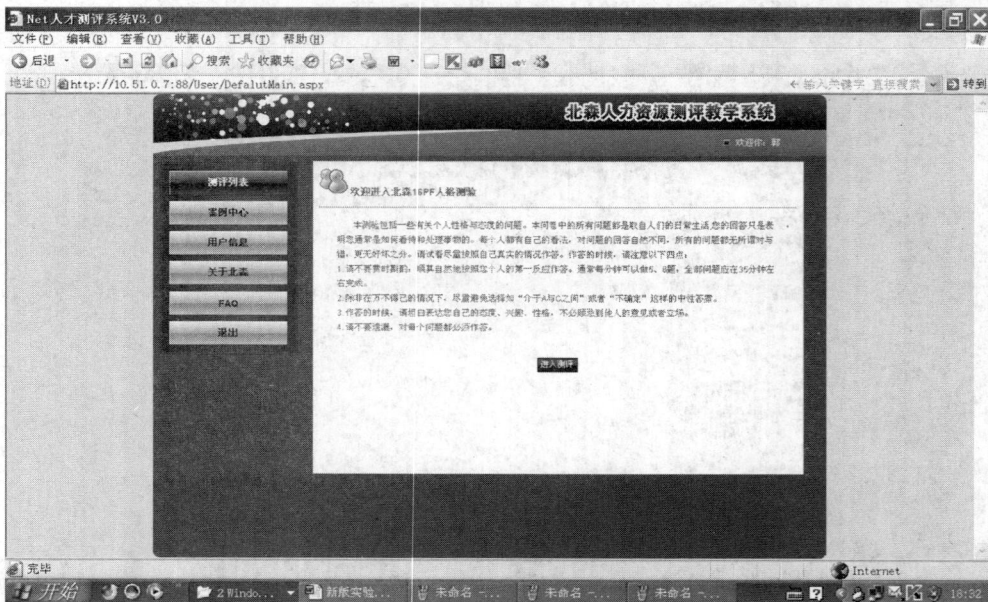

图 2-16　学生做测验

4. 做完测评，点击"提交完成"，完成测验（如图 2 - 17 所示）。

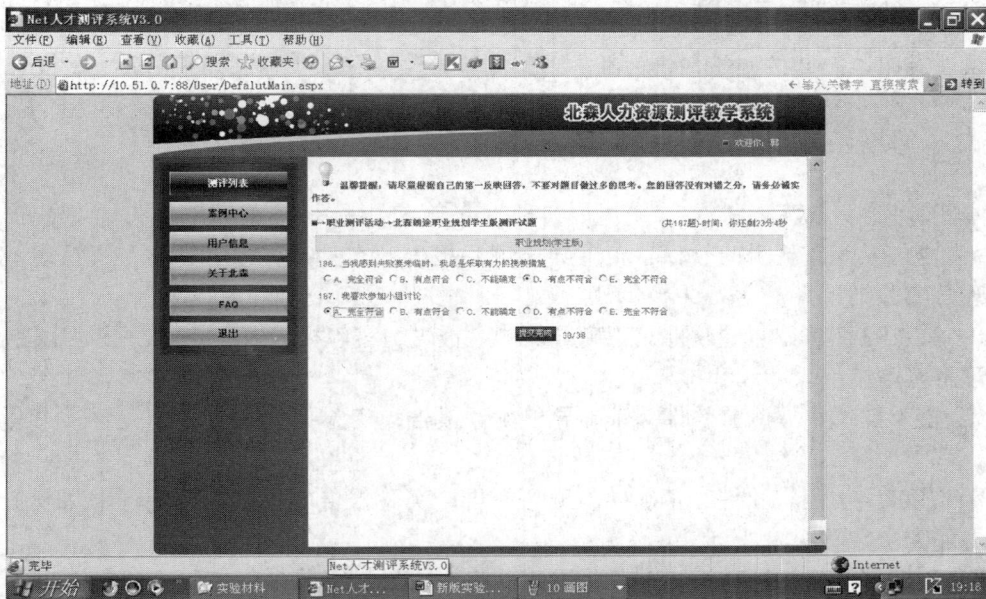

图 2 - 17　学生做完测验

5. 完成测验后，点击"查看报告"，查看测验报告（如图 2 - 18 所示）。

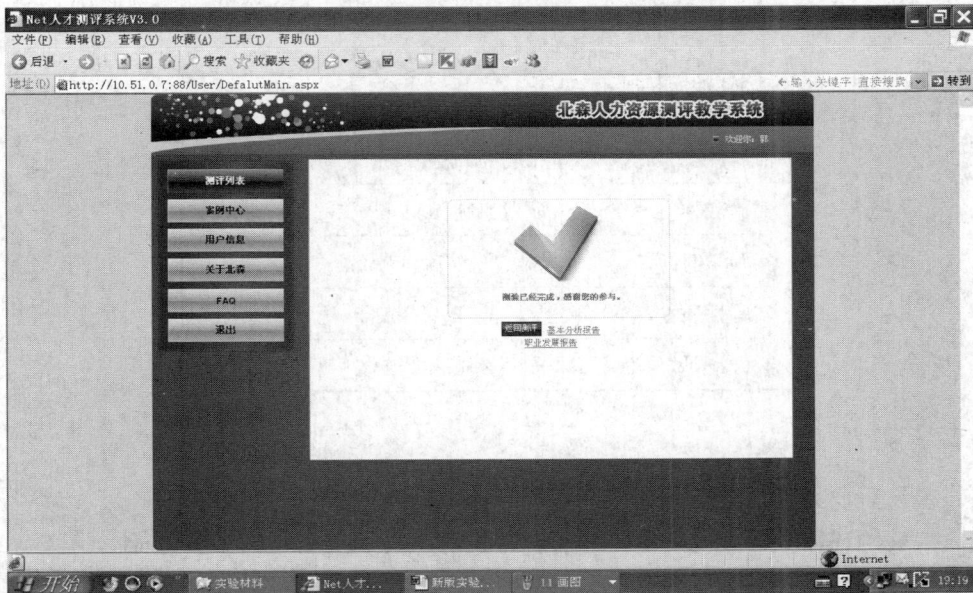

图 2 - 18　学生查看测验报告

八、实验结果和总结

实验结果以打印的实验报告为准。理解测验报告，总结实验过程，完成实验报告。

九、实验成绩评价标准

本实验采用五级评分制：

A：能够熟练掌握测验软件，正确导出测评报告；实验报告内容完整、书写规范，能正确理解实验结果。

B：能够熟练掌握测验软件，正确导出测评报告；实验报告内容完整、书写比较规范，基本理解实验结果。

C：能够熟练掌握测验软件，正确导出测评报告；实验报告内容基本完整、书写基本规范，基本理解实验结果。

D：能够掌握测验软件，正确导出测评报告；实验报告内容基本完整、书写规范性较差，不能完全理解实验。

E：不能够掌握测验软件，不能正确导出测评报告；实验报告内容不完整、书写不规范，不能正确理解实验结果。

实验九　职业兴趣测验（G004）

一、实验名称和性质

所属课程	招聘与甄选
实验名称	职业兴趣测验
实验学时	1
实验性质	√□验证　□综合　□设计
必做/选做	√□必做　□选做

二、实验目的

1. 理解职业兴趣在人才测评中的意义。
2. 能够阐述霍兰德理论的基本内容，并说明六种职业兴趣的主要特征。
3. 借助标准化测试，了解自己的职业兴趣。
4. 在相关的人力资源管理环节中运用职业兴趣测验。

三、实验的软硬件要求

硬件要求

IBM 兼容机；奔腾 2.0GHz 以上 CPU；1GB 内存以上；CD－ROM 光驱（用来安装）；10GB 硬盘空间。

使用的软件名称、版本号以及模块

北森人力资源测评教学系统 NETV3.0、学生上机进入前台模块。系统所需软件环境为 Microsoft Windows 2003 or 2000 并安装 IIS Microsoft SQL Server2000。

四、知识准备

前期要求掌握的知识

人员素质测评的基本概念和相关原理；心理测验的基本知识；企业人力资源管理的基本概念和知识。

实验相关理论或原理

约翰·霍兰德（John Holland）是美国约翰·霍普金斯大学心理学教授，美国著名的职业指导专家。他于 1959 年提出了具有广泛社会影响的职业兴趣理论。认为人的人格类型、兴趣与职业密切相关，兴趣是人们活动的巨大动力，凡是具有职业兴趣的职业，都可以提高人们的积极性，促使人们积极地、愉快地从事该职业，且职业兴趣与人格之间存在很高的相关性。Holland 认为人格可分为现实型、研究型、艺术型、社会型、企业型和常规型六种类型。兴趣测验的研究可以追溯到 20 世纪初，桑代克于 1912 年对兴趣和能力的关系进行了探讨。1915 年詹穆士发展了一个关于兴趣的问卷，标志着兴趣测验的系统研究的开始。1927 年，斯特朗编制了斯特朗职业兴趣调查表，是最早的职业兴趣测验。库德又在 1939 年发表了库德爱好调查量表，1953 年编制了职业偏好量表，并在此基础上发展了自我指导探索（1969），据此提出了"人格特质与工作环境相匹配"的理论（1970）。不难看出，在 Holland 职业兴趣理论提出之前，关于职业兴趣测试和个体分析是孤立的，Holland 将二者有机结合起来。

五、实验材料和原始数据

北森探鼎职业兴趣测验。

六、实验要求和注意事项

本测验是帮助测验者了解自己的兴趣特点。回答无正误好坏之分，只是帮助测验者更好地了解自己。请根据对每一题目的第一印象回答，不要过多思考，不要遗漏题目。

测验中每一个题目都给出 A、B、C、D、E、F 六种活动或职业，请选出最喜欢的三种，并按"最喜欢"、"比较喜欢"、"稍微喜欢"进行排序，最喜欢的写在最前面。请仔细阅读每一道题，并选出你的答案，请在 20 分钟内将题答完，并务必完成所有问题。

七、实验步骤和内容

1. 在前台页面用自己注册的邮箱和密码进行登录（如图 2 - 19 所示）。

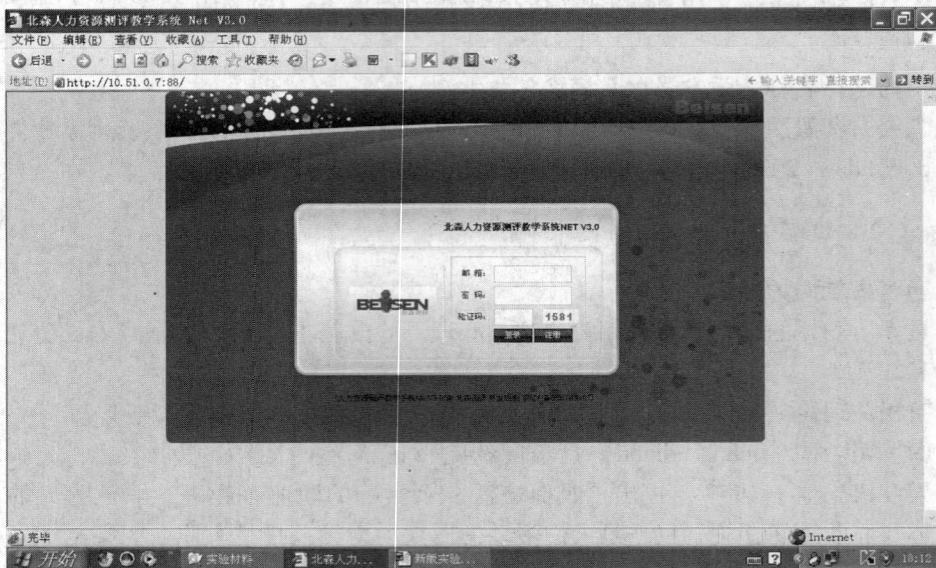

图 2 - 19　学生登录页面

2. 登录后，进入"测验列表"页面后输入教师分配的序列号（如图 2 - 20 所示），出现教师在建立测评活动时选择的测验列表（如图 2 - 21 所示）。

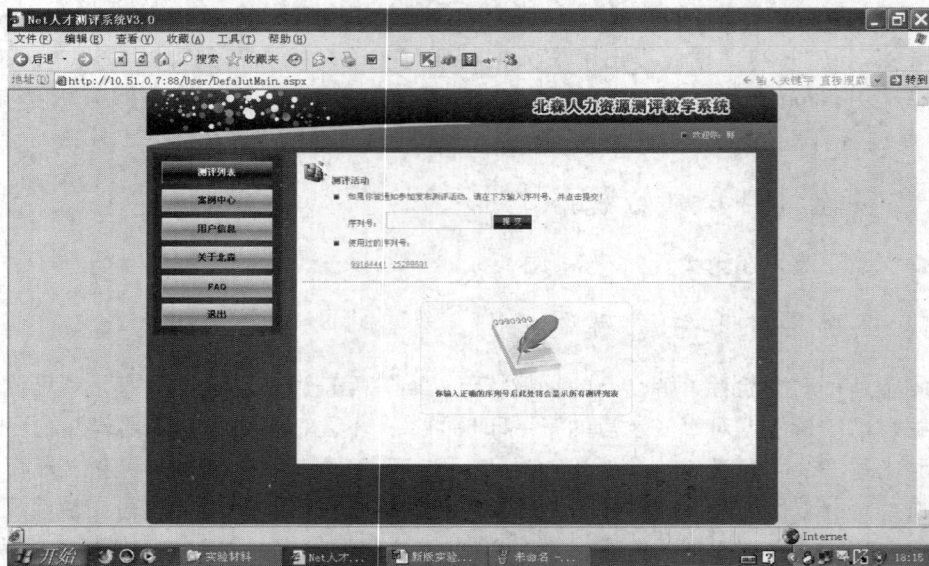

图 2 - 20　学生输入序列号

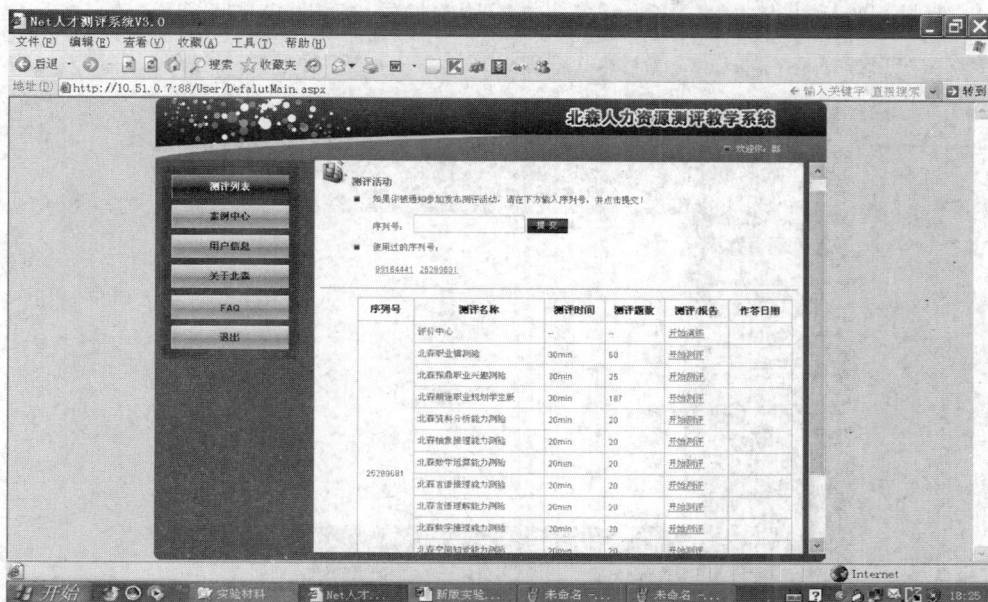

图 2-21 输入序列号出现测验列表

3. 在"测验列表"页面点击"北森探鼎职业兴趣测验"后的"开始测评",进入测验页面,阅读完指导语后,点击"进入测评",即开始做测验(如图 2-22 所示)。

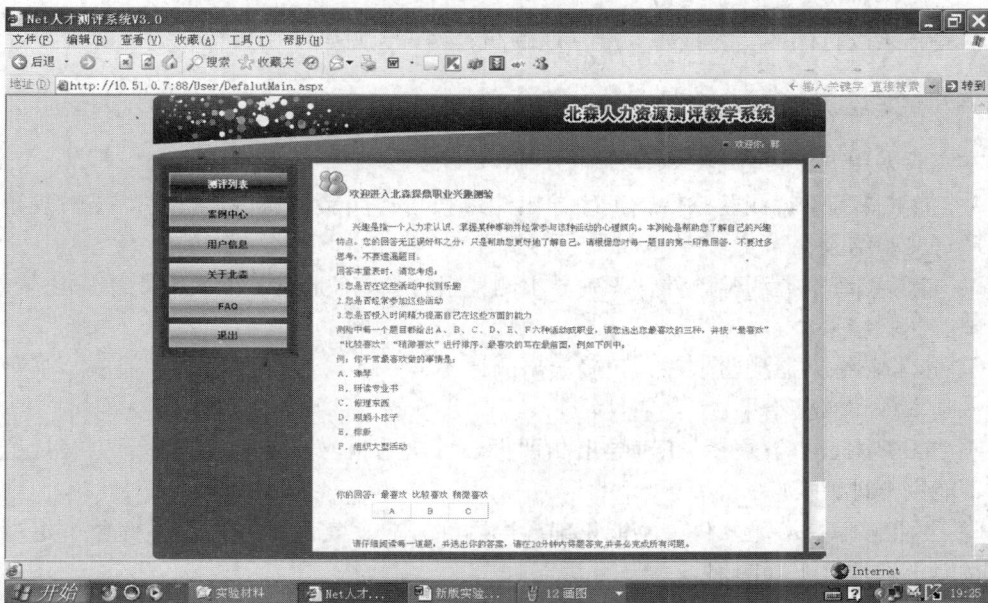

图 2-22 学生做测验

4. 完成测验后，点击"查看报告"，查看测验报告（如图 2-23 所示）。

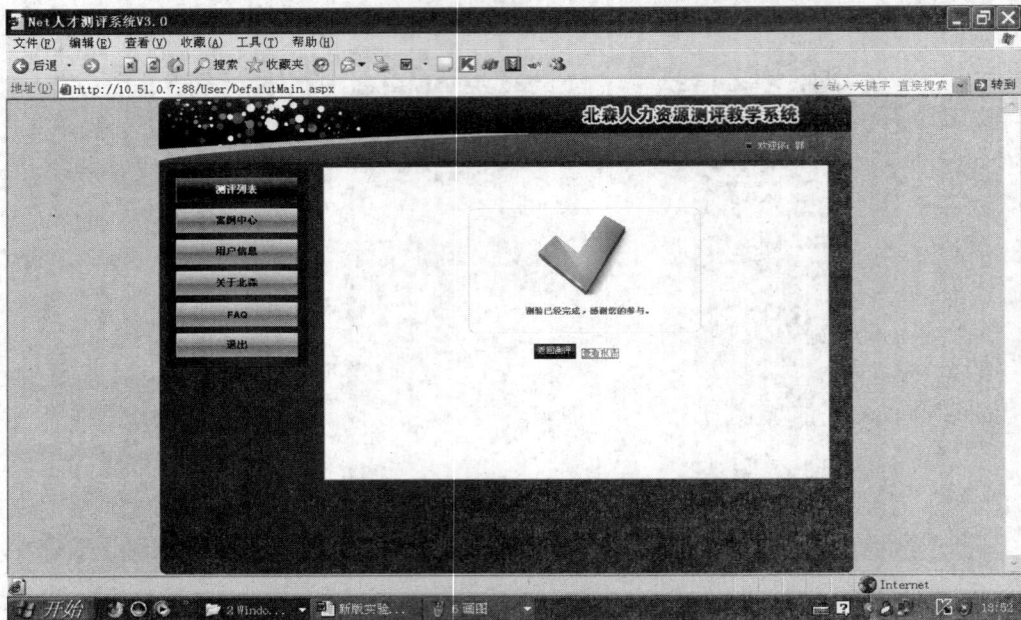

图 2-23　学生查看测验报告

八、实验结果和总结

实验结果以打印的实验报告为准。理解测验报告，总结实验过程，完成实验报告。

九、实验成绩评价标准

本实验采用五级评分制：

A：能够熟练掌握测验软件，正确导出测评报告；实验报告内容完整、书写规范，能正确理解实验结果；

B：能够熟练掌握测验软件，正确导出测评报告；实验报告内容完整、书写比较规范，基本理解实验结果；

C：能够熟练掌握测验软件，正确导出测评报告；实验报告内容基本完整、书写基本规范，基本理解实验结果；

D：能够掌握测验软件，正确导出测评报告；实验报告内容基本完整、书写规范性较差，不能完全理解实验；

E：不能够掌握测验软件，不能正确导出测评报告；实验报告内容不完整、书写不规范，不能正确理解实验结果。

实验十　能力测验（G005）

一、实验名称和性质

所属课程	招聘与甄选
实验名称	·能力测验
实验学时	2
实验性质	√□验证　□综合　□设计
必做/选做	□必做　√□选做

二、实验目的

1. 了解能力的相关理论。
2. 借助标准化测试，了解自己的能力水平。
3. 掌握能力测验在相关人力资源管理环节中的应用。

三、实验的软硬件要求

硬件要求

IBM 兼容机；奔腾 2.0GHz 以上 CPU；1GB 内存以上；CD – ROM 光驱（用来安装）；10GB 硬盘空间。

使用的软件名称、版本号以及模块

北森人力资源测评教学系统 NETV3.0、学生上机进入前台模块。系统所需软件环境为 Microsoft Windows 2003 or 2000 并安装 IIS Microsoft SQL Server2000。

四、知识准备

前期要求掌握的知识

人员素质测评的基本概念和相关原理；心理测验的基本知识；企业人力资源管理的基本概念和知识。

实验相关理论或原理

能力是直接影响活动效率，使活动得以顺利完成的个性心理特征，能力总是和人的活动联系在一起。每一种职业活动都需要特定的能力组合，能力倾向会影响个体的职业发展。

北森能力测验的理论基础为：智力结构模型、群因素理论。

1. 智力结构模型。

美国心理学家吉尔福特坚持智力的独立性，否认智力的普遍因素的存在，提出了智力三维结构模型。他认为，智力应从操作、内容和产物三个维度去考虑。智力活动就是人在头脑里加工（即操作过程）客观对象（即内容），产生知识（即结果）的过程。

操作过程包括认知、记忆、发散式思维、聚合式思维和评价。

内容可以是视觉、听觉、符号、语义或行为。

结果可能是单位、类别、关系、系统、转换或蕴涵。

与传统的理论相比较，吉尔福特的智力结构理论能更好地说明创造性。

2．群因素理论。

美国心理学家瑟斯顿（Louis L. Thurstone）是著名的心理计量学家，他凭借着多因素分析的方法，突破过去的智力因素理论的框架，并提出了他的"基本能力"（Primary abilities）学说。瑟斯顿认为，个体的智力可分析为几种基本能力因素，这些基本能力因素的不同配搭便构成每一个人独特的智力整体。他的观点与斯皮尔曼的智力二因论不同，斯皮尔曼的观点是先有一个总的智力，然后有许多特殊智力，瑟斯顿则提出智力包括7种平等的基本能力。

瑟斯顿所提出的七种平等的基本能力是：

语词理解（Verbal comprehension，V），理解语词含义的能力；

语词流畅（Word fluency，W），语言迅速反应的能力；

数字运算（Number，N），迅速正确计算的能力；

空间关系（Space，S），方位辨别及空间关系判断的能力；

联想记忆（Associative Memory，M），机械记忆能力；

知觉速度（Perceptual speed，P），凭知觉迅速辨别事物异同的能力；

一般推理（General Reasoning，R），根据经验作出归纳推理的能力。

瑟斯顿的七种基本心理能力是根据其中的6种能力的相关计算而成。各种心理能力并不是彼此独立的，它们之间有一定的相关量。例如，推理（R）与语词流畅（W）的相关为0.48；数字运算（N）与语词理解（V）的相关为0.38；语词流畅（W）与语词理解（V）的相关为0.51。这似乎说明在群因素之外还存在着一般因素。瑟斯顿修改了关于各因素之间独立性的看法，提出二阶因素（Second order factor）的概念，即在彼此相关的第一阶因素的基础上，再度进行因素分析，但此时分析的不再是各种测验间的共同因素，而是各种因素间的共同因素。

他认为斯皮尔曼的G因素可能是这种二阶的因素，它在推理因素、语词流畅因素和语词理解因素中有较大的负荷，而与记忆因素、空间知觉因素和知觉速度因素只有较小的关系。但是，在评价一个人的智力时，分析特殊能力更有用。他说："我们不要老是说智力，而是要说与这件事有关或无关的智力。"瑟斯顿在1941年根据上述7种基本能力编成的"基本心理能力测验"（Primary Mental Abilities Test，PMAT）是著名的智力测验之一，他证明确实存在着7种基本能力。

五、实验材料和原始数据

1. 北森资料分析能力测验量表。
2. 北森抽象推理能力测验量表。

3. 北森数学运算能力测验量表。
4. 北森言语推理能力测验量表。
5. 北森言语理解能力测验量表。
6. 北森数字推理能力测验量表。
7. 北森空间知觉能力测验量表。
8. 北森思维策略能力测验量表。
9. 北森图形推理能力测验量表。

六、实验要求和注意事项

能力测验共有9项，由于实验时间有限，要求在规定的学时内任选四项测验作为必做项目，其余未完成的测验自己在课余时间选做。

每项测验的试题均为选择题，每一题目只有一个最为正确或合理的答案；在每一部分测验中，对测验者来说，可能有一些题目是很容易的，也有一些题目是很难的。因此，测验者不必在特别难的题目上花很多时间。答错题目不倒扣分，请在规定时间内完成测评。每项测验要求测验者必须严格按照指示去做，否则会影响到测试结果。

七、实验步骤和内容

1. 在前台页面用自己注册的邮箱和密码进行登录（如图 2-24 所示）。

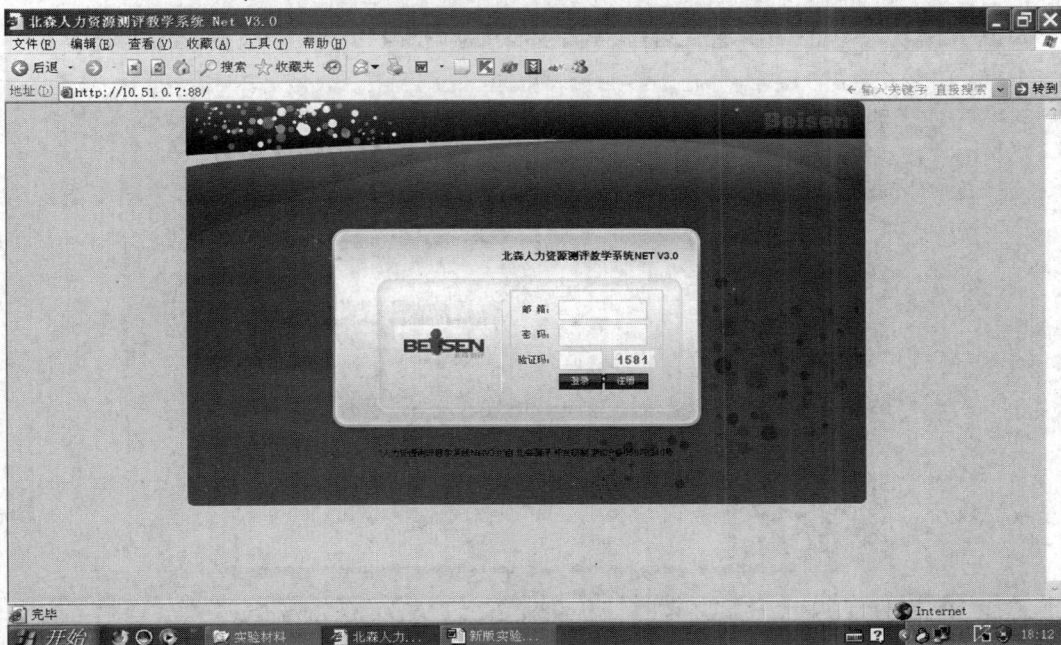

图 2-24 学生登录页面

2. 登录后，进入"测验列表"页面后输入教师分配的序列号（如图 2 - 25 所示），出现教师在建立测评活动时选择的测验列表（如图 2 - 26 所示）。

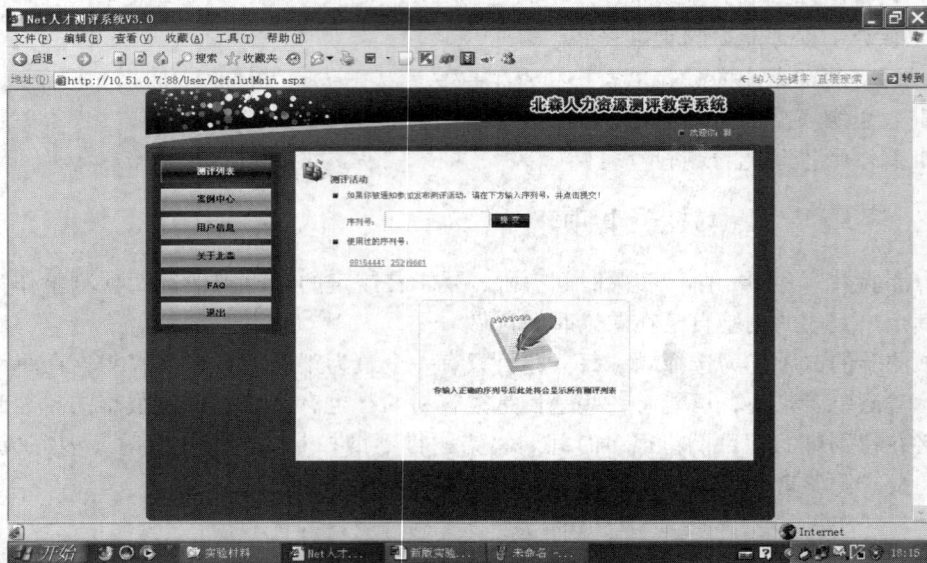

图 2 - 25　学生输入序列号

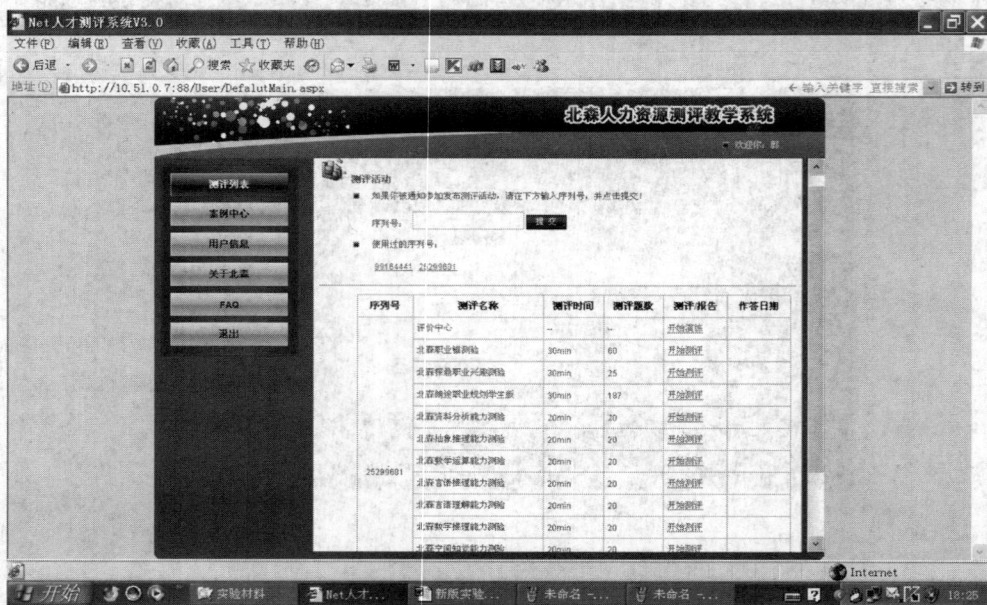

图 2 - 26　输入序列号出现测验列表

3. 在"测验列表"页面点击所选择的测验后的"开始测评",进入测验页面,阅读完指导语后,点击"进入测评",即开始做测验(如图 2 – 27 所示)。

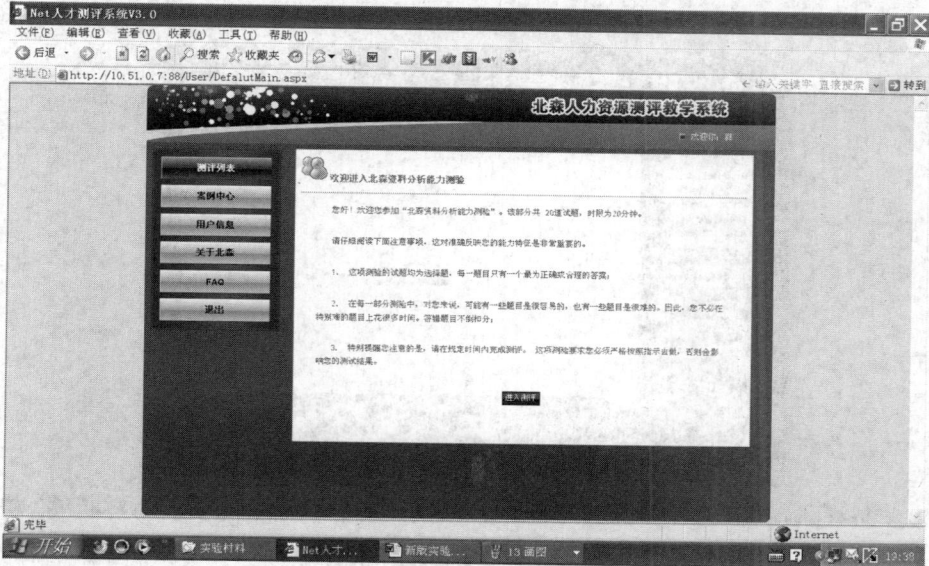

图 2 – 27　学生做测验

4. 做完测评,点击"提交完成",完成测验(如图 2 – 28 所示)。

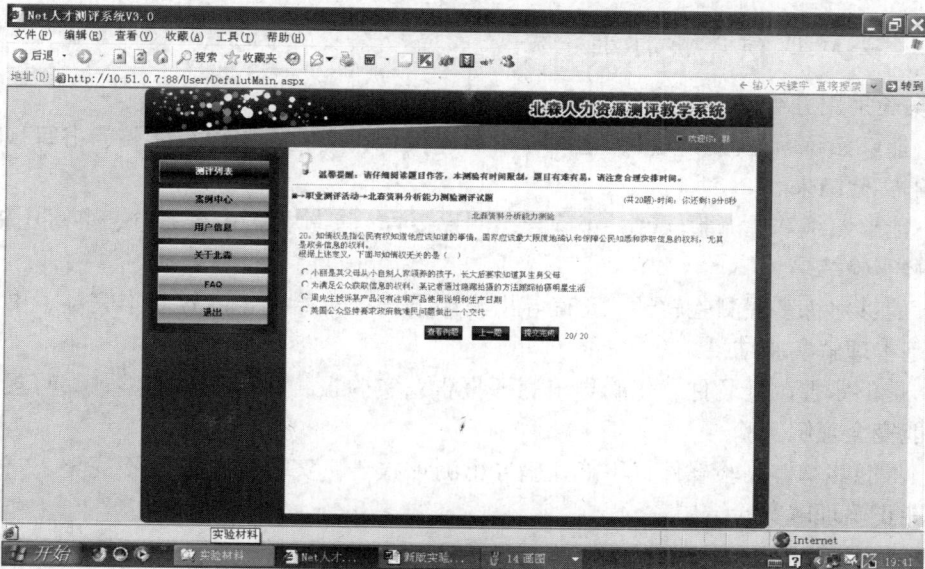

图 2 – 28　学生做完测验

5. 完成测验后，点击"查看报告"，查看测验报告（如图 2 – 29 所示）。

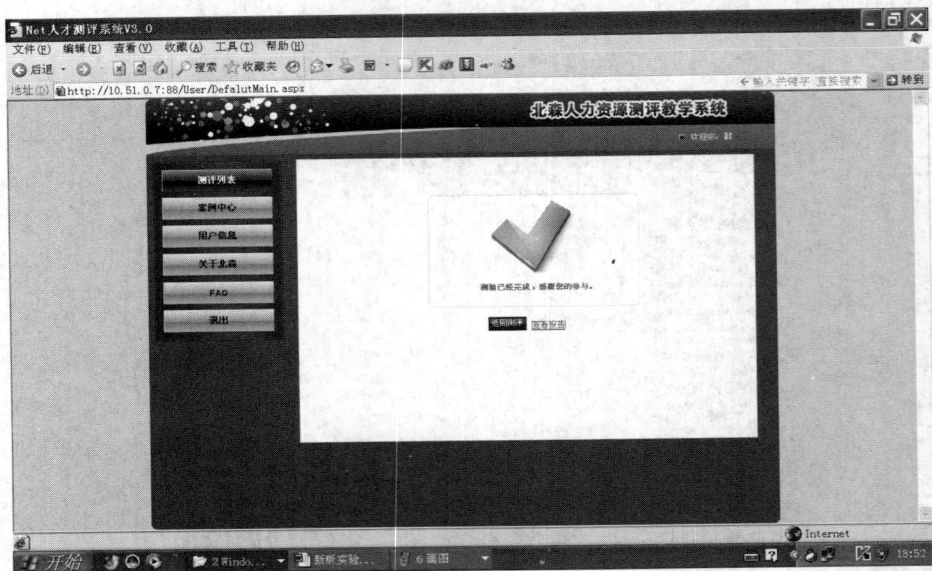

图 2 – 29　学生查看测验报告

八、实验结果和总结

实验结果以打印的实验报告为准。理解测验报告，总结实验过程，完成实验报告。

九、实验成绩评价标准

本实验采用五级评分制：

A：能够熟练掌握测验软件，正确导出测评报告；实验报告内容完整、书写规范，能正确理解实验结果。

B：能够熟练掌握测验软件，正确导出测评报告；实验报告内容完整、书写比较规范，基本理解实验结果。

C：能够熟练掌握测验软件，正确导出测评报告；实验报告内容基本完整、书写基本规范，基本理解实验结果。

D：能够掌握测验软件，正确导出测评报告；实验报告内容基本完整、书写规范性较差，不能完全理解实验。

E：不能够掌握测验软件，不能正确导出测评报告；实验报告内容不完整、书写不规范，不能正确理解实验结果。

实验十一 评价中心演练 （**G006**）

一、实验名称和性质

所属课程	招聘与甄选
实验名称	评价中心演练
实验学时	4
实验性质	□验证　√□综合　□设计
必做/选做	√□必做　□选做

二、实验目的

1. 掌握评价中心的基本操作流程。
2. 学会撰写综合报告。
3. 学会在实际的人力资源管理中应用评价中心的多种工具。

三、实验的软硬件要求

硬件要求

IBM 兼容机；奔腾 2.0GHz 以上 CPU；1GB 内存以上；CD – ROM 光驱（用来安装）；10GB 硬盘空间。

使用的软件名称、版本号以及模块

北森人力资源测评教学系统 NETV3.0、学生上机进入前台模块。系统所需软件环境为 Microsoft Windows 2003 or 2000 并安装 IIS Microsoft SQL Server2000。

四、知识准备

前期要求掌握的知识

人员素质测评的基本概念和相关原理；评价中心的基本知识；企业人力资源管理的基本概念和知识。

实验相关理论或原理

评价中心是人事测评的一种综合性方法，通过一系列情境性的测评手段对候选人的心理和行为特点进行评价，无领导小组讨论、角色扮演、结构化面试是评价中心常见的三种方法。本模块模拟一次企业运用评价中心技术进行招聘的过程，对评价中心的多个技术要点进行高度仿真的模拟演练。你是本次招聘负责作出录用决策的人力资源人员，通过实施以下环节完成整个评价中心的过程，包括：选择评价维度、选择评价方法、现场观察、编写报告、作出决策等。以下是演练的流程：

```
┌─────────────────────┐
│  Step1.背景介绍      │
└─────────────────────┘
          ↓
┌─────────────────────┐
│  Step2.选择评价维度  │
└─────────────────────┘
          ↓
┌─────────────────────┐
│  Step3.选择评价方法  │
└─────────────────────┘
          ↓
┌─────────────────────┐
│  Step4.现场观察评分  │
└─────────────────────┘
```

无领导小组讨论	角色扮演	结构化面试
填写评分表	填写评分表	填写评分表

```
┌────────────────────────────────┐
│  Step5.撰写报告和录用决策        │
└────────────────────────────────┘
```

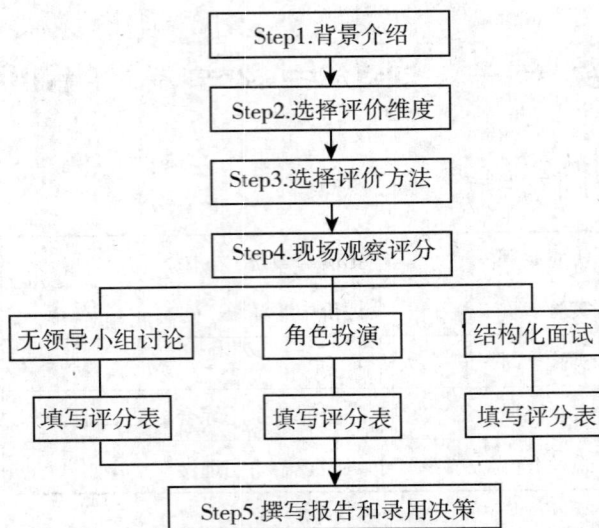

本次实验中用到无领导小组讨论、角色扮演、结构化面试三种方法，其资料如下：

1. 无领导小组讨论。

无领导小组讨论模拟了团队环境，一般每组 4～8 人不等，参与者地位平等，他们被要求分析有关信息并提出一个最终的解决方案。在竞争性的小组讨论中，要求参与者充分表达自己的观点，相互劝说和谈判以实现最佳的结果。解决方案可以是书面形式，也可以是口头表达形式，最终由一个人代表小组进行陈述结果。在无领导小组讨论中，主试不参与讨论中去，只是对每位参与者在讨论中的表现进行观察（可以通过专门的摄像设备），对参与者的各个考察要素进行评分，从而对其能力、素质水平作出判断。

无领导小组讨论能够评估的素质包括：组织协调、口头表达、洞察力、说服力、处理人际关系的技巧、非言语沟通各个方面（例如面部表情、身体姿势、语调、语速和手势等）的能力，以及自信程度、进取心、责任心、灵活性、情绪控制等个性特点和行为风格。适用对象是具有领导潜质的人或某些特殊类型的人群（如营销人员），可以从这些人中选择合适的人选。

2. 角色扮演。

角色扮演是一种行为模拟技术，向受测者描述一种假想的工作情境，让受测者想象它真的发生了，并按要求作出行为反应，评价者对受测者的言语和非言语行为及行为的有效性进行评定。许多工作（例如销售工作）要求在困难的情况下与客户、同事或下属进行有效沟通，可在招聘中模拟这些情况，如设置一系列尖锐的人际矛盾和人际冲突，由应聘者扮演一个角色，招聘工作人员扮演与之相对的角色。

在角色扮演双方互动的过程中，通过观察应聘者如何处理情况，可对其多方面的素质进行评价，如人际能力、组织能力、领导能力、行为灵活性、坚韧性、分析能力、控制能力、承受压力能力等。

3. 结构化面试。

面试作为人员测评的一种方法，是在特定条件下，经过精心设计，以面谈和观察为主要手段,对受测者的相关素质进行测评的过程。在面试中,面试官通过和受测者面对面的交流,能对受测者的学识、能力和性格等多方面素质有所了解。

从操作的标准化程度上划分,可分为结构化面试、半结构面试和非结构面试。结构化面试根据特定职位的胜任特征要求,遵循固定程序,采用专门的题库、评价标准和评价方法,通过面试官(小组)与受测者面对面的言语交流等方式,评价其胜任素质。而非结构面试由面试官自由控制,随意性很强,可根据受测者的具体情况有针对性的提问和进行深入的了解。半结构面试则介于上述二者之间,事先对面试的内容、程序和方式进行粗略的规定,在实施过程中面试官可灵活地调整。

与非(半)结构面试相比,结构化面试的根本特点是具备严谨的结构:测评的要素结构化,在工作分析基础上结合其他要求制定出测评要素;面试试题(内容、种类、编制)结构化,基于测评要素、职位职责而设计;评价标准结构化,有固定的评分标准和权重;面试的程序和时间安排结构化,一般 5~10 个问题,15~30 分钟。这种严谨的结构有利于减少各种主客观因素对面试官评分过程的影响,提高了评价的公平性,使面试结果更为客观、可靠,使同一个职位的不同候选者评估结果之间具有可比性。此外,结构化面试所获得的信息更为丰富、完整和深入;结果也更利于统计和分析。

五、实验材料和原始数据

1. 背景资料。

天达软件股份有限公司成立于 1998 年,长期致力于提供具有自主知识产权的企业管理/ERP 软件、服务与解决方案。2004 年"天达"商标被认定为"中国驰名商标"。2005年公司被评为国家"重点软件企业"。在中国 ERP 软件市场,天达软件占有的市场份额最高。天达软件自成立以来,一直保持全面快速成长,在 2002~2006 年,保持着年均30% 的增长率,在同行业内名列前茅。天达软件已形成完整的产品和业务线,面向大、中、小型企业提供软件和服务,全面覆盖企业从创业、成长到成熟的完整生命周期,满足不同规模企业在不同发展阶段的管理需求。截至目前,近 10 万家中外企业运行着天达管理软件。天达软件在中国境内拥有 30 家地区分公司,拥有 3 个研发中心共计千人以上的研发队伍,3000 人的软件产品营销和咨询专家队伍。天达软件以"发展民族软件产业,推动中国管理进步"为企业使命,崇尚"以人为本、客户为本"的企业文化,提倡专业、及时、真诚的服务理念。天达公司因业务扩展需要,拟招聘若干名销售代表,负责华北地区软件产品的销售和推广,协调客户及相关资源,实现销售任务。

2. 工作说明书(如表 2-1 所示)。

表 2-1 　　　　　　　　　　　销售代表工作说明书

岗位编号:		编制日期:	
所属单位	天达软件股份有限公司	所属部门	营销总部
岗位名称	销售代表	任职者签字	

直接主管 职位	销售经理	直接主管签字	
任职 资格	**受教育水平：** 大学本科以上，营销、计算机、经济学专业		
	工作经验： 具备相关销售经验		
	基本技能： 掌握常用办公软件使用方法，熟悉CRM系统，具备基本的网络知识，能熟练使用各种办公设备		
	需具备能力： 具有较强的组织、协调、计划、分析、判断、谈判、语言和文字表达及人际交往能力		

岗位目的：

负责区域内的产品销售和推广，协调客户及相关资源，实现销售任务

在组织中的位置：

续表

职责描述：

1. 负责客户的开发工作，和目标客户建立良好关系，拜访客户，挖掘客户对公司产品和服务的需求，针对客户需求提出解决方案，高效、灵活地完成销售任务。
2. 及时与客户沟通、联系和跟进，和客户保持良好的关系，进行科学的客户关系管理，及时有效地为客户提供高品质服务以保证客户满意度。
3. 根据公司的相关规章制度进行谈判和签约。
4. 与公司关联部门联系沟通，确保产品与服务的有效达到与问题反馈。
5. 负责客户的应收款项的及时回笼。
6. 协同团队成员完成销售业绩的实现。
7. 具体执行市场销售任务，并不断开拓市场。

六、实验要求和注意事项

进入实验后，一定要遵循操作流程，认真完成每个步骤所要求的任务。现场观察环节要做好记录，以备评价使用。总报告要完整，并作出录用决策。

七、实验步骤和内容

1. 在前台页面用自己注册的邮箱和密码进行登录（如图 2 – 30 所示）。

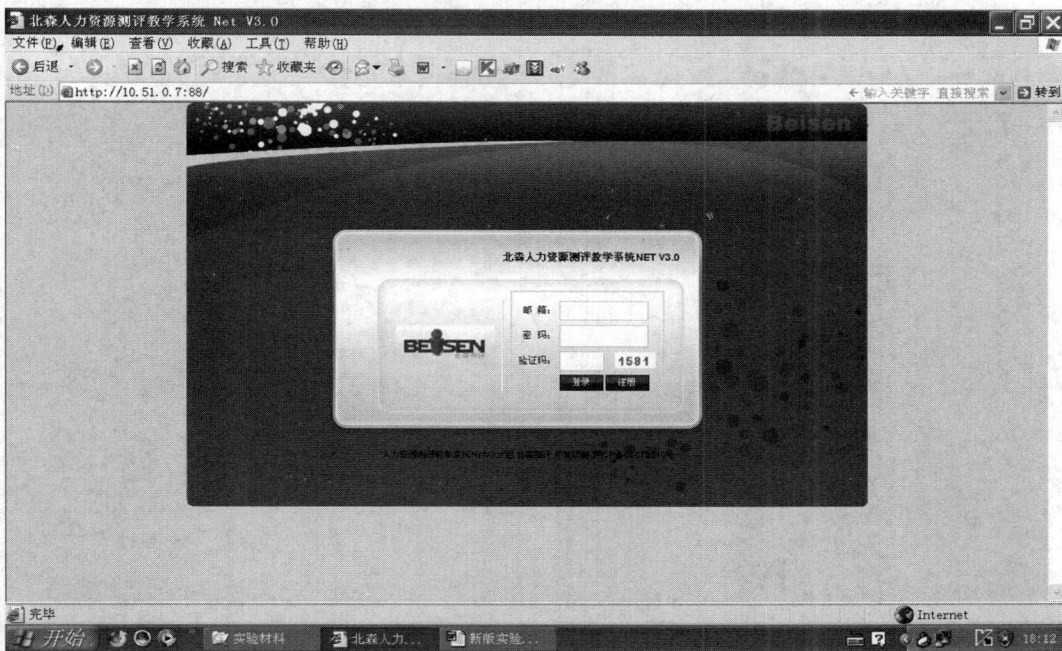

图 2 – 30　学生登录页面

2. 登录后，进入"测验列表"页面后输入教师分配的序列号（如图 2 – 31 所示），出现教师在建立测评活动时选择的测验列表（如图 2 – 32 所示）。

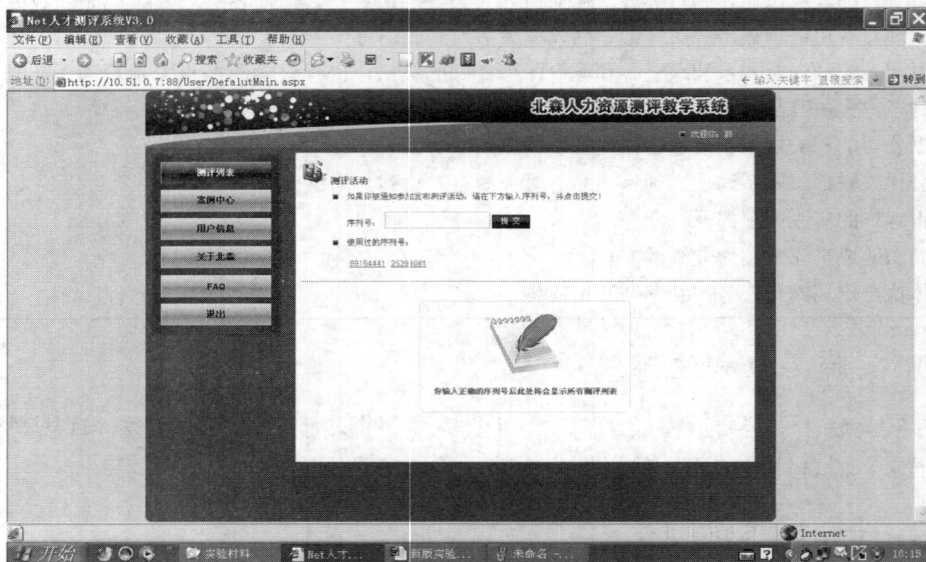

图 2 – 31　学生输入序列号

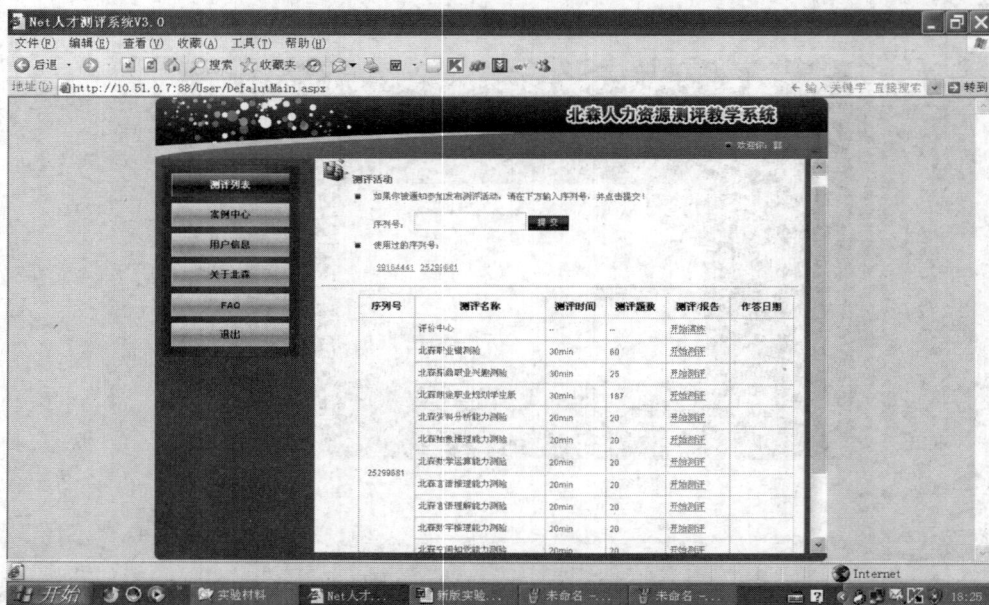

图 2 – 32　输入序列号出现测验列表

3. 在"测验列表"页面点击"评价中心"后的"开始演练",进入测验页面,熟悉演练流程后点击"进入",即开始进入测验(如图2-33所示)。

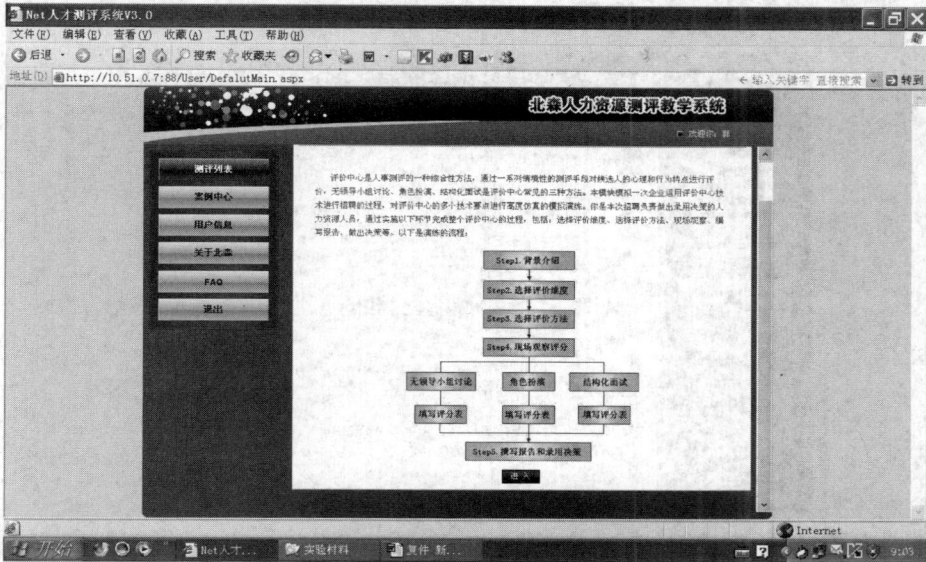

图2-33　学生做测验

4. 阅读测验中的背景介绍(如图2-34所示)。

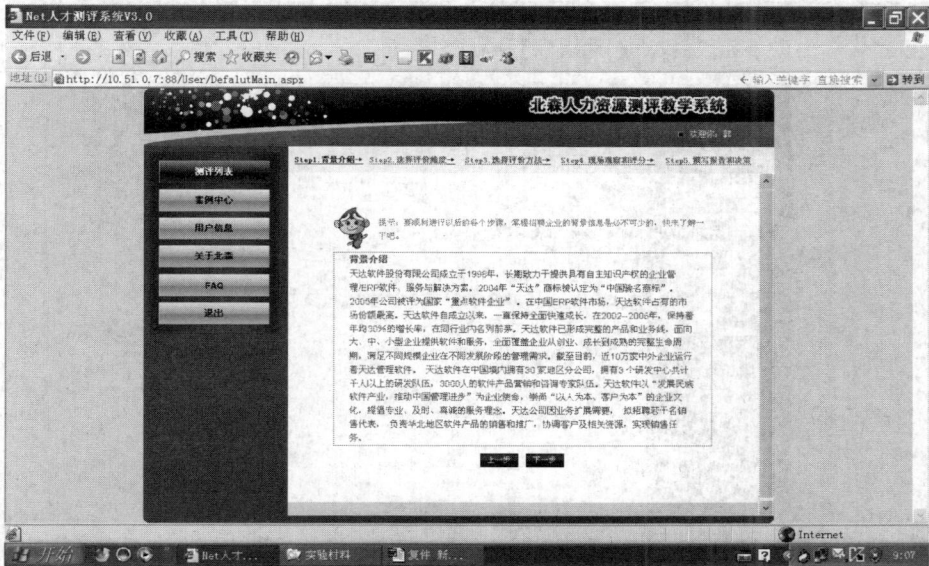

图2-34　评价中心背景介绍

5. 选择评价维度（如图 2 – 35 所示）。

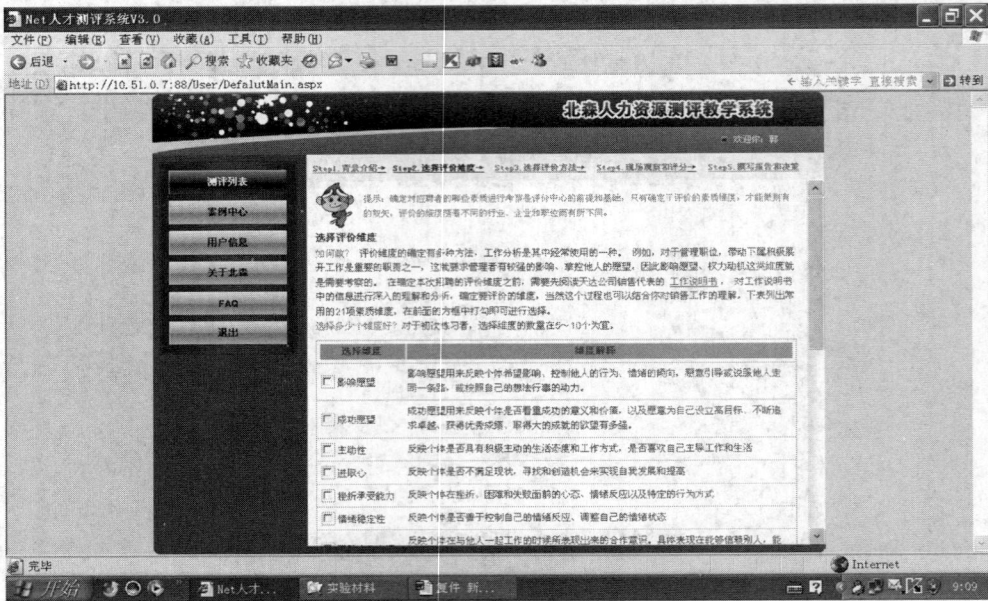

图 2 – 35　学生选择评价维度

6. 选择评价方法（如图 2 – 36 所示）。

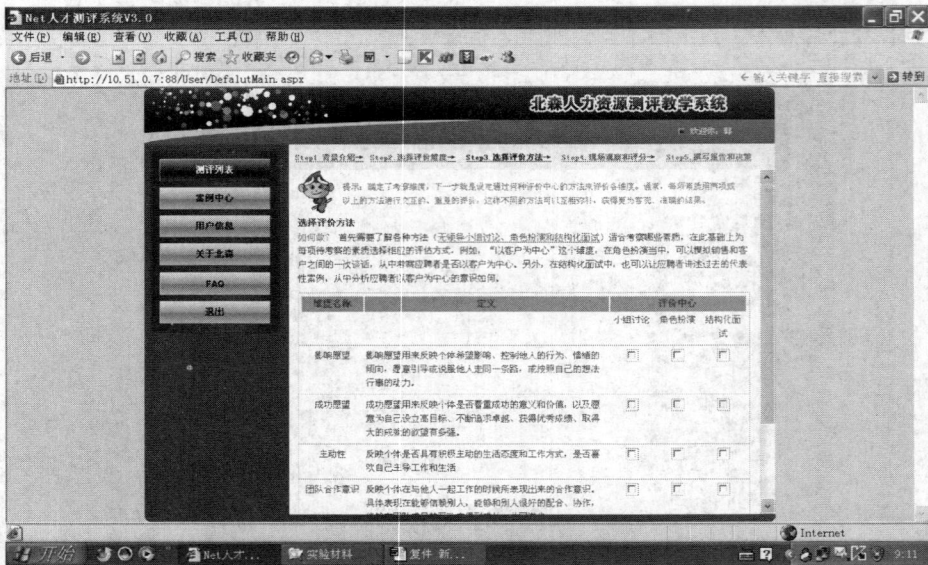

图 2 – 36　学生选择评价方法

7. 现场观察和评分（如图2-37所示）。

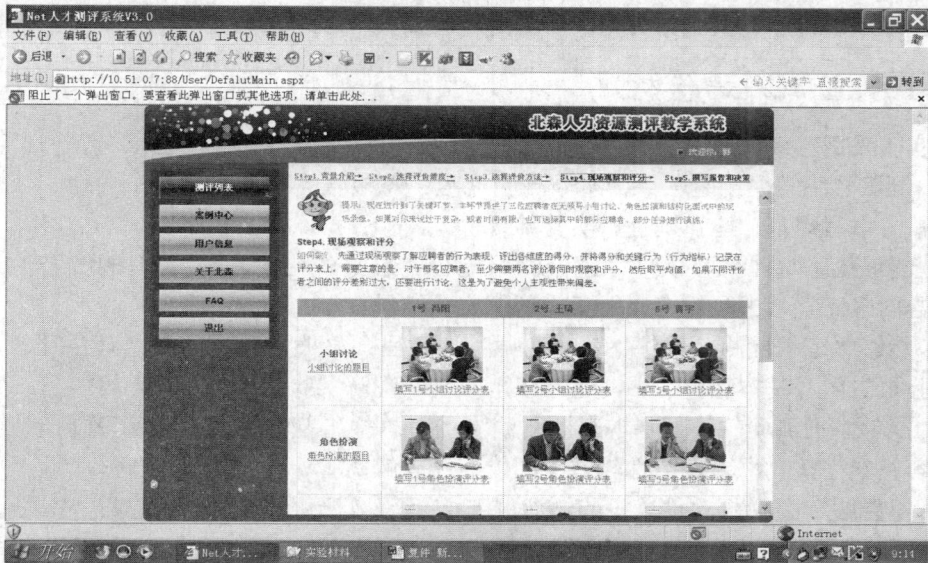

图2-37　学生现场观察与评分

8. 撰写分报告与总报告，进行决策（如图2-38所示）。

图2-38　学生撰写报告与决策

9. 报告完成后点击图2-38中的"提交完成"，一次完整演练结束。

八、实验结果和总结

实验结果以打印的实验报告为准。理解测验报告，总结实验过程，完成实验报告。

九、实验成绩评价标准

本实验采用五级评分制：

A：能够熟练掌握测验软件，遵循测验流程，总报告完整、理由充分合理；实验报告内容完整、书写规范，能正确理解实验结果；

B：能够熟练掌握测验软件，遵循测验流程，总报告比较完整、理由比较充分合理；实验报告内容完整、书写规范，能正确理解实验结果；

C：能够熟练掌握测验软件，基本遵循测验流程，总报告比较完整、理由比较充分合理；实验报告内容基本完整、书写基本规范，基本理解实验结果；

D：能够掌握测验软件，基本遵循测验流程，总报告基本完整、理由基本合理；实验报告内容基本完整、书写规范性较差，不能完全理解实验；

E：不能够掌握测验软件，没有遵循测验流程；实验报告内容不完整、书写不规范，不能正确理解实验结果。

实验十二　案例中心演练（G007）

一、实验名称和性质

所属课程	招聘与甄选
实验名称	案例中心演练
实验学时	2
实验性质	□验证　□综合　√□设计
必做/选做	√□必做　□选做

二、实验目的

通过具体实验项目的演练，理解人员素质测评技术在人力资源管理中的综合运用。

三、实验的软硬件要求

硬件要求

IBM 兼容机；奔腾 2.0GHz 以上 CPU；1GB 内存以上；CD – ROM 光驱（用来安装）；10GB 硬盘空间。

使用的软件名称、版本号以及模块

北森人力资源测评教学系统 NETV3.0、学生上机进入前台模块。系统所需软件环境为 Microsoft Windows 2003 or 2000 并安装 IIS Microsoft SQL Server2000。

四、知识准备

前期要求掌握的知识

人员素质测评的基本概念和相关原理；心理测验的基本知识；企业人力资源管理的基本概念和知识。

实验相关理论或原理

本测验是根据企业人力资源管理活动的需要，对人员素质测评技术的组合使用。其依据的理论基础详见各分测验。

五、实验材料和原始数据

北森案例中心演练模块。

六、实验要求和注意事项

案例中心模块共有9项分测验，实验时可由教师根据具体情况选择其中的部分测验来演练。在选定的测验项目中，再根据提示选择你以为最合适的测评工具并给出理由，实验时请结合情境进行综合分析。

在实验最末的报告汇总页面，保存报告可以保留作答，之后可再进入实验修改；退出则不保存任何作答，之后也可以进入实验再次作答；提交报告可以保存作答完成实验，之后可查看实验流程而不可修改作答。

七、实验步骤和内容

1. 在前台页面用自己注册的邮箱和密码进行登录（如图2－39所示）。

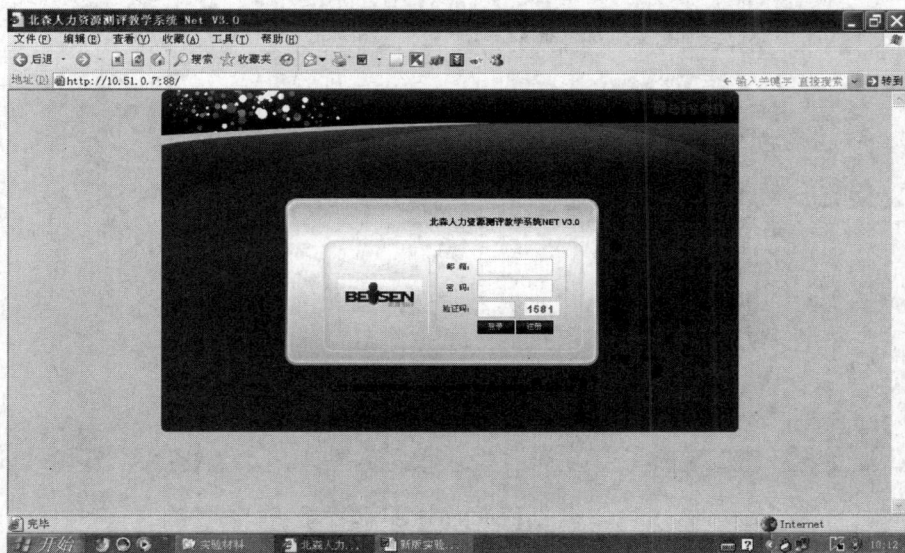

图2－39　学生登录页面

2. 登录后，点击页面中的"案例中心"，输入教师分配的序列号（如图 2 – 40 所示），出现案例中心的实验列表（如图 2 – 41 所示）。

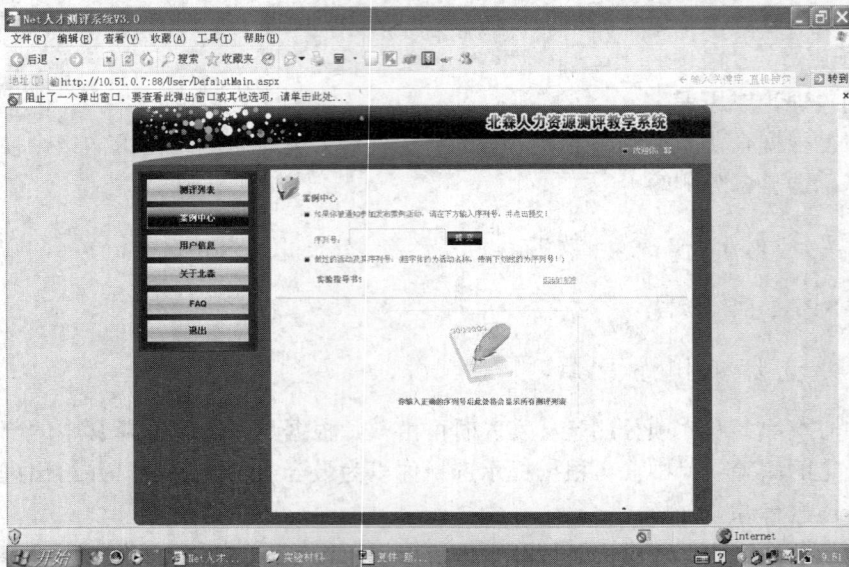

图 2 – 40　学生输入序列号

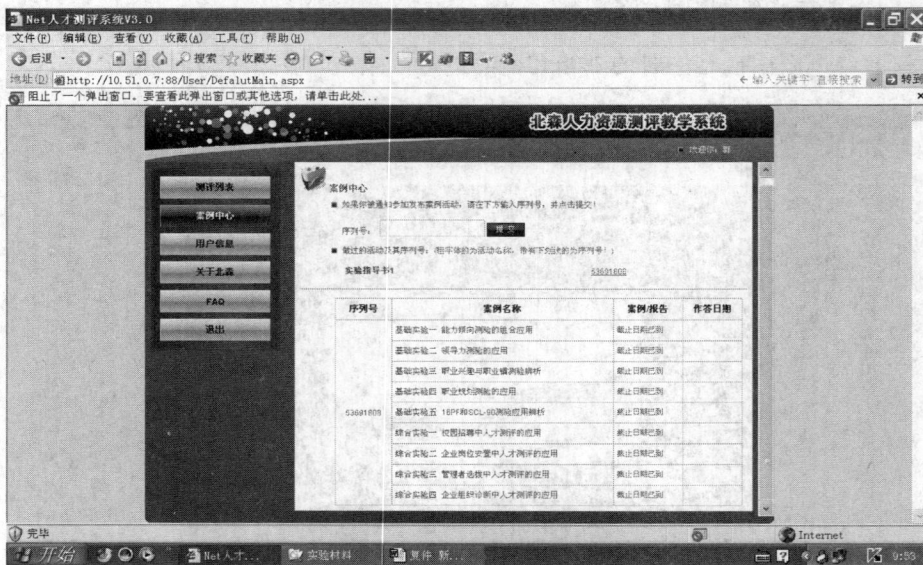

图 2 – 41　输入序列号出现案例中心实验列表

3. 点击选择的实验名称后的"进入实验"或者"案例演示",即可进入相应案例的演练页面;阅读完指导语后,点击"进入测评",即可在新窗口开始演练(如图 2 – 42 所示)。

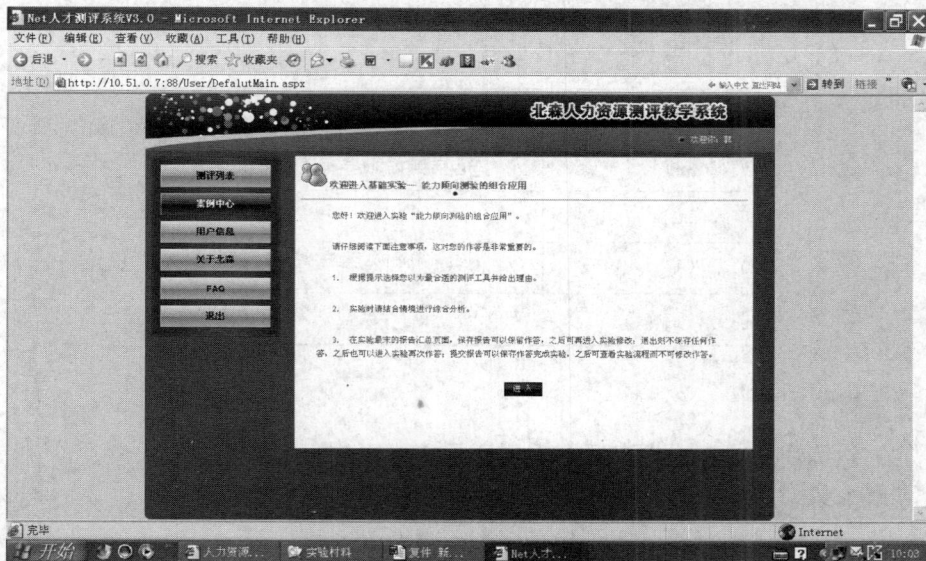

图 2 – 42　学生做测验

4. 做完实验,点击"提交报告",实验完成。

八、实验结果和总结

实验结果以打印的实验报告为准。理解测验报告,总结实验过程,完成实验报告。

九、实验成绩评价标准

本实验采用五级评分制:

A:能够熟练掌握测验软件,遵循测验流程,总报告完整、理由充分合理;实验报告内容完整、书写规范,能正确理解实验结果。

B:能够熟练掌握测验软件,遵循测验流程,总报告比较完整、理由比较充分合理;实验报告内容完整、书写规范,能正确理解实验结果。

C:能够熟练掌握测验软件,基本遵循测验流程,总报告比较完整、理由比较充分合理;实验报告内容基本完整、书写基本规范,基本理解实验结果。

D:能够掌握测验软件,基本遵循测验流程,总报告基本完整、理由基本合理;实验报告内容基本完整、书写规范性较差,不能完全理解实验。

E:不能够掌握测验软件,没有遵循测验流程;实验报告内容不完整、书写不规范,不能正确理解实验结果。

实验十三 人力资源测评教学软件学习 （G008）

一、实验名称和性质

所属课程	招聘与甄选
实验名称	人力资源测评教学软件学习
实验学时	2
实验性质	√□验证　□综合　□设计
必做/选做	□必做　√□选做

二、实验目的

1. 能够熟练掌握北森人力资源素质测评的其他测验项目。
2. 理解人员素质测评的其他测评技术在人力资源管理中的应用。

三、实验的软硬件要求

硬件要求

IBM 兼容机；奔腾 2.0GHz 以上 CPU；1GB 内存以上；CD－ROM 光驱（用来安装）；10GB 硬盘空间。

使用的软件名称、版本号以及模块

北森人力资源测评教学系统 NETV3.0、学生上机进入前台模块。系统所需软件环境为 Microsoft Windows 2003 or 2000 并安装 IIS Microsoft SQL Server2000。

四、知识准备

前期要求掌握的知识

人员素质测评的基本概念和相关原理；心理测验的基本知识；企业人力资源管理的基本概念和知识。

实验相关理论或原理

（一） 能力理论

1. 能力的定义。

能力是直接影响活动效率，使活动得以顺利完成的个性心理特征。能力总是和人的活动联系在一起；每一种职业活动都需要特定的能力组合；能力倾向会影响个体的职业发展。

2. 代表性的观点：三维结构理论和群因素论。

（二） 领导力理论

保罗·赫塞（Paul Hersey）和肯尼思·布兰查德（Kenneth Blanchard）提出的情境领导（Situational Leadership）模型认为，领导者应该根据具体情境运用相应的领导方式。这里的"领导"被定义为影响个人或团体行为而做出的任何努力。

情境领导模型认为，领导者的行为可分为两种——工作（任务）行为和关系行为。

工作行为是指领导者清楚地说明个人或组织的责任，这种行为包括告诉下属做什么、如何做、什么时候做、在哪里做以及由谁来做，并且密切监督下属的工作表现。关系行为是指领导者与（多个）下属进行双向沟通或者多向沟通。这种行为包括倾听、鼓励、协助、提供工作说明以及给予社会方面的支持等。

情境领导模型通过组合工作行为和关系行为将领导风格分为四种：

1. S1 指导型（Directing）：高工作，低关系。

领导者为下属制定角色、安排任务，并给以具体指示和严格监督。所有决定由领导者做出，沟通是单方面的。

例：消防队长负责扑灭一场大火……

2. S2 教练型（Coaching）：高工作，高关系。

仍然由领导者为下属制定角色、安排任务，但允许讨论，并听取下属的意见和建议。最终决策仍由领导做出，但增加了双向沟通。

例：刚刚提升到新工作岗位的员工……

3. S3 支持型（Supporting）：低工作，高关系。

领导者将例行的决策权力如工作安排、流程部署交予下属。领导者协调促进下属展开决策讨论，并协助其自行决策。

例：新的销售人员首次单独去拜访客户……

4. S4 授权型（Delegating）：低工作，低关系。

领导者仍然参与下属的讨论，但控制权由下属掌握。由下属决定在何时、何种情况下领导者需要参与决策讨论。

例：你明白该如何准备每月的报告……

（三） 团队角色理论

剑桥产业培训研究部前主任贝尔宾博士和他的同事们，经过多年在澳洲和英国的研究与实践，提出了著名的贝尔宾团队角色理论，即一支结构合理的团队应该由八种人组成，这八种团队角色分别为：

1. 实干家 CW（Company Worker）。

（1）典型特征：保守；顺从；务实可靠。

（2）积极特性：有组织能力、实践经验；工作勤奋；有自我约束力。

（3）能容忍的弱点：缺乏灵活性；对没有把握的主意不感兴趣。

（4）在团队中的作用：

①把谈话与建议转换为实际步骤。

②考虑什么是行得通的，什么是行不通的。

③整理建议，使之与已经取得一致意见的计划和已有的系统相配合。

2. 协调员 CO（Coordinator）。

（1）典型特征：沉着；自信；有控制局面的能力。

（2）积极特性：对各种有价值的意见不带偏见地兼容并蓄，看问题比较客观。

（3）能容忍的弱点：在智能以及创造力方面并非超常。

（4）在团队中的作用：

①明确团队的目标和方向。

②选择需要决策的问题，并明确它们的先后顺序。

③帮助确定团队中的角色分工、责任和工作界限。

④总结团队的感受和成就，综合团队的建议。

3. 推进者 SH（Shaper）。

（1）典型特征：思维敏捷；开朗；主动探索。

（2）积极特性：有干劲，随时准备向传统、低效率、自满自足挑战。

（3）能容忍的弱点：好激起争端，爱冲动，易急躁。

（4）在团队中的作用：

①寻找和发现团队讨论中可能的方案。

②使团队内的任务和目标成形。

③推动团队达成一致意见，并朝向决策行动。

4. 智多星 PL（Planter）。

（1）典型特征：有个性；思想深刻；不拘一格。

（2）积极特性：才华横溢；富有想象力；智慧；知识面广。

（3）能容忍的弱点：高高在上；不重细节；不拘礼仪。

（4）在团队中的作用：

①提供建议。

②提出批评并有助于引出相反意见。

③对已经形成的行动方案提出新的看法。

5. 外交家 RI（Resource Investigator）。

（1）典型特征：性格外向；热情；好奇；联系广泛；消息灵通。

（2）积极特性：有广泛联系人的能力；不断探索新的事物；勇于迎接新的挑战。

（3）能容忍的弱点：事过境迁，兴趣马上转移。

（4）在团队中的作用：

①提出建议，并引入外部信息。

②接触持有其他观点的个体或群体。

③参加磋商性质的活动。

6. 监督员 ME（Monitor Evaluator）。

（1）典型特征：清醒；理智；谨慎。

（2）积极特性：判断力强；分辨力强；讲求实际。

（3）能容忍的弱点：缺乏鼓动和激发他人的能力；自己也不容易被别人鼓动和激发。

（4）在团队中的作用：

①分析问题和情景。

②对繁杂的材料予以简化，并澄清模糊不清的问题。

③对他人的判断和作用作出评价。

7. 凝聚者 TW（Team Worker）。

（1）典型特征：擅长人际交往；温和；敏感。

（2）积极特性：有适应周围环境以及人的能力；能促进团队的合作。

（3）能容忍的弱点：在危急时刻往往优柔寡断。

（4）在团队中的作用：

①给予他人支持，并帮助别人。

②打破讨论中的沉默。

③采取行动扭转或克服团队中的分歧。

8. 完美主义者 FI（Finisher）。

（1）典型特征：勤奋有序；认真；有紧迫感。

（2）积极特性：理想主义者；追求完美；持之以恒。

（3）能容忍的弱点：常常拘泥于细节；容易焦虑；不洒脱。

（4）在团队中的作用：

①强调任务的目标要求和活动日程表。

②在方案中寻找并指出错误、遗漏和被忽视的内容。

③刺激其他人参加活动，并促使团队成员产生时间紧迫的感觉。

五、实验材料和原始数据

北森人力资源测评教学软件。

六、实验要求和注意事项

在课余时间可以根据自己的兴趣和需要，选择其他测验项目实验。如果选择了某项实验，就必须按照实验的指导语认真完成实验，并书写实验报告。

七、实验步骤和内容

1. 进入系统后根据给定的序列号进入测验界面。

2. 熟悉测验的要求和注意事项后进入测验。

3. 测验结束后查看测评报告并导出报告。

八、实验结果和总结

实验结果以打印的实验报告为准。理解测验报告，总结实验过程，完成实验报告。

九、实验成绩评价标准

本实验采用五级评分制：

A：能够熟练掌握测验软件，正确导出测评报告；实验报告内容完整、书写规范，能正确理解实验结果。

B：能够熟练掌握测验软件，正确导出测评报告；实验报告内容完整、书写比较规范，基本理解实验结果。

C：能够熟练掌握测验软件，正确导出测评报告；实验报告内容基本完整、书写基本规范，基本理解实验结果。

D：能够掌握测验软件，正确导出测评报告；实验报告内容基本完整、书写规范性较差，不能完全理解实验。

E：不能够掌握测验软件，不能正确导出测评报告；实验报告内容不完整、书写不规范，不能正确理解实验结果。

实验十四　时间知觉测验（G009）

一、实验名称和性质

所属课程	招聘与甄选
实验名称	时间知觉测试
实验学时	1
实验性质	√□验证　□综合　□设计
必做/选做	□必做　√□选做

二、实验目的

检测各种因素对时间知觉的影响，掌握用复制法研究时间知觉，从而测试被试辨别时间长短的能力。

三、实验的软硬件要求

实验室内环境安静、有足够的空间放置仪器。

四、知识准备

前期要求掌握的知识

能力倾向测验的相关知识。

实验相关理论或原理

时间知觉是对客观现象延续性和顺序性的感知。人总是通过某种量度时间的媒介来感知时间的。量度时间的媒介有外在标尺和内在标尺两种，它们都可为人们提供关于时间的信息。外在标尺包括计时工具，如时钟、日历等；也包括宇宙环境的周期性变化，如太阳的升落、月亮的盈亏、昼夜的交替、季节的重复等。内部标尺是机体内部的一些有节奏的生理过程和心理活动，如心跳、呼吸、消化及记忆表象的衰退等，神经细胞的某种状态也可成为时间信号。人的节律性活动和生理过程基本上以24小时为一个周期，因此，可以把人的身体看成一个生活节奏钟。

心理学家发现，用计时器测量出的时间与估计的时间不完全一致。人的时间知觉与活动内容、情绪、动机、态度有关。内容丰富而有趣的情境，使人觉得时间过得很快，而内容贫乏枯燥的事物，使人觉得时间过得很慢；积极的情绪使人觉得时间短，消极的情绪使人觉得时间长；期待的态度会使人觉得时间过得慢。一般来说，对持续时间越注意，就越觉得时间长；对于预期性的估计要比追溯性的估计时间显得长些。一些实验还表明，时间知觉明显地依赖于刺激的物理性质和情境。例如，对较强的刺激觉得比不太强的刺激时间长，对分段的持续时间觉得比空白的持续时间长。例如，对一个断续的音响，在一给定的时间里听到的断续的次数越多，人们就越觉得这段时间长。对较长的时间间隔，往往估计不足；而对较短的时间间隔，则估计偏高。有关的材料还表明，时间知觉与刺激的编码有关，刺激编码越简单，知觉到的持续时间也就越短。相等的时间间隔（40毫秒或80毫秒），空白间隔比填充音节的间隔显得短。

五、实验材料和原始数据

时间知觉测试仪器。

六、实验要求和注意事项

根据实验环境选择合适的刺激信号，主试和被试要严格按照操作规范进行；实验对时间的估计不要采用默数的方式。

七、实验步骤和内容

实验 I

1. 选择标准刺激时间为"00"、实验次数10次或20次，被试做好实验准备。
2. 被试按下被试键实验开始，实验次数10次或20次。
3. 实验结束，显示实验结果。

实验 II

1. 选择标准刺激时间≠00，即01~99秒。
2. 主试按下"测试开始"键，实验开始，被试对呈现的刺激时间作出反应。
3. 重复操作，直到进行了10次或20次为止。
4. 实验结束，显示实验结果。

练习实验

1. 被试按下被试键至抬起此键为标准刺激，按设定的刺激方式呈现声、光刺激，实时显示时间。

2. 再按下被试键开始呈现变异刺激，预测开始。
3. 重复实验，次数不限。

八、实验结果和总结

实验结果通过实验仪器来查询，要求记录规范。

九、实验成绩评价标准

A：实验报告中的各个项目都能完整、准确、规范记录，书写整齐。
B：实验报告中的各个项目基本能完整、准确、规范记录，书写较整齐。
C：实验报告中的各个项目有少数遗漏、规范不够好，书写较整齐。
D：实验报告中的主要项目有记录、规范性不够好，书写不整齐。
E：实验报告中的主要项目没有记录、规范性差，书写不整齐。

实验十五　空间知觉测验（**G010**）

一、实验名称和性质

所属课程	招聘与甄选
实验名称	空间知觉测试
实验学时	1
实验性质	√□验证　□综合　□设计
必做/选做	□必做　√□选做

二、实验目的

研究刺激的空间结构特征，测定辨别复杂图形的反应时。

三、实验的软硬件要求

实验室内环境安静、有足够的空间放置仪器。

四、知识准备

前期要求掌握的知识
能力倾向测验的相关知识。
实验相关理论或原理
空间知觉是对物体距离、形状、大小、方位等空间特性的知觉。知觉的这种功能在视觉与听觉中表现得最为明显。

视觉空间知觉是以两眼视网膜直接感受到的两维图像为基础而产生的。人总是把外界刺激知觉为具有一定大小和形状的图像，它服从于图形知觉的规律。对于有远近关系的立体物体，由于正常视觉是双眼的，并且两只眼睛的视象是融合在一起的，双眼又是分开的，每只眼对物体的一侧看得更清楚一些，所以，两个视网膜上的略有差异的映象，就成为观察物体空间关系的重要线索。它使人能在两维的视网膜刺激基础上，形成三维的空间映象，即在高、宽两维视觉像基础上看出深度，辨别出物体的远近。对物体不同部位的远近的感知称为立体视觉或深度知觉。深度知觉除了利用双眼的视差的线索外，还要利用其他的主客观线索。大小知觉是在深度知觉的基础上对不同远近的物体作出的大小判断。

听觉空间知觉，在距离方面主要以声音强度为线索，而要判定声源的方位则必须依据双耳听觉线索。后者称为听觉空间定位。

除了视觉和听觉外，人手的触摸感觉，人在环境中的探索活动，也是空间知觉的重要信息。这些来自不同感官通道的信息相互作用，彼此验证，使人获得对外界环境的空间关系的认识。

五、实验材料和原始数据

空间知觉测试仪器。

六、实验要求和注意事项

选择几种刺激类型，实验结果记录时要分别记录。

七、实验步骤和内容

1. 实验设备准备就绪。
2. 被试准备就绪。
3. 主试选择实验采用的刺激类型。
4. 按开始键，实验开始。
5. 被试进入实验状态，对所呈现的刺激图案作正确反应。
6. 稍休息后，再次进行实验。
7. 按"打印/结束"键，实验结束，输出实验结果。

八、实验成绩评价标准

A：实验报告中的各个项目都能完整、准确、规范记录，书写整齐；
B：实验报告中的各个项目基本能完整、准确、规范记录，书写较整齐；
C：实验报告中的各个项目有少数遗漏、规范不够好，书写较整齐；
D：实验报告中的主要项目有记录、规范性不够好，书写不整齐；
E：实验报告中的主要项目没有记录、规范性差，书写不整齐。

实验十六　模拟招聘与录用（G011）

一、实验名称和性质

所属课程	招聘与甄选
实验名称	模拟招聘录用
实验学时	6
实验性质	□验证　√□综合　□设计
必做/选做	√□必做　□选做

二、实验目的

通过本次实验巩固已学的理论知识，并使相关知识系统化。同时，通过实验掌握企业人员招聘与录用的流程与方法。

三、实验的软硬件要求

硬件

人力资源管理实验室及经管中心相关实验室的仪器及设备。

硬件要求

IBM 兼容机；奔腾 2.0GHz 以上 CPU；1GB 内存以上；CD – ROM 光驱（用来安装）；10GB 硬盘空间。

软件

北森人力资源测评教学软件。

北森人力资源测评教学系统 NETV3.0。系统所需软件环境为 Microsoft Windows 2003 or 2000 并安装 IIS Microsoft SQL Server2000。

四、知识准备

前期要求掌握的知识

企业人力资源管理的基本概念和知识；招聘与甄选的相关知识和原理；人员素质测评的基本概念和相关原理。

实验相关理论或原理

（一）招聘的相关知识及理论

对于企业来说，有了战略发展目标后，就需要组成一个人力资源的管理系统，在适当的组织机构与指挥协调机构领导下，使用原材料、机器、资金等来生产产品，或进行经营，或提供服务。在人力资源管理中，人力资源的使用与配置是企业成功的关键，而人力资源的使用和配置包括人力资源的"进"、"用"、"出"等几个环节，在这几个环节中，人力资源的"进"又是关键中的关键。所谓人力资源的"进"就涉及本课程讲的人员的招聘与甄选。员工的招聘、甄选与录用工作是人力资源管理中最基础的工作，也是至关重要的工作。现代组织中人事管理工作的首要任务，就是建立一个开放、有效而又健全的人力资源管理系统。当人力资源需要系统地扩大和补充时，组织必须建立起某种招聘制度，按人力资源需求经常性地进行增加、维持和调整劳动力的活动，保持人力资源需求的动态平衡，维持组织的生存和发展。对于一个组织来说，以最小的投入去提高生产力的重要途径之一就是建立完善的组织人员招聘录用系统。

招聘与甄选遵循的最基本原理是能岗匹配理论，能岗匹配理论包含两个方面的含义：一是指某个人的能力完全能胜任该岗位的要求，即所谓人得其职；二是指岗位所要求的能力这个人完全具备，即所谓职得其人。能岗匹配原理指人的能力与岗位要求的能力完全匹配，这种匹配包含着"恰好"的概念，二者的对应使人的能力发挥得最好，岗位的工作任务也完成得最好。能岗匹配原理的核心要素是：最优的不一定是最匹配的，最匹配的才是最优的选择。

（二）　人员测评的相关知识及理论

随着社会的进步和科学的发展，无论在生产或生活方面，人与人之间存在个别差异的现象日益明显。西方发达国家于 19 世纪末期，根据实践需要，最早在教育和医疗两个方面对测量个别差异的手段和测评技术开展了研究，并且在智力落后者的鉴别和精神病人的诊断方面取得了很大成绩。1905 年，法国心理学家比奈把智力看做是人的一种高级复杂的心理活动，并采取通过观察多种简单的行为活动以检测构成智力的各个因素，从而了解一个人的智力水平时，成功地出现了世界上第一个智力测验——比奈 - 西蒙量表。从此以后，心理测验被公认为测量个别差异的有效工具，西方的人才评价领域也从此更加蓬勃地开展起来了。

（三）　主要测评技术

1. 北森 16PF 人格测验测评。

16PF 人格测验是根据心理学家卡特尔（R. B. Cattell）的人格理论编制的。卡特尔经过多年对人格因素的研究，确定了 16 个因素，在此基础上发展了"人格 16 因素问卷"，用以测量相关特质维度上的个体差异。卡特尔的人格特质理论模型分成四层，即个别特质和共同特质，表面特质和根源特质，个体特质和环境特质，动力特质、能力特质和气质特质，所包含的 16 个人格因素为乐群性、聪慧性、稳定性、影响性、活跃性、规范性、敢为性、情感性、怀疑性、想象性、世故性、忧虑性、变革性、独立性、自律性、紧张性。通过对个体的 16 个人格因素的分析，可以判断受测者的个性特征、人际关系、决策能力、社会适应性、行为风格、心理健康等方面的特征，辅助企业在安置、培训、选拔、考核等各个环节中的人事决策。

2. 职业兴趣测评。

职业兴趣测评系统是以 Holland 的职业兴趣类型理论为基础，根据中国文化下职业本身的特点作了一些调整，同时吸收国外测验的优点和职业兴趣理论，最终量表采取了情景式的设计，将职业兴趣分为艺术型、现实型、研究型、社会型、企业型、常规型六种职业兴趣偏好作为测量维度。该测验从艺术、事务、经营、研究、操作、社交六种取向中，锁定被测者的职业兴趣。在确定职业兴趣的基础上，结合被测者的兴趣特点，确定职业/工作方向。明晰被测者的优劣势、适宜的工作类型，了解被测者与各职业类型模板之间的匹配程度。

3. 职业锚测验。

职业锚（Career anchor），是指当一个人在面临困难的职业选择时，他无论如何都不会放弃的内心深层次的东西。正如"职业锚"这一术语中"锚"所表达的，职业锚就是人们在选择和规划自己职业时所围绕的中心，是企业和个人进行职业决策时必须考虑的核心要素。在全球职业生涯规划的实施中，职业锚测评系统占据着非常重要的战略地位。在职业生涯规划领域具有"教父"级地位的职业锚理论是由美国 E. H. 施恩教授提出的。1961年开始，施恩对斯隆管理学院的 MBA 毕业生，进行关于职业发展和组织职业管理的研究与调查。施恩在对他们的跟踪调查和对许多公司、个人及团队的调查中，形成了观点，提出了五种职业锚的概念。随后，国外许多机构进行了大量的试验来研究职业锚理论，在1990 年拓展为 8 种职业锚，此后的研究表明：目前的 8 种职业锚可以概括所有的锚位。

五、实验材料和原始数据

（一）人员招聘

1. 岗位说明书（学生可自选某个企业的某个岗位）。
2. 招聘计划书。
3. 企业宣传计划书。
4. 应聘人员基本情况登记表。
5. 招聘记录本。
6. 个人简历。
7. 招聘展台布置需要的材料。

注：以上 7 项材料要求学生在做实验前自行设计和制作完成。

（二）人员甄选

1. 人员甄选方案。
2. 相关测评软件。
3. 面试提纲。
4. 面试评价表。
5. 人员甄选报告。

（三）人员录用

1. 初步筛选的信息。
2. 面试总结报告。

3. 主要测评形成的测评报告。
4. 人员录用决策与结论。

六、实验要求和注意事项

本实验模拟企业招聘的全过程，要求学生以拟定的招聘单位为平台，确定所需人员的素质特征，制订招聘计划，选定招聘渠道，自行准备招聘中需要的所有材料。并根据岗位的需要制订人员甄选的方案，再利用现有的测评技术进行人员甄选，最后作出录用决策。

七、实验步骤和内容

1. 自行选择一个企业，以该企业的某一岗位为例，提出招聘的需求。
2. 结合招聘需求，确定招聘策略，制订招聘计划。
3. 在人力资源实验室进行模拟招聘，模拟招聘过程包括招聘展台的布置、招聘宣传、招聘中接待应聘人员、接收简历以及简单面谈。
4. 模拟招聘会结束后根据应聘人员简历以及应聘人员基本情况登记表等信息对人员进行初选。
5. 在人员初选的基础上决定进入下一轮甄选的人员，并选择恰当的方法展开进一步的人员选拔工作。
6. 综合人员甄选的结果，结合招聘需求，作出录用决策。

八、实验结果和总结

实验结果体现为以小组为单位的一整套材料，包括招聘前准备的资料和招聘中收集和使用的材料以及招聘后的总结材料。

九、实验成绩评价标准

本实验以小组为单位评定实验成绩，采用五级评分制：
A：准备充分，过程合理，实验材料完整，成果显著；
B：准备充分，过程合理，实验材料比较完整，成果较为显著；
C：准备比较充分，过程较为合理，实验材料基本完整，有一定成果；
D：准备不充分，过程较为合理，实验材料有缺失完整，有一定的成果；
E：准备不充分，过程不合理，实验材料不完整，成果不显著。

第三章 人力资源培训与开发实验模块

实验十七 SCL-90症状自评量表测试（H001）

一、实验名称和性质

所属课程	社会心理学
实验名称	SCL-90症状自评量表测试
实验学时	2
实验性质	√□验证　□综合　□设计
必做/选做	√□必做　□选做

二、实验目的

1. 对自己的心理健康状况测评，了解自己的心理健康状况。
2. 根据测评结果提出改善心理健康状况的相关措施。
3. 激发学生对社会心理学的学习兴趣，为今后的社会心理学教学奠定基础。

三、实验的软硬件要求

1. 症状自评量表（SCL-90）。
2. 心理症状自评量表SCL-90计分表。

四、知识准备

前期要求掌握的知识
无特别要求，但最好有社会心理学等相关学科知识。
实验相关理论或原理
心理健康是指一个人面对生活情境时的所想、所感及其行动；是指一个人如何看待自己，如何看待生活，如何看待生活中的其他人；是指一个人如何对情境进行识别、判断和作出选择。心理健康包括，缓解压力，处理人际关系，作出抉择等，并且就像一个人的身体一样，随着他的成长而发展变化。

在一个人的一生中，每个人、每时每刻都面临心理健康问题，只不过有的人好一些，有的人可能一般，而有些人则比较差。像一个人的身体健康一样，心理健康也会不断变化，有时好一些，有时一般，而有时则可能比较差，而比较差时就需要帮助，就像身体生病时需要医生的帮助一样，心理健康发生了问题，也需要心理医生的帮助，一些比较轻的问题往往可以从那些有经验的人那里获得帮助。身体健康可以通过有效的锻炼得到增强，心理健康也可以通过训练和学习得到增强。身体健康可以通过科学方法来预防，心理健康也可以通过学习和了解进行有效的预防。

《症状自评量表（SCL-90）》是世界上最著名的心理健康测试量表之一，是当前使用最为广泛的精神障碍和心理疾病门诊检查量表，将协助您从 10 个方面来了解自己的心理健康程度。本测验适用对象为 16 岁以上的用户。本测验的目的是从感觉、情感、思维、意识、行为直到生活习惯、人际关系、饮食睡眠等多种角度，评定一个人是否有某种心理症状及其严重程度如何。

实验流程：

$\boxed{\text{测试前的准备工作}} \Rightarrow \boxed{\text{症状自评量表测试}} \Rightarrow \boxed{\text{测试数据的处理计算}}$

$\Downarrow$

$\boxed{\text{拟订改善心理健康状况的相关措施}}$

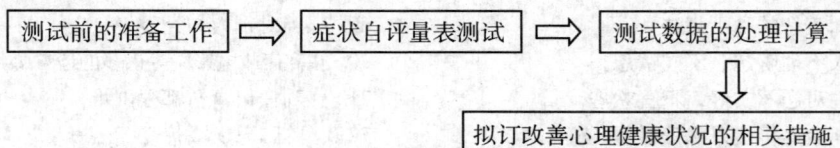

五、实验材料和原始数据

症状自评量表 （SCL-90）

指导语：以下表格中列出了有些人可能的病痛或问题，请仔细阅读每一条，然后根据最近一星期内下列问题影响你或使你感到苦恼的程度，在计分纸上选择最合适的分数，划一个"√"，如"从无"就勾"①"，依次类推。总共 90 题，正面 1~48，反面 49~90，请不要漏掉问题。

从无	轻度	中度	偏重	严重
①	②	③	④	⑤

1. 背痛	12. 胸痛
2. 神经过敏，心中不踏实	13. 害怕空旷的场所或街道
3. 头脑中不必要的想法或字句盘旋	14. 感到自己的精力下降，活动减慢
4. 头昏或昏倒	15. 想结束自己的生命
5. 对异性的兴趣减退	16. 听到旁人听不到的声音
6. 对旁人责备求全	17. 发抖
7. 感到别人能控制您的思想	18. 感到大多数人都不可信任
8. 责怪别人制造麻烦	19. 胃口不好
9. 忘性大	20. 容易哭泣
10. 担心自己的衣饰整齐及仪态的端正	21. 同异性相处时感到害羞不自在
11. 容易烦恼和激动	22. 感到受骗，中了圈套或有人想抓住您

23. 无缘无故地突然感到害怕
24. 自己不能控制地大发脾气
25. 怕单独出门
26. 经常责怪自己
27. 腰痛
28. 感到难以完成任务
29. 感到孤独
30. 感到苦闷
31. 过分担忧
32. 对事物不感兴趣
33. 感到害怕
34. 您的感情容易受到伤害
35. 旁人能知道您的私下想法
36. 感到别人不理解您、不同情您
37. 感到人们对您不友好，不喜欢您
38. 做事必须做得很慢以保证做得正确
39. 心跳得很厉害
40. 恶心或胃部不舒服
41. 感到比不上他人
42. 肌肉酸痛
43. 感到有人在监视您、谈论您
44. 难以入睡
45. 做事必须反复检查
46. 难以作出决定
47. 怕乘电车、公共汽车、地铁或火车
48. 呼吸有困难
49. 一阵阵发冷或发热
50. 因为感到害怕而避开某些东西、场合或活动
51. 脑子变空了
52. 身体发麻或刺痛
53. 喉咙有梗塞感
54. 感到前途没有希望
55. 不能集中注意
56. 感到身体的某一部分软弱无力

57. 感到紧张或容易紧张
58. 感到手或脚发重
59. 想到死亡的事
60. 吃得太多
61. 当别人看着您或谈论您时感到不自在
62. 有一些不属于您自己的想法
63. 有想打人或伤害他人的冲动
64. 醒得太早
65. 必须反复洗手、点数目或触摸某些东西
66. 睡得不稳不深
67. 有想摔坏或破坏东西的冲动
68. 有一些别人没有的想法或念头
69. 感到对别人神经过敏
70. 在商店或电影院等人多的地方感到不自在
71. 感到任何事情都很困难
72. 一阵阵恐惧或惊恐
73. 感到在公共场合吃东西很不舒服
74. 经常与人争论
75. 单独一人时神经很紧张
76. 别人对您的成绩没有作出恰当的评价
77. 即使和别人在一起也感到孤单
78. 感到坐立不安心神不定
79. 感到自己没有什么价值
80. 感到熟悉的东西变成陌生或不像是真的
81. 大叫或摔东西
82. 害怕会在公共场合昏倒
83. 感到别人想占您的便宜
84. 为一些有关性的想法而很苦恼
85. 您认为应该因为自己的过错而受到惩罚
86. 感到要很快把事情做完
87. 感到自己的身体有严重问题
88. 从未感到和其他人很亲近
89. 感到自己有罪
90. 感到自己的脑子有毛病

请你仔细检查一遍，看是否有遗漏，然后计算分数，非常感谢！！

心理症状自评量表 SCL－90 计分表

姓名（可不写）：＿＿＿＿＿＿ 性别：＿＿＿＿＿＿＿ 出生年月：＿＿＿＿＿＿

专业（本科、专科）：＿＿＿＿＿ 年级：＿＿＿＿ 学习成绩：上　中　下

是否班干部：＿＿＿＿ 是否党员：＿＿＿＿ 家庭经济状况：上　中　下

1①②③④⑤	16①②③④⑤	31①②③④⑤	46①②③④⑤	61①②③④⑤	76①②③④⑤
2①②③④⑤	17①②③④⑤	32①②③④⑤	47①②③④⑤	62①②③④⑤	77①②③④⑤
3①②③④⑤	18①②③④⑤	33①②③④⑤	48①②③④⑤	63①②③④⑤	78①②③④⑤
4①②③④⑤	19①②③④⑤	34①②③④⑤	49①②③④⑤	64①②③④⑤	79①②③④⑤
5①②③④⑤	20①②③④⑤	35①②③④⑤	50①②③④⑤	65①②③④⑤	80①②③④⑤
6①②③④⑤	21①②③④⑤	36①②③④⑤	51①②③④⑤	66①②③④⑤	81①②③④⑤
7①②③④⑤	22①②③④⑤	37①②③④⑤	52①②③④⑤	67①②③④⑤	82①②③④⑤
8①②③④⑤	23①②③④⑤	38①②③④⑤	53①②③④⑤	68①②③④⑤	83①②③④⑤
9①②③④⑤	24①②③④⑤	39①②③④⑤	54①②③④⑤	69①②③④⑤	84①②③④⑤
10①②③④⑤	25①②③④⑤	40①②③④⑤	55①②③④⑤	70①②③④⑤	85①②③④⑤
11①②③④⑤	26①②③④⑤	41①②③④⑤	56①②③④⑤	71①②③④⑤	86①②③④⑤
12①②③④⑤	27①②③④⑤	42①②③④⑤	57①②③④⑤	72①②③④⑤	87①②③④⑤
13①②③④⑤	28①②③④⑤	43①②③④⑤	58①②③④⑤	73①②③④⑤	88①②③④⑤
14①②③④⑤	29①②③④⑤	44①②③④⑤	59①②③④⑤	74①②③④⑤	89①②③④⑤
15①②③④⑤	30①②③④⑤	45①②③④⑤	60①②③④⑤	75①②③④⑤	90①②③④⑤

你现在已回答完毕，请按下表的分类，计算各种心理症状指标的分数。如计算"A"分数，就把题目 1，4，12，等 12 题的分数加起来，得到总分，再除以题目数 12 得平均分；如计算"B"分数，则把 3，9，10，等 10 题的分数加起来，除以 10，精确到小数点后面两位。其他指标依次类推。

指标	题目	总分	题目数	均分
A	1，4，12，27，40，42，48，49，52，53，56，58		12	
B	3，9，10，28，38，45，46，51，55，65		10	
C	6，21，34，36，37，41，61，69，73		9	
D	5，14，15，20，22，26，29，30，31，32，54，71，79		13	
E	2，17，23，33，39，57，72，78，80，86		10	
F	11，24，63，67，74，81		6	
G	13，25，47，50，70，75，82		7	
H	8，18，43，68，76，83		6	
I	7，16，35，62，77，84，85，87，88，90		10	
其他	19，44，59，60，64，66，89		7	
总　和			90	
阳性项目数 ＝ 90 － 得 1 分的数目				

六、实验要求和注意事项

1. 参加测试人员应做好测试前的准备工作，如准备好测试用的笔等。

2. 测试过程中必须按照指导教师的指令进行测试，不大声喧哗，保持良好的测试环境。

3. 要求学生测试结束后对自己的心理健康状况进行分析，拟定改善自己心理健康的相关措施，撰写实验报告。

4. 特别注意事项：心理健康症状自评量表包含了广泛的精神病症状学内容，如思维、情感、人际关系和生活习惯等。由于自评量表是测量个体在一段时间内感觉到的症状的严重与否，所以在量表分数的解释上应该慎重，并不是得分高就一定说明个体出现了很严重的心理问题，某些分量表上的得分较高有可能只是由于个体当时遇到了一些难题如失恋、面临考试、生病等，因此还应该对学生得分高的原因作进一步的了解。如果个体在多个维度上觉得这些症状较为严重时，应该加强心理健康的教育，严重时应该到比较权威的心理咨询和治疗机构进行进一步的检查和诊断。

七、实验步骤和内容

实验步骤

1. 测试前的指导与准备。

2. 发放症状自评量表（SCL－90）和心理症状自评量表 SCL－90 计分表。

3. 进行量表测试。

4. 计算测试数据。

5. 解释并分析心理健康状况各项指标。

实验内容

1. 进行心理健康症状自评量表测试。

2. 提出改善心理健康状况的相关措施。

八、实验结果和总结

1. SCL－90 自评量表解释。

（1）躯体化：体现心血管、胃肠道、呼吸系统、头痛、肌肉等方面最近有无问题。

（2）强迫症：明知没有必要，但又控制不住自己，反复出现为特征，主要表现在思想观念上和行为上。

（3）人际关系敏感：与他人交往不自在，人际交往能力低下，害怕与人交往，表现出自卑感，严重的导致自闭。

（4）抑郁：对生活的兴趣减退，缺乏活动的愿望和动力，表现出悲观失望。其特点是以消极的心态看待问题和自己，严重的产生死亡和自杀的念头。

（5）焦虑：表现出紧张、神经过敏，严重的惊恐发作。焦虑是指当前的或某一特定事物引起的，有明确的对象，时间较短。一般来说，焦虑发展成抑郁时要以药物治疗和心理咨询相结合。

（6）敌对：从思想、情感和行为三方面分析，爱争论、冲动、爆发、摔东西。

（7）恐怖：分为社交恐怖和广场恐怖。以社交恐怖居多，表现出内向、害怕与人交往、自卑感强。广场恐怖是指到空旷的地方无缘无故地感到恐怖。

（8）偏执：敌对、猜疑和妄想。

（9）精神病性：各种急性的症状和行为，轻度以上的具有分裂性行为方式的特征，表现出精神病性的症状和行为。

（10）其他：睡眠障碍和饮食不良。

2. 评分标准。

（1）总分超过160的，提示阳性症状。

（2）阳性项目数超过43的（43项2分以上），提示有问题。

（3）因子分≥2的：2～2.9为轻度，3～3.8为中度，3.9及以上为重度。

3. 分析。

（1）只有一项≥2的，如轻度抑郁、中度强迫等。

（2）有2项或多项≥2，如果其中有一项是躯体化的，要先分析是躯体不适引起心理问题，还是心理问题引起躯体不适。可以先到医院检查，排除气质性症状后，再做心理咨询。如果是躯体化问题应以临床治疗为主，心理咨询为辅。如果躯体化没有问题，其他有2项及以上≥2的，要按因子分的高低列出，如果有抑郁、焦虑和精神病性的要分别做自评抑郁量表（SDS）、焦虑自评量表（SAS）和明尼苏达多项人格测验（MMPI）测量，以便确诊。

九、实验成绩评价标准

（一）实验成绩评定依据

1. 实验报告完整程度。

2. 参与实验的态度与纪律。

（二）成绩评定等级与标准

A. 报告完整、态度端正；

B. 报告较完整、态度较端正；

C. 报告基本完整、态度基本端正；

D. 报告尚完整、态度尚端正；

E. 报告不完整、态度不端正。

实验十八　认知方式测试　（H002）

一、实验名称和性质

所属课程	社会心理学
实验名称	认知方式测试
实验学时	2
实验性质	√□验证　□综合　□设计
必做/选做	√□必做　□选做

二、实验目的

1. 根据卡尔·荣格（Carl Jung）的象征论来判定认知方式。
2. 认识认知方式对于管理的意义。

三、实验的软硬件要求

1. 认知方式测试问卷。
2. 认知方式测试计分表。

四、知识准备

前期要求掌握的知识

管理学、社会心理学，特别是社会心理学中有关社会认知的知识。

实验相关理论或原理

认知方式，又称认知风格，是指个体在组织和加工信息中所具有的个性化的和一贯的方式（Tennant，1988）。对认知方式最早研究是荣格所提出的心理类型理论。荣格（Jung，1923）提出了心理类型理论，他将人格划分为外倾和内倾两类，同时根据心理功能的不同将人分为直觉型、感觉型、思维型和情感型。同时，他将内外倾向和4种心理功能加以组合，形成了8种人格模式，即外倾思维型、外倾感情型、外倾直觉型、外倾感觉型、内倾思维型、内倾感情型、内倾直觉型和内倾感觉型。

虽然认知方式和智力水平都会对个体的操作任务产生影响，但认知方式与任务的相关程度不如智力的影响，并且个体的认知方式会随具体情景而变化，稳定性不高，但研究个体的认知方式可以提高实际操作水平，特别是学生的学习成绩，所以对认知方式的研究还是具有一定意义的。

实验流程

测试前的准备工作 ⟹ 认知方式问卷测试 ⟹ 测试数据的处理计算

⟱

思考认知方式对于管理的意义

五、实验材料和原始数据

认知方式测试问卷

第一部分　圈出最接近你习惯性的感想或行为的答案。

1. 你更关注：
   A. 别人的想法　　　　　　B. 别人的权利
2. 你一般与哪类人能更好地相处？
   A. 富有想象力的人　　　　B. 现实的人
3. 以下两个选项哪个是更高的评价？
   A. 有真实感想的人　　　　B. 一贯是一个有理智的人
4. 与其他的人一起做一些事，下面哪种人更吸引你？
   A. 以一种可接受的方式去做事 B. 自创一种独特方法去做事
5. 下面哪种人让你更加厌恶？
   A. 空想理论的人　　　　　B. 讨厌理论的人
6. 哪种说法是更高的评价？
   A. 一个很有先见的人　　　B. 一个有常识感觉的人
7. 你更经常：
   A. 凭感觉、内心想法行事　B. 以理性的头脑分析来行事
8. 你觉得以下哪种更糟糕？
   A. 表现得太过热情　　　　B. 冷淡、无同情心
9. 如果你是一个老师，你更倾向于教什么？
   A. 包含理论的课程　　　　B. 事实案例的课程

第二部分　下面每组中哪个词更吸引你？

10. A. 同情心　　　　　　　B. 远见
11. A. 公平　　　　　　　　B. 仁慈
12. A. 制作　　　　　　　　B. 设计
13. A. 温和的　　　　　　　B. 坚定的
14. A. 不加批判的　　　　　B. 批判的
15. A. 求实的　　　　　　　B. 象征性的
16. A. 富有想象力的　　　　B. 从事实出发的

认知方式测试计分表

得分：根据问卷将你的答案进行分类，每个答案得 1 分，并在下面对应的位置记好得分，然后统计出每一列的总分。

感觉	直觉	理性的	感性的
2. B _____	2. A _____	1. B _____	1. A _____
4. A _____	4. B _____	3. B _____	3. A _____
5. A _____	5. B _____	7. B _____	7. A _____
6. B _____	6. A _____	8. A _____	8. B _____
9. B _____	9. A _____	10. B _____	10. A _____
12. A _____	12. B _____	11. A _____	11. B _____
15. A _____	15. B _____	13. B _____	13. A _____
16. B _____	16. A _____	14. B _____	14. A _____

总分 = _____

根据总分分类：

如果你直觉的总分高于或等于感觉的得分，请写"直觉"。

如果你感觉的总分高于直觉的得分，请写"感觉"。

如果你感性的得分高于理性的得分，请写"感性"。

如果你理性的得分高于感性的得分，请写"理性"。

如果你感性的得分与理性的得分相同，女士请写"理性"，男士请写"感性"。

问题思考：

1. 你是哪种认知方式？

感觉/理性的（ST）——

直觉/理性的（NT）——

感觉/感性的（SF）——

直觉/感性的（NF）——

2. 你同意这个评估吗？为什么同意/不同意？

3. 你觉得在这项测试中测定出的你的认知方式会帮助你达到事业目标吗？

4. 如果你处于一个管理职位，很多事情都是由别人来完成，你认为你的认知方式会成为你的优势还是劣势呢？

六、实验要求和注意事项

1. 参加测试的人员应做好测试前的准备工作，如准备好测试用的笔等。

2. 测试过程中必须按照指导教师的指令进行测试，不大声喧哗，保持良好的测试环境。

3. 要求学生测试结束后进行认知方式问题思考，并撰写实验报告。

七、实验步骤和内容

实验步骤

1. 测试前的指导与准备，发放测试问卷与计分表。
2. 现场问卷测试。
3. 计算测试数据。
（1）计算感觉、直觉、理性、感性的总分。
（2）根据总分进行分类。
4. 确定自己的认知方式。
5. 进行认知方式相关问题思考。

实验内容

1. 根据卡尔·荣格（Carl Jung）的象征论来判定认知方式。
2. 认识认知方式对于管理的意义。

八、实验结果和总结

根据问卷测试结果将答案进行分类，并计算各分类的总分，根据以下标准确定自己的认知方式：如果你直觉的总分高于或等于感觉的得分，请写"直觉"；如果你感觉的总分高于直觉的得分，请写"感觉"；如果你感性的得分高于理性的得分，请写"感性"；如果你理性的得分高于感性的得分，请写"理性"；如果感性的得分与理性的得分相同，女士请写"理性"，男士请写"感性"。

九、实验成绩评价标准

（一） 实验成绩评定依据

1. 实验报告完整程度。
2. 参与实验的态度与纪律。

（二） 成绩评定等级与标准

A. 报告完整、态度端正；
B. 报告较完整、态度较端正；
C. 报告基本完整、态度基本端正；
D. 报告尚完整、态度尚端正；
E. 报告不完整、态度不端正。

实验十九 "不要激怒我" 沟通游戏（H003）

一、实验名称和性质

所属课程	社会心理学
实验名称	"不要激怒我"沟通游戏
实验学时	2
实验性质	□验证　√□综合　□设计
必做/选做	√□必做　□选做

二、实验目的

教会大家在人际沟通中要避免使用那些隐藏有负面意思的甚至敌意含义的词语，从而掌握一定的沟通技巧。

三、实验的软硬件要求

1. 场地：不限，可以在上课教室进行。
2. 参与人数：5～7人一组，分成偶数组。
3. 时间：40分钟。
4. 材料与道具：卡片或白纸一沓。

四、知识准备

前期要求掌握的知识
管理学、社会心理学，特别是社会心理学中有关人际沟通的知识。
实验相关理论或原理
语言和态度是人与人之间沟通时的两大主要方面。面对对抗的时候，有的人说出话来是火上浇油，有的人说出来就是灭火器，效果完全不同；该游戏的目的就是要教会大家在人际沟通中要避免使用那些隐藏有负面意思的甚至敌意含义的词语。
实验流程

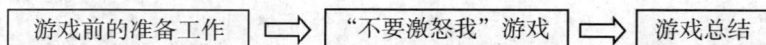

游戏前的准备工作　⇒　"不要激怒我"游戏　⇒　游戏总结

五、实验材料和原始数据

"不要激怒我"（沟通游戏）游戏规则和程序

1. 将学员分成5~7人一组，但要保证是偶数组，每两组进行一场游戏。告诉他们，他们正处于一场商务场景当中，比如商务谈判，比如老板对员工进行业绩评估。

2. 给每个小组一张白纸，让他们在5分钟时间内用头脑风暴的办法列举出尽可能多的会激怒别人的话语，比如：不行、这是不可能的，等等。每一个小组要注意不使另外一组事先了解到他们会使用的话语。

3. 让每一个小组写出一个一分钟的剧本，当中要尽可能多地出现那些激怒人的词语，时间：15分钟。

4. 告诉大家评分标准：①每个激怒性的词语给一分；②每个激怒性词语的激怒程度给1~3分不等；③如果表演者能使用这些会激怒对方的词语表现出真诚、合作的态度，另外加5分。

5. 让一个小组先开始表演，另一个小组的学员在纸上写下他们所听到的激怒性词汇。

6. 表演结束后，让表演的小组确认他们所说的那些激怒性的词汇，必要时要对其做出解释，然后两个小组调过来，重复上述的过程。

7. 第二个小组的表演结束之后，大家一起分别给每一个小组打分，给分数最高的那一组颁发"火上浇油奖"。

"不要激怒我"（沟通游戏）相关讨论问题：

什么是激怒性的词汇？我们倾向于在什么时候使用这些词汇？

如果你无意间说的话被人认为是激怒性的，你会如何反应？你认为哪个更重要，是你自己的看法重要，还是别人对你的看法重要？

当你无意间说了一些激怒别人的话，你认为该如何挽回？是马上道歉吗？

六、实验要求和注意事项

1. 分组时要保证是偶数组，每两组进行一场游戏。

2. 每个小组列举出尽可能多的会激怒别人的话语时，每一个小组要注意不使另外一组事先了解到他们会使用的话语。

3. 要求学生测试结束后进行沟通技巧问题的思考，并撰写实验报告。

七、实验步骤和内容（游戏规则与程序）

（一）分组并进行任务指导

将学员分成5~7人一组，但要保证是偶数组，每两组进行一场游戏。告诉他们，他们正处于一场商务场景当中，比如商务谈判，比如老板对员工进行业绩评估。

（二）每个小组列举激怒别人的话语

游戏给每个小组一张白纸，让他们在5分钟时间内用头脑风暴的办法列举出尽可能多的会激怒别人的话语，比如：不行、这是不可能的，等等。每一个小组要注意不使另外一组事先了解到他们会使用的话语。

（三） 运用激怒别人的话语编写剧本

让每一个小组写出一个一分钟的剧本，当中要尽可能多地出现那些激怒人的词语，时间：15 分钟。

（四） 告诉大家评分标准

①每个激怒性的词语给一分；②每个激怒性词语的激怒程度给 1~3 分不等；③如果表演者能使用这些会激怒对方的词语表现出真诚、合作的态度，另外加 5 分。

（五） 各组分别进行表演

①让一个小组先开始表演，另一个小组的学员在纸上写下他们所听到的激怒性词汇。②表演结束后，让表演的小组确认他们所说的那些激怒性的词汇，必要时要对其做出解释，然后两个小组调过来，重复上述的过程。

（六） 游戏结果评价

第二个小组的表演结束之后，大家一起分别给每一个小组打分，给分数最高的那一组颁发"火上浇油奖"。

八、实验（游戏）结果和总结

1. 很多时候往往在不经意之间说出很多伤人的话，即便他们的本意是好的，他们也往往因为这些话被人误解，达不成应有的目的。

2. 我们在说每一句话之前都应该好好想想这句话听到别人耳朵里面会是什么味道，会带来什么后果，这样就可以避免我们无意识地说出激怒性的话语。

3. 实际上，在我们得意扬扬的时候往往是我们最容易伤害别人的时候，保持谦虚谨慎的态度，不要像骄傲的孔雀一样，往往会使我们的人际关系为之改善，使人与人之间的交流更容易一些。

九、实验成绩评价标准

（一） 实验成绩评定依据

1. 实验报告完整程度。
2. 参与实验的态度与纪律。

（二） 成绩评定等级与标准

A. 报告完整、态度端正；
B. 报告较完整、态度较端正；
C. 报告基本完整、态度基本端正；
D. 报告尚完整、态度尚端正；
E. 报告不完整、态度不端正。

实验二十 管理游戏——通天塔（I001）

一、实验名称和性质

所属课程	培训与开发
实验名称	管理游戏——通天塔
实验学时	2
实验性质	√□验证 □综合 □设计
必做/选做	√□必做 □选做

二、实验目的

1. 切身体验培训改变员工态度的效果。
2. 切身体验管理游戏培训方式的特点及效果、增加培训的趣味性。
3. 切身体验策划和沟通的重要性。
4. 提高协调合作能力、语言表达能力。
5. 通过同学们的总结有意想不到的其他方面的感悟和收获。

三、实验的软硬件要求

1. 强调明确的程序和要求。
2. 一定要推选助手做监督工作，对实验成功与否比较关键。

四、知识准备

前期要求掌握的知识

管理学、人力资源管理，培训开发的方式等知识。

实验相关理论或原理

游戏法是当前一种较先进的高级训练法。

游戏法是一项具有合作及竞争特性的活动，它综合了案例研究与角色扮演的形式，要求参与者模仿一个真实的动态的情景，参与者必须遵守游戏规则，彼此互相合作或竞争，以达到游戏所设定的目标。

实验流程

五、实验材料

相同大小的报纸若干张；双面胶带一组一卷；学生自己的手机（用于计时）。

六、实验要求和注意事项

1. 提前准备好材料。

2. 选好助手每一组一个，监督和计时。

3. 助手监督垒通天塔过程中小组成员不能讲话，若讲话整个组停下，都蹲下揪住耳朵一起说三遍："我不敢说了，我不敢说了，我不敢说了"。

4. 助手同时计时。

七、实验步骤和内容

实验步骤

1. 选助手，报数 1~8。

2. 组队：随机组队（报数 1~8）。

3. 10 分钟起团队名称、口号，选组长。展示士气：报名称，喊口号。

4. 15 分钟策划。

5. 20 分钟垒通天塔。

6. 分组讨论感悟。

7. 组长上来总结感悟。

实验内容

用报纸垒通天塔，随便怎么垒。

八、实验结果和总结

评判每个小组垒通天塔的结果。看那个组垒得高、垒得快。

评判标准：稳、高、快。

九、实验成绩评价标准

（一） 实验成绩评定依据

1. 重点实验的感悟是否深刻。体验培训可以：改变员工态度；管理游戏培训方式的特点及效果；管理游戏培训方式，增加培训的趣味性；体验策划和沟通的重要性。

2. 协调合作能力、语言表达能力。

3. 有意想不到的其他方面的感悟和收获。

4. 实验报告完整程度。

5. 参与实验的态度与纪律。

（二）　成绩评定等级与标准

A. 思路开阔感悟有深度、语言表达能力强、报告完整、态度端正；

B. 思路较开阔感悟较有深度、语言表达能力较强、报告较完整、态度较端正；

C. 思路基本开阔感悟基本有深度、语言表达能力一般、报告基本完整、态度基本端正；

D. 思路尚开阔感悟尚有深度、语言表达能力尚可、报告尚完整、态度尚端正；

E. 思路不开阔感悟没有深度、语言表达能力差、报告不完整、态度不端正。

实验二十一　培训计划的制订（I002）

一、实验名称和性质

所属课程	培训与开发
实验名称	培训计划的制订
实验学时	2
实验性质	□验证　□综合　√□设计
必做/选做	√□必做　□选做

二、实验目的

1. 调研企业的培训实践。

2. 进行组织、任务和人员三个层次的分析。

3. 学习培训计划的制订。

三、实验的软硬件要求

1. 要联系现实企业，进行企业调研。

2. 要有调查问卷。

四、知识准备

前期要求掌握的知识

管理学、人力资源管理，培训开发的方式等知识。

实验相关理论或原理

培训需求分析是领导者进行培训决策的第一手资料，有利于确定需要培训的员工情况，有利于制订培训方案，有利于获得领导的支持，有利于进行培训效果评估。培训需求分析从组织、任务和人员三个层次进行。

实验流程

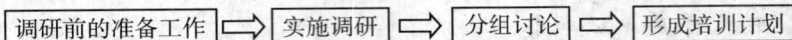

调研前的准备工作 ⇒ 实施调研 ⇒ 分组讨论 ⇒ 形成培训计划

五、实验材料

学生自己设计的调查表。

六、实验要求和注意事项

1. 提前准备好调查表。
2. 要去企业实地调查分析企业已有的培训计划。

七、实验步骤和内容

实验步骤

1. 组队：随机组队（报数 1~6）。
2. 策划。
3. 实施调研。
4. 分组讨论。
5. 制订培训计划。

实验内容

制订培训计划。

八、实验结果和总结

制订出企业的培训计划。

九、实验成绩评价标准

（一）实验成绩评定依据

1. 培训计划制订科学合理。
2. 调查表设计科学。
3. 调查深入。
4. 实验报告完整程度。
5. 参与实验的态度与纪律。

（二）成绩评定等级与标准

A. 培训计划设计科学合理、调查表设计科学、报告完整、态度端正；
B. 培训计划设计较科学合理、调查表设计较科学、报告较完整、态度较端正；
C. 培训计划设计基本科学合理、调查表设计基本科学、报告基本完整、态度基本端正；
D. 培训计划设计尚科学合理、调查表设计尚科学、报告尚完整、态度尚端正；
E. 培训计划设计不科学合理、调查表设计不科学、报告不完整、态度不端正。

实验二十二　培训成果转化设计（I003）

一、实验名称和性质

所属课程	培训与开发
实验名称	培训成果转化设计
实验学时	2
实验性质	□验证　□综合√　□设计
必做/选做	□必做　√□选做

二、实验目的

1. 熟悉培训成果转化理论。
2. 调研企业的培训成果转化实践。
3. 进行具体的培训成果转化设计。

三、实验的软硬件要求

1. 进一步检索研读培训成果转化相关理论。
2. 要联系现实企业，进行企业调研。
3. 要有调查问卷。

四、知识准备

前期要求掌握的知识

管理学、人力资源管理，培训开发的方式、心理学等知识。

实验相关理论或原理

如何使培训能够进行成果转化一直是培训管理工作者迷茫的问题；培训的成果转化有很多形式，如果设计得科学，有的可以直接产生成果转化，有的是间接产生成果转化，有的成果转化是巨大的，有的是要一定时间和周期的；为了促使培训成果实现真正的转化，必须在组织和个人两个方面同时进行培训成果转化的设计，使培训体系与绩效体系、管理体系一体化，使培训成果与企业效益一体化。

实验流程

实验分组 ⇒ 准备工作 ⇒ 实施调研 ⇒ 形成培训成果转化设计方案 ⇒ 小组实验总结

五、实验材料

学生自己设计的调查表。

六、实验要求和注意事项

1. 提前准备好调查表。
2. 要去企业实地调查分析企业培训成果转化现状。

七、实验步骤和内容

实验步骤

1. 组队：随机组队（报数 1~6）。
2. 策划。
3. 实施调研。
4. 分组讨论。
5. 制订培训成果转化方案。
6. 小组作总结。

实验内容

制订培训成果转化方案。

八、实验结果和总结

制订出企业的培训成果转化方案。

九、实验成绩评价标准

（一） 实验成绩评定依据

1. 培训成果转化方案制订得科学合理。
2. 调查表设计科学。
3. 调查深入。
4. 实验报告完整程度。
5. 参与实验的态度与纪律。

（二） 成绩评定等级与标准

A. 培训成果转化设计科学合理、调查表设计科学、报告完整、态度端正；

B. 培训成果转化设计较科学合理、调查表设计较科学、报告较完整、态度较端正；

C. 培训成果转化设计基本科学合理、调查表设计基本科学、报告基本完整、态度基本端正；

D. 培训成果转化设计尚科学合理、调查表设计尚科学、报告尚完整、态度尚端正；

E. 培训成果转化设计不科学合理、调查表设计不科学、报告不完整、态度不端正。

实验二十三 企业培训效果评估（I004）

一、实验名称和性质

所属课程	培训与开发
实验名称	培训效果评估
实验学时	4
实验性质	□验证 √□综合 □设计
必做/选做	□必做 √□选做

二、实验目的

1. 熟悉培训效果评估理论。
2. 调研企业的培训效果。
3. 进行具体企业的培训效果评估。

三、实验的软硬件要求

1. 进一步检索研读培训效果，评估相关理论。
2. 要联系现实企业，进行培训效果评价。
3. 要有调查问卷，进行企业调研。

四、知识准备

前期要求掌握的知识
管理学、人力资源管理，培训开发的方式、心理学等知识。
实验相关理论或原理
　　培训效果评估是培训工作的重要环节。培训效果评估是指企业在组织培训后，采用一定的形式或方法，把培训的效果用定量或定性的方式表现出来。对培训效果评估使用得最广泛的就是美国学者柯克帕特理克（Kirkpatrick）提出的培训效果四级评价模式，在反应、学习、行为和结果四个层次上评估培训效果。
　　实验流程：

五、实验材料

学生自己设计的企业培训情况调查表。

六、实验要求和注意事项

1. 提前准备好调查表。
2. 要去企业实地调查培训的相关数据。
3. 进行企业的培训效果评估分析。

七、实验步骤和内容

实验步骤

1. 组队。
2. 策划及准备。
3. 实施调研搜集数据。
4. 进行评估分析。
5. 总结。

实验内容

进行企业员工培训效果评价，产生评价报告。

八、实验成绩评价标准

（一） 实验成绩评定依据

1. 培训效果评价科学合理。
2. 调查表设计科学。
3. 培训效果分析深入。
4. 实验报告完整程度。
5. 参与实验的态度与纪律。

（二） 成绩评定等级与标准

A. 培训效果评价设计科学合理、调查表设计科学、报告完整、态度端正；

B. 培训效果评价设计较科学合理、调查表设计较科学、报告较完整、态度较端正；

C. 培训效果评价设计基本科学合理、调查表设计基本科学、报告基本完整、态度基本端正；

D. 培训效果评价设计尚科学合理、调查表设计尚科学、报告尚完整、态度尚端正。

实验二十四 企业员工培训综合实验 (I005)

一、实验名称和性质

所属课程	培训与开发
实验名称	企业员工培训综合实验
实验学时	4
实验性质	□验证 √□综合 □设计
必做/选做	√□必做 □选做

二、实验目的

1. 完整模拟操作企业员工的培训实践。

2. 进行培训确认需求、培训计划制订、教学设计、拟定培训实施要点、设计培训反馈方案。

三、实验的软硬件要求

1. 要联系现实企业，进行企业调研。

2. 要有调查问卷。

四、知识准备

前期要求掌握的知识

管理学、人力资源管理，企业员工培训开发等知识。

实验相关理论或原理

企业员工培训是一个系统工程，有科学的流程。进行企业员工培训的科学程序是：培训确认需求→培训计划制订→教学设计→培训实施→培训反馈。从科学流程入手，系统地进行企业员工培训，有利于保证培训的效果，且能够使企业员工培训工作不断总结提高。

实验流程

调研前的准备工作 ⇒ 实施调研 ⇒ 确认培训需求 ⇒ 制订培训计划 ⇒ 拟定培训实施要点 ⇓

总结交流体会 ⇐ 设计培训反馈方案

五、实验材料

学生自己设计的调查表、计划书、培训实施要点及培训反馈方案。

六、实验要求和注意事项

1. 提前准备好调查表，要去企业实地调查分析企业的现状。
2. 严格按确认需求、培训计划制订、教学设计、培训实施、培训反馈的程序进行。

七、实验步骤和内容

实验步骤

1. 组队：随机组队（报数 1~6）。
2. 策划。
3. 实施调研。
4. 分组讨论。
5. 确认需求、制订培训计划、确定教学设计要点、培训实施要点及培训反馈方案。
6. 交流总结。

实验内容

按企业培训开发流程，结合企业实际模拟操作完整培训过程。

八、实验结果和总结

制订出企业的培训计划、教学设计要点、培训实施要点及培训反馈方案。

九、实验成绩评价标准

（一） 实验成绩评定依据

1. 培训计划、教学设计要点、培训实施要点及培训反馈方案科学合理。
2. 调查表设计科学。
3. 调查深入。
4. 实验报告完整程度。
5. 参与实验的态度与纪律。

（二） 成绩评定等级与标准

A. 企业员工培训设计科学合理、调查表设计科学、报告完整、态度端正；

B. 企业员工培训设计较科学合理、调查表设计较科学、报告较完整、态度较端正；

C. 企业员工培训设计基本科学合理、调查表设计基本科学、报告基本完整、态度基本端正；

D. 企业员工培训设计尚科学合理、调查表设计尚科学、报告尚完整、态度尚端正；

E. 企业员工培训设计不科学合理、调查表设计不科学、报告不完整、态度不端正。

第四章　绩效与薪酬管理实验模块

实验二十五　工作日写实实验（J001）

一、实验名称和性质

所属课程	岗位劳动评价
实验名称	工作日写实实验
实验学时	4
实验性质	□验证　□综合　√□设计
必做/选做	√□必做　□选做

二、实验目的

1. 掌握工时分类标准和工作日写实表的设计。
2. 学习通过工作日写实，了解工时利用率和劳动生产率的主要方法。
3. 学习制定作业宽放时间、休息和生理需要宽放时间、准备与结束时间的方法。
4. 学习提高工时利用率的一般途径。

三、实验的软硬件要求

1. 具备明确工作职责的生产性岗位。
2. 写实记录表、测时工具、写实板。

四、知识准备

前期要求掌握的知识

管理学、生产组织管理，特别是有关生产类型、工时消耗分类知识。

实验相关理论或原理

工作日写实就是对工人整个工作日内的工时利用情况，按其时间消耗的顺序，如实地进行观察、记录和分析的一种方法。

通过工作日写实，可以了解工人在工作班内工时的实际利用情况，找出工时损失的原因，以便在组织上和技术上拟定消除工时浪费的具体措施，提高工时利用率和劳动生产率。工作日写实的资料经过整理分析和研究后，还可以为制定工作地时间、休息时间和生理需要时间、准备与结束时间等工时规范提供依据。

实验流程

写实前的准备工作 ⟹ 现场的观察与记录

⟱

拟订改善工时利用的具体措施 ⟸ 实验数据的处理计算

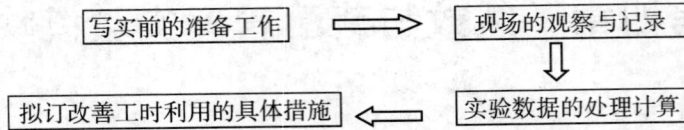

五、实验材料和原始数据

表 4 - 1　　　　　　　　　　个人工作日写实记录表（实验用表）

序号	项目	起止时间	工时消耗							备注
			T_z	T_{zk}	T_{gxk}	T_{zj}	T_{fs}	T_{tgf}	T_{tgg}	
1										
2										
3										
4										
5										
6										
7										
8										
9										
10										
11										
12										
13										
14										
15										
16										
17										
18										
19										
20										
21										
22										
23										
24										
25										
26										
27										
28										
29										
30										
31										
32										
33										
34										
35										
36										

表 4 – 2　　　　　　　　　　个人工作日写实汇总表（实验用表）

单位				姓名			日期		
岗位				等级			班次		
工种									

工时分类			代号	工时消耗		
				时间（分）	占工作日比重（%）	占作业时间比重（%）
定额时间	作业时间		T_z			
	作业宽放时间		T_{zk}			
	个人需要与休息宽放时间		T_{gxk}			
	准备与结束时间		T_{zj}			
	合计					
非定额时间	非生产工作时间		T_{fs}			
	非工人造成的停工时间		T_{tgf}			
	工人造成的停工时间		T_{tgg}			
	合计					
	总计					
可能提高的劳动生产率	消除非生产工作和非工人造成的停工时间		$M_1 = \dfrac{T_{fs} + T_{tgf}}{T_d}$			
	消除工人造成的停工时间		$M_2 = \dfrac{T_{tgg} + T_{gxk} - T_{gxk}（标准）}{T_d}$			
劳动生产率可能提高的程度：$M_1 + M_2 =$						
审核				观察者		

六、实验要求和注意事项

1. 写实人员应做好写实前的一切准备工作和写实完毕后的结束工作。上班前应到达工作地，下班后方可离开工作地，这样才能保证资料的完整性。

2. 在观察中，要注意选择适当的位置。如遇工人离开工作地，写实人员不能确定其外出原因时，应待本人返岗后，问明其原因后再填写，不要主观猜测。

3. 记录的方法最好是先记秒、后记分，先记时间、后记活动内容，避免发生误差。

4. 在写实过程中，除正确记录外，还应注意工作地的布置情况、工人的操作方法和工时损失的原因。

5. 写实人员应占据能观察写实对象全部作业的位置，以不妨碍工人操作为标准。一般观察者的位置是固定的，但是对于流动性质的作业，观察人员也可采取流动的方法。

6. 实验写实时间不少于 2 小时。

七、实验步骤和内容

实验步骤

1. 写实的准备。

（1）选择写实对象。

（2）了解情况。

（3）划分项目。

（4）工具准备。包括写实表格、计时设备、写实记录板等。

2. 观察记录。

3. 计算。

（1）计算定额时间的结构比例。

（2）计算非定额时间的结构比例。

4. 拟订改善工时利用的措施。

实验内容

1. 工时利用率的测定。

2. 时间结构比例的计算。

八、实验结果和总结

1. 计算定额时间的结构比例。

$$定额时间结构比率 = 定额时间 \div 工作日时间 \times 100\%$$

$$作业率 = 作业时间 \div 工作日时间 \times 100\%$$

$$劳动时间率 = (T - T_休) \div T \times 100\%$$

$$个人需要宽放率 = 个人需要时间 \div 作业时间$$

$$休息宽放率 = 休息需要时间 \div 作业时间$$

2. 计算非定额时间的结构比例。

（1）非生产时间损失率。即工人做了本职以外或不必要的工作消耗时间占工作时间的百分比。

（2）停工时间损失率。即由组织管理或工人原因引起的停工时间占工作日时间的百分比。

（3）总工时损失率。

3. 分析生产组织的合理性，拟定改善工时利用的具体措施。

九、实验成绩评价标准

（一）实验成绩评定依据

1. 实验设计的科学性。

2. 实验数据的合理性与准确性。

3. 实验报告完整程度。

4. 参与实验的态度与纪律。

（二） 成绩评定等级与标准

A. 实验设计科学、数据合理准确、报告完整、态度端正；

B. 实验设计较科学、数据较合理准确、报告较完整、态度较端正；

C. 实验设计基本科学、数据基本合理准确、报告基本完整、态度基本端正；

D. 实验设计尚科学、数据尚合理准确、报告尚完整、态度尚端正；

E. 实验设计不科学、数据不合理准确、报告不完整、态度不端正。

实验二十六 时间分析实验（J002）

一、实验名称和性质

所属课程	岗位劳动评价
实验名称	时间分析实验
实验学时	2
实验性质	□验证 √□综合 □设计
必做/选做	√□必做 □选做

二、实验目的

练习划分要素作业，使用停表进行时间观测分析，学习利用观测数据确定作业的标准时间和制定劳动定额的方法。

三、实验的软硬件要求

仿真性工作场景，实验场所分设若干工作台，分组实验，提供足够的装配零部件，设置环境计测仪器和摄像仪。

四、知识准备

前期要求掌握的知识

管理学、生产组织管理、人力资源管理。

实验相关理论或原理

时间分析是以停表为主要工具，以工序为对象，对特定的作业按操作单元出现的顺序，分成要素作业，对其时间进行观测研究的一种方法。时间分析用于时间定额的制定，分析改进操作方法，确定定员和设备台数，以及测定生产率等方面，是企业管理人员应掌握的基本技能之一。

实验流程

测时前的准备工作 ⇒ 现场的观察与记录 ⇒ 实验数据的处理计算

⇓

制定劳动定额 ⇐ 工时宽放 ⇐ 工时评定

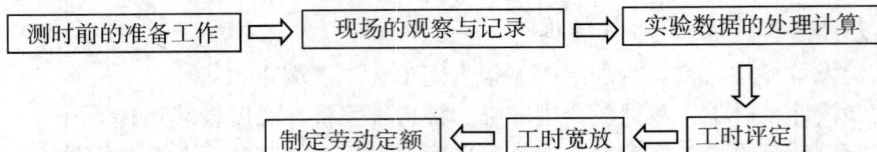

五、实验材料和原始数据

实验材料

停表、观测板、观测表格、计算器、工作环境计测仪器、摄像机、显示器、装配产品的零部件。

表 4－3 测时记录

测定对象				测定人								
作业名称：				观测日期及时间								
序号	操作名称	定时点	起止时间	观察次数								
				1	2	3	4	5	6	7	8	9	10
			起止									
			延续									
			起止									
			延续									
			起止									
			延续									
			起止									
			延续									
			起止									
			延续									
合计												
实测总时间												
完成合格品数量												
平均延续时间												

表 4－4 评定系数

		技巧性	努力程度	均匀一致性	工作环境
最优	A1	＋0.15	＋0.13	＋0.04	＋0.06
	A2	＋0.13	＋0.12		
优秀	B1	＋0.11	＋0.10	＋0.03	＋0.04
	B2	＋0.08	＋0.08		
良好	C1	＋0.06	＋0.05	＋0.01	＋0.02
	C2	＋0.03	＋0.01		

续表

		技巧性	努力程度	均匀一致性	工作环境
正常	D	0	0	0	0
较差	E1	− 0.05	− 0.04	− 0.02	− 0.03
	E2	− 0.10	− 0.08		
差	F1	− 0.16	− 0.12	− 0.04	− 0.07
	F2	− 0.22	− 0.17		

注：表中所列的系数为美国西屋电气公司首先采用，故称为西屋评定系数。

表 4 − 5　　　　　　　　　　　　　　系数选取

评定系数	选取值
技巧性	
均匀一致性	
工作环境	
努力程度	
合计	

表 4 − 6　　　　　　　　　　　　　　正态分布函数

λ	$P(\lambda)$	λ	$P(\lambda)$	λ	$P(\lambda)$	λ	$P(\lambda)$
− 0.0	0.500	− 1.3	0.097	0.0	0.500	1.3	0.903
− 0.1	0.460	− 1.4	0.080	0.1	0.540	1.4	0.919
− 0.2	0.421	− 1.5	0.067	0.2	0.579	1.5	0.933
− 0.3	0.382	− 1.6	0.055	0.3	0.618	1.6	0.945
− 0.4	0.345	− 1.7	0.045	0.4	0.655	1.7	0.955
− 0.5	0.308	− 1.8	0.036	0.5	0.691	1.8	0.965
− 0.6	0.274	− 1.9	0.029	0.6	0.726	1.9	0.971
− 0.7	0.242	− 2.0	0.023	0.7	0.758	2.0	0.977
− 0.8	0.212	− 2.1	0.018	0.8	0.788	2.1	0.982
− 0.9	0.184	− 2.2	0.014	0.9	0.816	2.2	0.986
− 1.0	0.158	− 2.3	0.010	1.0	0.841	2.3	0.989
− 1.1	0.135	− 2.4	0.008	1.1	0.865	2.4	0.992
− 1.2	0.115	− 2.5	0.006	1.2	0.885	2.5	0.994

六、实验要求和注意事项

实验要求

1. 消除异常值。

在计算要素作业时间平均值前，要检查消除观测数值内的异常值。造成异常值的主要原因有：操作者不按操作规程操作；测时人员记录错误；例外因素的影响。

处理异常值的方法：经验法，统计法。

2. 计算观测要素作业的时间的平均值。

3. 求正常时间（纯工作时间）。

$$正常时间 = 观测作业的平均时间 \times 作业评定系数$$

4. 确定标准定额时间。

$$标准定额时间 = 正常时间 \times （1 + 宽放率）$$

注意事项

1. 测时人员应选择好站立位置。最理想的位置是在被观察者的侧前方 1~2 米，不干扰其正常操作的地方。

2. 测前，应与被观测者讲清测定的目的、意义和要求，以便密切配合。

3. 观测中要经常观察作业，只有到接近作业结束（定时点）时，才把眼睛转向秒表，在作业的始末处，读取时间，然后记在观测表上。

4. 记录完后，必须把视线转向观测操作者。

记录方法

1. 在作业栏，按作业顺序记上操作名称。此项工作应事先完成。

2. 读取时间失败时，在该栏做上记号（如写上 m）。

3. 有时由于操作者操作不熟练，常出现操作单元前后次序颠倒的情况。这时，观测人员应能迅速找到与各操作单元对应的栏加以登记。

4. 不记载的作业发生时，若时间较短，小于 0.06 分钟可忽略不计，过长并影响操作时应在对应的栏目中，用 A、B、C、D 等符号依次记入。

七、实验步骤和内容

实验步骤

1. 确定观测作业。

本实验为装配手电筒作业。

2. 选定操作者。

选择的观测对象应是一般的熟练操作者。本实验 6 人为一组，每人轮换担当操作者，操作者一次连续装配 10 只手电筒，每人至少观测 2 名操作者。

3. 熟悉装配零件。

手电筒由以下零件组成：玻璃、前盖、灯碗、前圈、灯泡、外筒、弹簧、灯泡夹、底盖。

4. 划分作业要素。

划分的要点：每个操作单元的起、止点易于辨别划分；两个操作单元之间，处理的目的物应有明显位移；最小的操作单元时间可控制在 0.04~0.05 分；确定定时点，以消除观测过失引起的时间读值错误。

5. 观测次数。

时间分析可以说是一种抽样过程，观测次数越多，越能接近准确结果。数值间的波动愈大，所需观测次数也愈多。观测次数与观测者水平、操作者操作稳定性以及要求的观测精度等有关。一般的作业为 5~10 次，非常短的重复作业为 10~15 次。

6. 作业评定。

被观测的操作者的作业速度，实际上并非都是正常的。需要把实际观测的时间值调整到正常操作者以平均速度操作时所需要的时间，这就是作业评定，主要是靠观测人员主观判断进行的。本实验借助摄像设备对操作者的实际操作速度采用系数评定法进行评定。

系数评定法是以操作熟悉程度、工作努力程度、工作稳定性和工作环境四个方面作为衡量工作的主要因素。

评定系数 = 1 + 技巧性得分 + 努力程度得分 + 均匀一致性得分 + 工作环境得分

实验内容

1. 划分要素作业。
2. 使用停表对作业进行时间观测（连续法）。
3. 作业评定。
4. 计算标准时间，确定劳动定额。
5. 运用动作经济原则和生产组织原理进行分析讨论。

八、实验结果和总结

实验报告要求

1. 实验目的、仪器。
2. 作业要素的划分。
3. 实验数据的整理。
4. 作业评定。
5. 讨论：
（1）分析定额的合理性及提高装配定额的途径。
（2）如果由三人进行装配流水作业，应如何进行工序组织。

九、实验成绩评价标准

（一）实验成绩评定依据

1. 实验设计的科学性。
2. 实验数据的合理性与准确性。
3. 实验报告完整程度。
4. 参与实验的态度与纪律。

（二）成绩评定等级与标准

A. 实验设计科学、数据合理准确、报告完整、态度端正；
B. 实验设计较科学、数据较合理准确、报告较完整、态度较端正；
C. 实验设计基本科学、数据基本合理准确、报告基本完整、态度基本端正；
D. 实验设计尚科学、数据尚合理准确、报告尚完整、态度尚端正；
E. 实验设计不科学、数据不合理准确、报告不完整、态度不端正。

实验二十七　劳动强度计测实验（J003）

一、实验名称和性质

所属课程	岗位劳动评价
实验名称	劳动强度计测实验
实验学时	2
实验性质	√□验证　□综合　□设计
必做/选做	√□必做　□选做

二、实验目的

通过实验使学生了解能量代谢率与劳动强度的关系，学会能量代谢率测定的基本方法及有关公式。

三、实验的软硬件要求

实验室配置平板机1台、秒表若干、肺通仪1台，设置休息室。

四、知识准备

前期要求掌握的知识

管理学、生产组织管理、人力资源管理。

实验相关理论或原理

通过对人在各种不同负荷情况下能量代谢率的测定，可以间接判定劳动强度。进而研究人—机系统中的疲劳问题。本实验是通过对被试在平板机上以不同的速度（斜坡）运动，用肺功能测定仪测出各种速度下的氧气消耗量，从而计算出能量代谢率（RMR）。

实验流程

```
确定被试 ⇒ 安静耗氧量测定        ⇒        选择平板机速度
                                                 ⇓
运动耗氧量测定 ⇐ 被试运动作业 ⇐ 开启机器
     ⇓
恢复期耗氧量测定 ⇒ 数据处理计算 ⇒ 疲劳恢复曲线
```

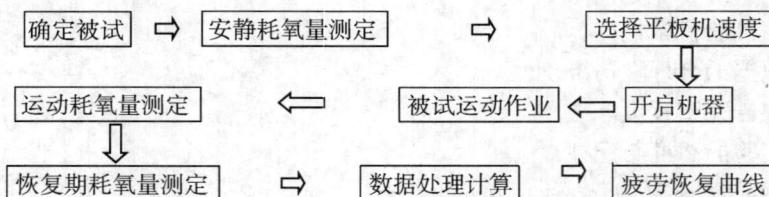

五、实验材料和原始数据

（一）基本定义

1. 平均劳动时间率。

平均劳动时间率指一个工作日内净劳动时间（即除休息和工作中间持续一分钟以上的

暂停时间外的全部活动时间）与工作日总时间的比，以百分率表示，通过抽样测定，取其平均值。

平均劳动时间率 T 计算方法：每天选择接受测定的工人 2 名，按表 4－7 格式记录自上工开始至下工为止，整个工作日从事各种劳动与休息（包括工作中间暂停）的时间，每个测定对象连续记录 3 天，取 3 天的平均值，再求出劳动时间率。如遇生产不正常或发生事故时，不作正式记录。

表 4－7　　　　　　　　　　　　劳动时间测定记录

动作名称	开始时间	消耗工时	主要内容（如物体重量、动作频率、行走距离、劳动体位等）

2. 能量代谢率。

将某工种一个劳动日内各种活动与休息加以归类，测定各类活动与休息的能量消耗，并分别乘以从事该类活动与休息的总时间，合计求得全工作日总能量消耗，再除以工作日总时间，以千焦耳/分·米²来表示。

能量代谢率 M 计算方法：根据记录，将各类劳动与休息时间加以归类（近似的活动为一类），然后分别计量从事各类劳动与休息时呼出气的体积，按表 4－8 的内容及计算公式，求出各项劳动与休息时的能量代谢率，分别乘以相应的累积时间，最后得出一个工作日各种活动和休息时的能量消耗值，再把各项能量消耗值总计，除以工作日总工时，即得出工作日平均能量代谢率（千焦耳/分．米²）。

表 4－8　　　　　　　　　　　　能量代谢率测定记录

工种		动作项目		年　　　月　　　日	
姓名	年龄：　　　岁		身高：　　　厘米		
	体重：　　　公斤		体表面积：　　　米²		
1. 采气时间：　　　分　　　秒					
2. 采气量（气量计的终读数减去气量计的初读数）　　　升					
气量计的终读数　　　升					
气量计的初读数　　　升					
3. 采气时气温　　　℃　　　气压　　　帕斯卡					
4. 标准状态下干燥气体换算由标准状态下干燥气体体积换算表查得					
5. 换算标准状态呼气量：采气量乘以标准状态下干燥气体换算系数　　　升					
6. 换算每分钟呼气量：标准状态呼气量/采气时间　　　升/分					
7. 换算每平方米体表面积：每分钟呼气量：每分钟呼气量/体表面积　　　升/分·米²					
8. 计算能量代谢率（千焦耳/分．米²）					
$\log Y_e = 0.0945x - 1.15984$　　　　　　　　　　(1)					
$\log (13.26 - 4.1868 Y_e) = 1.1648 - 0.0125x$　　(2)					

注：①Ye 为能量代谢率（千焦耳/分·米^2）；x 为每平方米体表面积每分钟呼气量。

②每分钟肺通气量 3.0~7.3 升时采用公式（1）；每分钟肺通气量 8.0~30.9 升时采用公式（2）；每分钟肺通气量 7.3~8.0 升时采用公式（1）和公式（2）的平均值。

3. 劳动强度指数。

劳动强度指数是区分体力劳动强度等级的指标，由该工种的平均劳动时间率乘以系数 3，加平均能量代谢率乘以系数 7 求得。指数大，反映劳动强度大；指数小，反映劳动强度小。

劳动强度指数 I 计算方法：

$$劳动强度指数 I = 3T + 7M$$

式中：I——劳动强度指数；

T——劳动时间率 = 工作日内净劳动时间（分）/工作日总工作时间（分）（%）；

M——8 小时工作日能量代谢率（千焦耳/分·米^2）；

3——劳动时间率的计算系数；

7——能量代谢率的计算系数。

（二） 体力劳动强度分级

体力劳动强度按劳动强度指数大小分为四级，见表 4-9。

表 4-9　　　　　　　　　　劳动强度指数分级

体力劳动强度级别	劳动强度指数
I	≤15
II	~20
III	~25
IV	≥25

1. I 级体力劳动。8 小时工作日平均耗能值为 3558.8 千焦耳/人，劳动时间率为 61%，即净劳动时间为 293 分钟，相当于轻劳动。

2. II 级体力劳动。8 小时工作日平均耗能值为 5560.1 千焦耳/人，劳动时间率为 67%，即净劳动时间为 320 分钟，相当于中等强度劳动。

3. III 级体力劳动。8 小时工作日平均耗能值为 7310.2 千焦耳/人，劳动时间率为 73%，即净劳动时间为 350 分钟，相当于重强度劳动。

4. IV 级体力劳动。8 小时工作日平均耗能值为 11304.4 千焦耳/人，劳动时间率为 77%，即净劳动时间为 370 分钟，相当于"很重"强度劳动。

六、实验要求和注意事项

实验分三种不同的速度（相当于三种不同的体力作业）。分别测定被试的氧气消耗量（升/分）。然后通过计算得到的三种不同速度下的 RMR。三种速度分别由三名不同的被试担当。

速度一：5 公里/小时；速度二：7 公里/小时；速度三：9 公里/小时。

每种速度测定均为安静期 5 分钟，作业期 5 分钟，恢复期 5 分钟或适当延长。

七、实验步骤和内容

1. 实验分组：每组 7 人，被试 2 人。

2. 每一被试均按安静期——作业期——恢复期顺序进行。

3. 作业期，被试于平板机上双手握住扶手架，一拇指靠近应急开关，身体直立，运动时尽可能保持上身不动，以免引起肌肉震颤。启动平板机电源开关，使速度逐渐达到 5 公里/小时。

4. 恢复期，记录内容及注意事项同安静期。

5. 测定另外被试，步骤同上。仅作业期平板机的速度分别为 7 公里/小时和 9 公里/小时，实验结束关闭电源开关。

八、实验结果和总结

1. 明确实验目的。

2. 熟悉实验仪器。

3. 掌握实验内容。

4. 整理数据记录并计算（描绘疲劳恢复曲线）。

讨论：测定体力疲劳与精神疲劳有哪些主要指标？

九、实验成绩评价标准

（一）　实验成绩评定依据

1. 实验设计的科学性。

2. 实验数据的合理性与准确性。

3. 实验报告完整程度。

4. 参与实验的态度与纪律。

（二）　成绩评定等级与标准

A. 实验过程清楚、数据合理准确、报告完整、态度端正；

B. 实验设计较清楚、数据较合理准确、报告较完整、态度较端正；

C. 实验设计基本清楚、数据基本合理准确、报告基本完整、态度基本端正；

D. 实验设计尚清楚、数据尚合理准确、报告尚完整、态度尚端正；

E. 实验设计不清楚、数据不合理准确、报告不完整、态度不端正。

实验二十八　工作疲劳测定实验（J004）

一、实验名称和性质

所属课程	岗位劳动评价
实验名称	工作疲劳测定实验
实验学时	2
实验性质	√□验证　□综合　□设计
必做/选做	□必做　√□选做

二、实验目的

本实验使用功率自行车作为动体力作业，测定被测者作业前（前安静期）、作业中（即负荷）和作业后（后安静期）等三个阶段的心率变化，判断作业负担及疲劳恢复的规律。

三、实验的软硬件要求

实验室配置 EGM 功率自行车、心率监视仪、秒表、导电膏、医用胶布。

四、知识准备

前期要求掌握的知识

管理学、生产组织管理、人力资源管理。

实验相关理论或原理

工作疲劳是指劳动者在一段连续工作后，有疲劳感及劳动机能衰退的现象。人体由休息状态转入工作状态时，其心率、血压、心的血液输出量、氧的消耗等生理状况都要发生变化，当工作停止后又逐渐恢复到原来的状态。通过测定被测者作业前、作业中、作业后等不同阶段的心率变化，可以判断作业负担及疲劳恢复的规律。当然，在实际工作疲劳研究中，还要结合疲劳症状调查和其他的检查方法（生理学检查法、心理检查法和化学检查法等）来综合判断疲劳程度。

实验流程

作业前心率测定 ⇒ 作业中心率测定 ⇒ 作业后心率测定

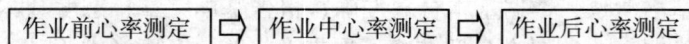

五、实验材料和原始数据

EGM 功率自行车、心率监视仪、秒表、导电膏、医用胶布。

六、实验步骤和要求

1. 学生分两组，每组选一名学生作为被试者，分别静坐 5 分钟后，检查并记录安静期的心率。

2. 根据男性、女性的差异，男性的档次较女性高 2～3 档，每隔 6 分钟增加一个档次，各档次以 60 转/分钟的速度运行，每 3 分钟后休息 3 分钟。

3. 在各档次中每 1 分钟测定一次心率，并记录。

4. 当发现两档次的第 3 分钟的心率数值相差不足 5 次时，则该受试者的实验可以结束。

七、实验内容

1. 作业前（前安静期）的心率测定。
2. 作业中（即负荷）的心率测定。
3. 作业后（后安静期）的心率测定。

八、实验结果和总结

1. 明确实验目的。
2. 熟悉实验仪器。
3. 掌握实验内容。
4. 整理原始记录。
5. 对整理的实验数据进行脉率随负荷变化的规律探讨。

九、实验成绩评价标准

（一）实验成绩评定依据

1. 实验设计的科学性。
2. 实验数据的合理性与准确性。
3. 实验报告完整程度。
4. 参与实验的态度与纪律。

（二）成绩评定等级与标准

A. 实验过程清楚、数据合理准确、报告完整、态度端正；
B. 实验设计较清楚、数据较合理准确、报告较完整、态度较端正；
C. 实验设计基本清楚、数据基本合理准确、报告基本完整、态度基本端正；
D. 实验设计尚清楚、数据尚合理准确、报告尚完整、态度尚端正；
E. 实验设计不清楚、数据不合理准确、报告不完整、态度不端正。

实验二十九 粉尘计测实验（J005）

一、实验名称和性质

所属课程	岗位劳动评价
实验名称	粉尘计测实验
实验学时	2
实验性质	□验证　□综合　√□设计
必做/选做	□必做　√□选做

二、实验目的

1. 学习粉尘取样仪、光电天平、1600X 生物显微镜、显微镜用目测微尺等使用方法。
2. 学习载片制作方法。
3. 学习分散度的测点方法。

三、实验的软硬件要求

实验室配置 FC-A 型粉尘取样仪、光电天平、1600X 生物显微镜、目镜测微尺、滤膜、试管、搅棒、载片、醋酸丁酯、秒表等。

四、知识准备

前期要求掌握的知识

管理学、生产组织管理、人力资源管理。

实验相关理论或原理

生产性粉尘是指在生产过程中产生的能较长时间浮游在空气中的固体微粒，工人在有生产性粉尘的工作地点从事生产作业，会对身体健康产生不良影响。

1. 重量法测尘。

FC-A 型粉尘取样仪工作原理：重型直流电动机带动括板式真空泵进行抽气，通过玻璃浮子流量计上的调节阀，可以自由调节采样时所需的流量。

一定体积的含尘空气通过滤膜，粉尘被阻留在已知重量的滤膜上，根据采样后滤膜的增重和通过的空气量，可以计算出单位体积空气中粉尘的重量。

该仪器采用直径 40 毫米滤膜，它具有不吸潮、带静电、阻挡率高、阻力小、重量轻等特点。

2. 粉尘分散度测定。

采样后的滤膜溶解于有机溶剂中，形成粉尘粒子的混悬液，制成标本，在显微镜下测定其粉尘分散度。

实验流程

```
            ┌──────────┐
            │  滤膜称重  │
            └──────────┘
                 ⇩
            ┌──────────┐
            │  粉尘取样  │
            └──────────┘
             ⇩        ⇩
        ┌──────┐   ┌──────────┐
        │ 称 重 │   │ 分散度测定 │
        └──────┘   └──────────┘
```

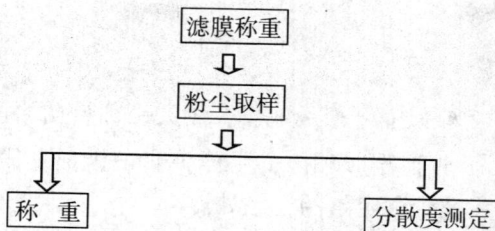

五、实验材料和原始数据

表 4 – 10　　　　　　　　　　　　生产性粉尘作业危害程度分级

生产性粉尘中游离二氧化硅含量	工人接尘时间肺总通气量（升/日·人）	生产性粉尘浓度超标倍数							
		0	~1	~2	~4	~8	~16	~32	64
≤10%	~4000								
	~6000								
	>6000	0		I		II		III	IV
>10% ~40%	~4000								
	~6000								
	>6000								
>40% ~70%	~4000								
	~6000								
	>6000								
>70%	~4000								
	~6000								
	>6000								

表 4 – 11　　　　　　　　　　　　重量法测尘记录

测定位置	滤膜编号	初重 G_1	末重 G_2	增重 G	流量 L/min	采样时间	采样体积	含尘浓度

表 4 – 12　　　　　　　　　　　　分散度观测记录

粒径					
颗粒数 n					
颗粒分散度					
重量分散度					

六、实验步骤和要求

（一） 重量法测尘

1. 从干燥器内取出经 24h 以上干燥的滤膜，用天平称量初始重量 G_1。

2. 将称量的滤膜用镊子放到锥形环内，用样头套把锥形环固定在采样座上，再把采样管插入仪器上，将采样头放到测定点的迎风处。

3. 取样仪有 2 只流量计，可同时使用，也可单独使用。当使用一只时，另一只应关闭。启动采样仪，缓慢调节调速电位器，使电流指示值为 4 安培左右，并调节流量 Q 为 15～40 升/分钟。

4. 启动采样仪时用秒表计时，并监视流量计使之较为恒定。采样时间为 20～30 分钟。

5. 采样完毕，停机的同时也停止计时。

6. 取下滤膜放入干燥器内干燥 30 分钟后，在天平上称出增重 G_2（当含潮不大时可直接称重）。空气含尘量由下式计算。

$$G = \frac{G_2 - G_1}{Q \times t} \times 1000 \ (\mathbf{mg/m^3})$$

式中：G_1、G_2 的单位为毫克；Q 的单位为升/分钟；t 的单位为分钟。

（二） 天平的使用方法

1. 成像位置调整。

若微标尺在投影屏上偏上或偏下，可以转动反光镜加以矫正。

2. 零点调整。

天平空载，反时针方向轻轻转动停动手钮，天平启动，微标尺的零线投影应与投影屏上的固定标线重合。不重合时，可拨动底板下面的拨杆，使光路中的平行平板玻璃转动而实现。

3. 称重。

被称物与其估计的相应的砝码必须在启动天平前放在称盘中央或砝码架上。轻转停动手钮，使称盘离开托盘，观察指针摆动情况，并增减砝码。增减砝码时必须顺时针方向转动停动手钮，使托盘手托起称盘。

实验数据填入附表内并进行整理。

（三） 粉尘分散度测定

1. 试样制备。

（1）把经过采样的滤膜放到试管中，加醋酸丁酯 1～2 毫升溶解滤膜，同时用玻璃棒搅动，使其成为均匀的粉尘混悬液。

（2）将载片用自来水洗净后，放入盛酒精的培养器皿内洗一下备用。

（3）用玻璃棒取 1～2 滴放到载玻片上，用另一块载玻片的一端，将混悬液推至均匀做成涂片，经过 1～2 分钟，载玻片上即出现一层粉尘薄膜。

2. 显微镜目镜和物镜的选择。

显微镜对物体的鉴别能力主要取决于物镜，故用高倍物镜配以 10 倍目镜观测。

3. 目镜测微尺的标定。

粉尘颗粒的大小，用目镜测微尺测量。当显微镜的物镜倍数改变时，虽然目镜测微尺在视野中的大小不变，但被测物体在视野中的大小却随之改变，故测量时，目镜测微尺需事先用物镜测微尺进行标定。

（1）把目镜测微尺置于显微镜载物台上。该尺是带有标准刻度的玻璃片，中间有一个直径为 3 毫米线粗为 0.1 毫米的圆，以便调焦时寻找刻度。圆内刻度是在 1 毫米长度上分刻了 100 个分度，每一分度为 0.01 毫米，即 10 微米。

（2）把测尺放到显微镜目镜内，调节目镜，使目镜尺上的图形、刻度清晰可见。

（3）移动显微镜载物台，使物镜测微尺的某一刻度线与目镜尺的零刻度线相重合，观察目镜尺"0"一端刻度线落在物镜尺的何处。设目镜尺第 m 格与第 n 格重合，则目镜尺每格长度为 10 微米。

4. 分散度的测量。

（1）取下物镜测微尺，换上制好的粉尘试样，在高倍物镜下，用已标定好的目镜测微尺，依次测量粉尘颗粒的大小，每个试样一般观察 300 个尘粒，至少测量 200 个尘粒将其分成 4 组，并按附表分组记录，分析计算。

（2）如涂片试样上粉尘颗粒过多且重叠影响观测时，可再加适量醋酸丁酯稀释，待干后进行观测；如粉尘颗粒太少，可将同一采样的两张滤膜一并溶解后重新制备涂片试样进行观测，其结果不受影响。

5. 计算。

分 4 组按下式公式计算颗粒分散度和重量分散度。

$$颗粒分散度 = \frac{n_i}{\sum n_i} \times 100$$

$$重量分散度 = \frac{n_i \times d_i^3}{\sum n_i \times d_i^3} \times 100$$

式中：n_i——第 I 组颗粒数；

d_i——第 I 组颗粒当量平均值，取 $d_1 = 1$ 微米，$d_2 = 3.5$ 微米，$d_3 = 7.5$ 微米，$d_4 = 15$ 微米。

七、实验内容

1. 重量法测尘。

2. 粉尘分散度的测定。

八、实验结果和总结

1. 明确实验目的。

2. 熟悉实验仪器。

3. 掌握实验内容。

4. 整理原始记录。

5. 绘制颗粒分散度及重量分散度粒状图。

6. 对作业环境含尘情况提出看法和改进方案。

九、实验成绩评价标准

（一） 实验成绩评定依据

1. 实验设计的科学性。

2. 实验数据的合理性与准确性。

3. 实验报告完整程度。

4. 参与实验的态度与纪律。

（二） 成绩评定等级与标准

A. 实验过程清楚、数据合理准确、报告完整、态度端正；

B. 实验设计较清楚、数据较合理准确、报告较完整、态度较端正；

C. 实验设计基本清楚、数据基本合理准确、报告基本完整、态度基本端正；

D. 实验设计尚清楚、数据尚合理准确、报告尚完整、态度尚端正；

E. 实验设计不清楚、数据不合理准确、报告不完整、态度不端正。

实验三十　关键绩效法的记录及其运用（**K001**）

一、实验名称和性质

所属课程	绩效管理
实验名称	关键绩效法的记录及其运用
实验学时	2
实验性质	□验证　√□综合　□设计
必做/选做	√□必做　□选做

二、实验目的

通过分析案例，可以阐发事理。从具体的案例中推导出一般的原理，总结出具有指导意义和示范意义的价值。

三、实验要求和注意事项

（一） 总体要求

分析案例要遵循理论联系实际和实事求是的原则，做到全面客观、以案论理。

（二） 具体要求

在教学和考试时，一般不仅会提供案例的背景材料和案情材料，并且会设计出若干问题，同学们在做题时应注意"三结合"。

1. 结合案例内容。不要把案例分析题做成问答题，也就是说分析时，必须结合案例所提供的材料，围绕材料所提供的内容。

2. 结合所提的问题。案例所提出的问题是我们要分析和解决的关键，这些问题往往是根据具体案例和有关原理进行设计的，对这些问题的驾驭，体现了教学的根本要求，即要求学员能够理论联系实际，学以致用，从而训练和提高学员的管理技能和分析能力。

3. 结合有关理论。在分析时，我们应该能够综合、正确地运用有关管理理论，这一点也是案例教学和考核的基本目的。在结合原理时，一方面要正确指出案例所涉及的有关原理，另一方面，要注意简单地套用某一原理。因为，一些案例往往综合地反映了管理的问题，简单地生搬硬套并不能解决问题。

四、实验材料和原始数据

案例： 安妮是某公司的物流主管，主要负责将客户从海外运来的货物清关、报关，并把货物提出来，然后按照客户要求运到客户那里，并保证整个物流的顺利进行。这个公司很小，共有20人，只有安妮一人负责这项工作。

2月的一天，她80多岁的祖母半夜里病逝。她从小由祖母养大，祖母的病逝使她很悲伤。为料理后事，她病倒了。碰巧第二天，客户有一批货物从美国运来，并要求清关后，在当天下午6点前准时运到客户那里，而且是一个大客户。安妮怎么做的呢？她把家里的丧事暂时放在了一边，第二天早上准时出现在办公室。她的经理和同事都发现，她的脸色铁青，精神也不好。但是，她什么话也没有说，一直忙着做进出口报关、清关手续，把货物及时从海关提出来，并且在下午5点钟之前就把这批货物发出去了，及时地送到了客户那里。然后，5点钟时，她就提前下班了，回去料理祖母的丧事，可公司却是6点钟才下班。

问题： 1. 请运用STAR法记录安妮早退事件。

    2. 假如你是安妮的主管，你将如何处理？依据是什么？

    3. 假如你是安妮的主管，在年度考核时你将如何确定安妮的评价等级？依据是什么？

五、实验步骤和内容

1. 布置案例。根据教学需要，由老师至少提前1周布置案例。

2. 分组。所有学生分成5~6人的小组，小组的成员要注意男女同学搭配；每个小组推举1名同学担任小组长，具体负责小组成员的案例讨论活动。

3. 课外小组讨论。学生利用课外时间，自主组织小组讨论，讨论要围绕案例问题结合案例事实进行，在讨论中要注意运用所学专业理论和专业知识。

4. 将讨论结论和观点做成PPT。PPT要求简洁、观点明确。

5. 课堂上随机抽取3~4个小组上讲台展示其观点。要求上台的小组所有组员都必须上台演讲，小组成员之间要有合理分工，每位同学都要求开口讲话且有机会讲话。

6. 老师点评并作总结。

实验三十一　T公司绩效管理方案的重新设计（K002）

一、实验名称和性质

所属课程	绩效管理
实验名称	T公司绩效管理方案的重新设计
实验学时	2
实验性质	□验证　√□综合　□设计
必做/选做	√□必做　□选做

二、实验目的

通过分析案例，找出T公司绩效管理中的问题，运用平衡计分卡法对T公司绩效管理方案进行重新设计，目的是了解和掌握平衡计分卡法的原理和方法。

三、实验要求和注意事项

（一）　总体要求

分析案例要遵循理论联系实际和实事求是的原则，做到全面客观、以案论理。绩效管理技术的运用、指标的设计要符合企业实际。

（二）　具体要求

1. 回答问题必须结合有关理论，紧扣案例内容。
2. 重新设计的T公司绩效管理指标体系要有现实可行性。

四、实验材料和原始数据

案例：T公司的绩效管理

T公司总部会议室，赵总经理正认真听取关于上年度公司绩效考核执行情况的汇报，其中有两项决策让他左右为难。一是经过年度考核成绩排序，成绩排在最后的几名却是在公司干活最多的人。这些人是否按照原先的考核方案降职和降薪，下一阶段考核方案如何调整才能更加有效？另一个是人力资源部提出上一套人力资源管理软件来提高统计工作效率的建议，但一套软件能否真正起到支持绩效提高的效果？

T公司成立仅4年，为了更好地进行各级人员的评价和激励，T公司在引入市场化的用人机制的同时，建立了一套绩效管理制度。对于这套方案，用人力资源部经理的话说是，细化传统的德、能、勤、绩几项指标，同时突出工作业绩的一套考核办法。其设计的重点是将德、能、勤、绩几个方面内容细化成考核的 10 项指标，并把每个指标都量化出 5 个等级，同时定性描述等级定义，考核时只需将被考核人实际行为与描述相对应，就可按照对应成绩累计相加得出考核成绩。

但考核中却发现了一个奇怪的现象：原先工作比较出色和积极的职工考核成绩却常常排在多数人后面，一些工作业绩并不出色的人和错误很少的人却都排在前面。还有就是一些管理干部对考核结果大排队的方法不理解和有抵触心理。但是综合各方面情况，目前的绩效考核还是取得了一定的成果，各部门都能够很好地完成，唯一需要确定的是对于考核排序在最后的人员如何落实处罚措施，另外对于这些人降职和降薪无疑会伤害一批像他们一样认真工作的人，但是不落实却容易破坏考核制度的严肃性和连续性。另一个问题是，在本次考核中，统计成绩工具比较原始，考核成绩统计工作量太大，人力资源部就三个人，却要统计总部 200 多人的考核成绩，平均每个人有 14 份表格，统计、计算、平均、排序发布，最后还要和这些人分别谈话，在整个考核的一个半月中，人力资源部几乎都在做这个事情，其他事情都耽搁了。

赵总经理决定亲自请车辆设备部、财务部和工程部的负责人到办公室深入了解一些实际情况。

车辆设备部李经理、财务部王经理，来到了总经理办公室，当总经理简要地说明了原因之后，车辆设备部李经理首先快人快语回答道：我认为本次考核方案需要尽快调整，因为它不能真实反映我们的实际工作，例如我们车辆设备部主要负责公司电力机车设备的维护管理工作，总共只有 20 个人，却管理着公司总共近 60 台电力机车，为了确保它们安全无故障地行驶在 600 公里的铁路线上，我们主要工作就是按计划到基层各个点上检查和抽查设备维护的情况。在日常工作中，我们不能有一次违规和失误，因为任何一次失误都是致命的，也是造成重大损失的，但是在考核业绩中有允许出现"工作业绩差的情况"，因此我们的考核就是合格和不合格之说，不存在分数等级多少。

财务部王经理紧接着说道：对于我们财务部门，工作基本上都是按照规范和标准来完成的，平常填报表和记账等都要求万无一失，这些如何体现出创新的最好一级标准？如果我们没有这项内容，评估我们是按照最高成绩打分还是按照最低成绩打分？还有一个问题，我认为应该重视，在本次考核中我们沿用了传统的民主评议的方式，我对部门内部人员评估没有意见，但是实际上让其他人员打分是否恰当？因为我们财务工作经常得罪人，让被得罪的人评估我们财务，这样公正吗？

听完大家的各种反馈，赵总想：难道公司的绩效管理体系本身设计得就有问题？问题到底在哪里？考核内容指标体系如何设计才能适应不同性质岗位的要求？公司是否同意人力资源部门提出购买软件方案？目前能否有一个最有效的方法解决目前的问题？总经理陷入了深深的思考中。

　　问题：1. T 公司的绩效管理存在的主要问题是什么？
　　　　　2. 假如你是该公司的管理顾问，你将为该公司提出哪些建议？
　　　　　3. 试运用平衡计分卡法对 T 公司绩效管理指标体系进行重新设计。

五、实验步骤和内容

1. 布置案例。根据教学需要，由老师至少提前 1 周布置案例。

2. 分组。所有学生分成 5～6 人的小组，小组的成员要注意男女同学搭配；每个小组推举 1 名同学担任小组长，具体负责小组成员的案例讨论活动。

3. 课外小组讨论。学生利用课外时间，自主组织小组讨论，讨论要围绕案例问题结合案例事例进行，在讨论中要注意运用所学专业理论和专业知识。

4. 运用平衡计分卡法对 T 公司绩效管理指标体系进行重新设计，形成书面的 T 公司绩效管理体系及方案。方案要求简洁、明确。

5. 课堂上随机抽取 2～3 个小组上讲台展示其方案。要求上台的小组所有组员都必须上台，共同回答其他小组成员的提问。

6. 老师点评并作总结。

实验三十二　薪酬调查（L001）

一、实验名称和性质

所属课程	薪酬管理
实验名称	薪酬调查
实验学时	6
实验性质	□验证　√□综合　□设计
必做/选做	√□必做　□选做

二、实验目的

1. 了解国内企业薪酬总体状况，对薪酬水平、薪酬构成、薪酬趋势等概念形成直观的感性认识。

2. 认识主要人力资源信息调查网站。

3. 掌握问卷调查及网上薪酬调查的主要方法。

4. 设计科学合理的薪酬调查问卷。

5. 对调查结果进行统计分析。

三、实验的软硬件要求

电脑（一人一台能上网）。

四、知识准备

前期要求掌握的知识

统计学、网络系统及调查问卷的相关知识。

实验相关理论或原理

运用现代网络技术和薪酬调查的相关知识，进行薪酬调查操作实验，运用统计学相关知识，对薪酬调查数据作出人力资源决策。

实验流程

```
┌──────────────────────────┐     ┌──────────────────────────┐
│ 登录相关网址搜索薪酬调查数据 │ ⇒ │ 根据收集数据分析我国薪酬现状 │
└──────────────────────────┘     └──────────────────────────┘
                                             ⇓
┌──────────────────────────┐     ┌──────────────────────────┐
│   成绩评定及教师点评        │ ⇐ │  设计科学合理的薪酬调查问卷  │
└──────────────────────────┘     └──────────────────────────┘
```

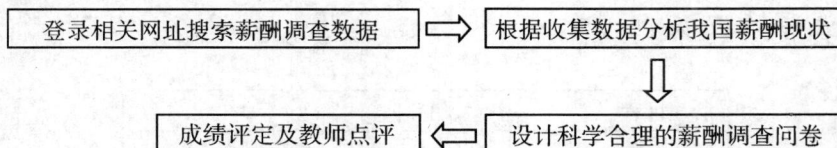

五、实验材料和原始数据

薪酬调查问卷、薪酬调查分析报告。

六、实验要求和注意事项

1. 在进行薪酬调查实验前，必须先对统计学、网络系统等相关内容进行复习。
2. 数据收集要全面。
3. 数据分析要科学合理。
4. 问卷设计要全面且具有一定的针对性和可操作性。

七、实验步骤和内容

1. 在指导教师的指导下按要求登录相关网址搜索有关薪酬调查数据。
2. 根据收集数据分析我国薪酬现状（行业状况、地区状况、企业差异等）。
3. 统计和分析薪酬调查数据。
4. 设计基本的薪酬调查问卷。
5. 应用薪酬调查数据作出人力资源决策。

八、实验结果和总结

1. 每人必须提交薪酬调查问卷一份。
2. 每人必须提交薪酬调查分析报告一份。

九、实验成绩评价标准

考核成绩由薪酬调查问卷和薪酬调查分析报告两部分组成，各占总成绩的50%。

实验三十三 薪酬管理方案设计综合实验（L002）

一、实验名称和性质

所属课程	薪酬管理
实验名称	薪酬方案设计
实验学时	6
实验性质	□验证　□综合　√□设计
必做/选做	√□必做　□选做

二、实验目的

1. 掌握岗位工资制、技能工资制等各种薪酬制度的设计。

2. 运用薪酬设计基本理念，结合岗位评价等相关知识，设计科学、合理、具有可操作性的薪酬方案。

3. 通过此实验，要求学生掌握薪酬体系的设计，学习为高层管理人员、中层管理人员、销售人员、生产技术人员设计薪酬方案。

三、实验的软硬件要求

1. 电脑、多媒体。

2. 成绩评定表。

四、知识准备

前期要求掌握的知识

工作分析、岗位评价的相关知识。

实验相关理论或原理

在工作分析和岗位评价的基础上，运用薪酬设计与管理的相关原理，如岗位工资制、技能工资制、绩效工资制等，制订相应的薪酬方案。

实验流程

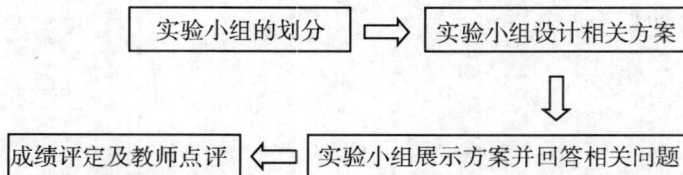

五、实验材料和原始数据

评分表、小组薪酬方案设计作品。

六、实验要求和注意事项

1. 在进行薪酬方案设计前,必须先对工作分析和岗位评价的相关内容进行复习。

2. 各小组成员搭配要合理,分工要细致。

3. 各小组要在充分讨论的基础上形成薪酬方案。

4. 各小组要有一主讲人进行本组方案的宣讲,小组成员要积极回答其他组成员的提问。

5. 各小组选出一代表作为评委,参与其他组的评分。

七、实验步骤和内容

1. 教师就薪酬方案设计整体流程进行演示讲解。

2. 学生上网查阅资料,了解不同企业的薪酬体系。

3. 学生为某企业设计薪酬管理体系。体系的主要内容包括:企业组织系统;根据岗位排序的结果将企业的薪酬分为几个等级;确定不同等级的工资系数;分别为高层管理人员、中层管理人员、销售人员、生产技术人员设计薪酬结构;思考如何确定企业的薪酬体系;如何设计不同类型员工的薪酬结构。

4. 学生分组讨论并设计完整的薪酬方案。

5. 每组代表讲解各自的薪酬方案,并回答其他组同学的提问。

6. 各组代表和教师对薪酬方案进行评分。

7. 教师讲评。

八、实验结果和总结

1. 每组形成具有一定操作性的薪酬设计方案。

2. 必须提交相应的多媒体作品和讨论的记录资料。

九、实验成绩评价标准

人力资源管理专业学生薪酬体系设计评分

评分人：   组别：

评分内容 / 组别	薪酬体系设计内容（60%）			主讲 10%	回答问题 10%	团队表现 10%	多媒体制作 10%	总分 100%
	系统性（20%）	可行性（20%）	创新性（20%）					
1								
2								
3								
4								
5								
6								
7								
8								
9								
10								

第五章 劳动关系管理实验模块

实验三十四 劳动合同起草实验（M001）

一、实验名称和性质

所属课程	劳动关系学
实验名称	劳动合同起草·
实验学时	2
实验性质	√□验证　□综合　□设计
必做/选做	√□必做　□选做

二、实验目的

1. 掌握普通劳动合同起草的一般技能。
2. 通过学习起草劳动合同，了解各项条款的合理性及关联法规。
3. 学习企业通过起草劳动合同，加强人力资源管理各项工作的操作要点。
4. 学习起草各类劳动合同的一般思路。

三、实验的软硬件要求

1. 具备符合《劳动合同法》规定的适格的用人单位和劳动者，即劳动合同当事人。
2. 符合《劳动合同法》规定的基本条款的劳动合同基本框架。

四、知识准备

前期要求掌握的知识

人力资源管理、劳动法、劳动合同法、劳动争议调解仲裁法，特别是相关的部门规章和地方性劳动法规。

实验相关理论或原理

劳动合同的起草是每个用人单位人力资源部门必不可少的一项工作，不同的劳动合同适用于不同的用工类型、不同的职位，但基本的思路和框架是一致的。通过本实验，需要学生掌握最基本的劳动合同起草，在此基础上可以根据用人单位及相关职位的具体情况灵活调整。

通过学习劳动合同的起草，可以了解每一项具体条款对用人单位和劳动者双方的权利义务的规制，掌握在劳动关系存续期间用人单位和劳动者双方行为的法律风险节点，从而促进用人单位的人力资源管理工作的合法化、合理化、科学化，进而实现劳动争议的风险预控，一份完善的劳动合同对用人单位和劳动者双方都是至关重要的。

实验流程

起草前的准备工作 ⟹ 建立劳动合同必备条款的框架

⟱

对照相关法规和用人单位条件审查劳动合同 ⟸ 进一步细化劳动合同条款

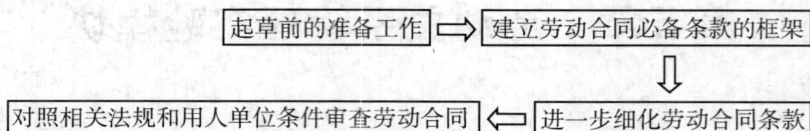

五、实验材料和原始数据

以下是普通劳动合同的主要条款及合理性分析示例。

劳动合同书

甲方（用人单位）：　　　　　　　　　　乙方（劳动者）：

地址：　　　　　　　　　　　　　　　　身份证号码/护照号码：

法定代表人：　　　　　　　　　　　　　住址：

邮编：

联系电话：

（前言）_____

_____

_____

_____。

第1条　合同的前提条件

1.1 甲、乙双方为本劳动合同的当事人。

1.2 甲方系在中华人民共和国注册的合法用工主体，具有用工资格。

1.3 乙方向甲方保证，_____

_____。

1.4 乙方保证受聘于甲方后，_____

_____。

（合理性分析：1.3 条旨在证明用人单位对劳动者的招聘并无主观故意，以此避免劳动者因与原用人单位尚存劳动关系而致用人单位非法用工。1.4 条旨在避免涉及劳动者同原用人单位的商业秘密侵权纠纷。）

第2条　合同期限

2.1 甲、乙双方就合同期限选择一下_____类劳动合同。

A. 有固定期限劳动合同：本合同期限自_____

_____。

B. 无固定期限合同：本合同期限自_____

_____。

C. 以完成一定工作任务为期限的合同：本合同自_____

_____

2.2 本合同试用期结束前，乙方未以书面形式通知甲方解除劳动合同的，甲方_____

_____；乙方试用期内不符合有关录用条件或具

本合同10.2.5条规定的情形时，甲方_____。

2.3 本合同期满，且不具有法定续签情形的，则_____。

2.4 如本合同签订的起始日期与实际用工之日不一致的，则_____

_____。

（合理性分析：2.1条，《劳动合同法》对于试用期期限做了明确的规定，用人单位应该予以充分的注意。2.2条，《劳动合同法》明确了劳动关系建立的时间，即从用工之日起建立劳动关系，实践中，存在劳动合同签订的起始时间与实际用工日不一致的情况，此时，单位应注意试用期与合同期限的问题，特别是起止时间的问题。2.4条，操作中应尽量避免合同起始日与实际用工日分离的情形，如出现，建议另行补充书面约定。）

第3条 工作内容及工作地点

3.1 甲方根据工作需要，安排乙方在_____部门从事_____工作。乙方应_____

_____。

3.2 乙方的工作地点在_____。随着甲方经营范围的扩大，甲方在与乙方协商一致后，_____。

3.3 甲方根据_____等因素，可依法合理变更本条中规定的乙方的_____。

（合理性分析：3.1条，建议将岗位说明书/岗位责任书作为劳动合同的附件，在签订劳动合同时一并签收。3.2条，根据《劳动合同法》，工作地点为劳动合同的必备条款，对其变更需要协商一致。3.3条，用人单位对劳动者进行岗位及工作地点调动，应该符合两方面要求：一是在劳动合同内进行调动权的约定；二是在实际调动时举证该调动行为具有充分合理性。对充分合理性的考察，应注意避免被认定为恶意报复或排挤等，单位在实际操作中可以将岗位调动与考核制度挂钩，以此作为充分合理性的依据。）

第4条 工作时间和休息休假

4.1 甲方实行标准工时制，具体工作时间_____

_____。

4.2 甲方可根据_____，实行不定时工作制或综合计算工时工作制。

在本合同期内，甲方所在岗位经劳动行政部门批准实行不定时工时制或综合计算工时工作制，则本合同约定的工作时间自动变更为不定时工时制或综合计算工时工作制。

4.3 甲方可以根据工作需要安排乙方加班，甲方将依法_____

_____。

4.4 乙方所在岗位申请不定时工时制或综合计算工时工作制时，加班报酬按照相关法律执行。

4.5 乙方享有国家规定的法定节假日和婚假、丧假等假期。

（合理性分析：实行不定时工时制或综合计算工时工作制的员工，在法定节假日加班的，用人单位也要按300%支付加班费。）

第5条　劳动报酬

5.1 乙方正常出勤并在规定的工作时间内保质保量完成甲方安排的工作任务后，有权获得劳动报酬。

甲方实行_____工资制度，乙方的工资收入 = _____ + _____ + _____ + _____。甲方根据_____确定乙方的工资收入标准为_____元；乙方奖金与_____挂钩；津贴按国家和公司的相关规定执行；其中，试用期工资为人民币_____元。

5.2 甲方的发薪期为次/当月_____日至_____日。甲方有合理解释迟延支付劳动报酬的，不属于拖欠乙方工资。工资支付方式按照甲方规定执行。

5.3 本条第一款所列乙方收入为税前收入，乙方应缴纳个人所得税。

5.4 甲方有权根据_____等对乙方的劳动报酬进行合理调整，包括提高或降低，乙方愿意服从甲方的决定。

5.5 奖金、津贴根据甲方内部规章制度执行。甲方有权根据需要制定、修改、完善或废止奖金、津贴制度。

（合理性分析：5.1条，根据《劳动合同法》，试用期工资不得低于单位相同岗位最低工资及合同约定工资的80%，也不得低于当地最低工资。5.2条，因《劳动合同法》强调了拖欠工资的罚则，故建议将发薪日设置为一个合理的区间。5.4条，用人单位根据调岗、调整工作地点相应作出的调薪决定在劳动合同作出约定的同时，仍然需要举证其合理性。如岗位调整带动该岗位津贴的取消等。）

第6条　社会保险及福利待遇

6.1 甲方应按照国家和_____省（区/市）有关规定，按比例为乙方缴纳_____，乙方也应当按比例缴纳其应承担的部分，并由甲方在工资内代为扣除。乙方保证_____，如乙方迟延递交或造成任何后果，乙方应承担相应责任。

6.2 乙方因病或非因工负伤期间待遇按法律、法规及相关规定执行。

6.3 乙方因工负伤及女职工孕期、产假和哺乳假等待遇按法律、法规及相关规定执行。

6.4 甲方将根据_____，向乙方支付或调整补贴及福利费用。具体标准由甲方制定。

6.5 培训员工、鼓励个人发展是甲方政策之一，甲方会有计划地向乙方提供职业培训。除各种内部培训活动外，甲方也鼓励乙方自己参加一些外部的培训活动或课程。

如甲方提供专项培训费用对乙方进行专业技术培训的，则双方约定的服务期至少为_____个月。在服务期内，如果乙方提出辞职或因过失被甲方解除劳动合同，乙方须_____。

服务期违约金 = _____。

如甲乙双方另行签订培训协议的，该协议为本合同附件。存在冲突之处以_____

_____为准。

6.6甲方可以根据_____ _____等相应调整乙方的福利待遇。

（合理性分析：6.1条，建议社会保险和住房公积金相关手续都在签订劳动合同前或同时递交，特殊情形单位可以允许员工在入职后一段时期内提交；将前述手续作为试用期录用条件约定，如未能及时补交则适用不符合录用条件解除合同。需要注意的是：宽允期内一旦该员工发生工伤，单位仍将承担工伤责任，且额外承担原由保险基金承担的部分。6.5条，此处对服务期进行约定，主要是为了避免单位为劳动者提供出资培训，但却没有签订培训协议的情况，建议单位对参加培训的员工尽量签订培训协议。）

第7条　劳动保护、劳动条件和职业病防护

7.1甲方为乙方提供_____的工作环境，确保乙方在_____的环境条件下从事工作。

7.2甲方根据乙方岗位实际情况，按照国家有关规定向乙方提供_____ _____。

7.3甲方将按照国家及当地政府的相关规定，积极采取_____措施，以确保乙方_____。

（合理性分析：对于入职前可能犯有职业病的员工，建议在入职前进行职业病体检。）

第8条　劳动纪律

8.1甲方有权在不与_____抵触的情况下，遵循民主原则，制定_____ 及_____。甲方依据前述制度对乙方进行劳动纪律的日常管理。乙方应_____，否则甲方可_____。

8.2甲方制定的_____将及时予以_____。甲方要求乙方_____以保证及时了解掌握_____。如乙方因不在公司而_____，甲方要求乙方_____。如出现因乙方未能_____，由乙方承担一切责任。

8.3在履行本合同期间，甲方可以对_____进行修订，或者制定新的_____。如果_____和_____不一致，乙方同意按照甲方_____执行。

8.4乙方应妥善保管_____，乙方因任何原因离职时，均需_____，包括但不限于_____等，如因乙方疏忽丢失或蓄意损坏。应予以_____。

8.5乙方不保证其向甲方提供的_____均属真实、有效，并承担相应责任。

8.6乙方因_____而致甲方损失的，应当_____。

（合理性分析：8.2条意在警示员工及时阅读规章制度，但此并不排除公司的公示义务。）

第9条　保密及知识产权归属

9.1甲乙双方确认，乙方在履行工作职责时必然会接触到的甲方的_____

_____，前述事项均属于甲方的财产和权利，乙方负有_____。

9.2 从本合同生效之日起，乙方必须遵守_____，履行_____指责。未经甲方_____或非为_____，乙方不得向任何第三方（包括_____）泄露甲方的_____。

9.3 甲乙双方确认乙方因职务上的需要所持有或保管的_____均归甲方所有。

9.4 乙方在甲方任职期间，因履行_____或主要利用_____等完成的_____等，其相关的知识产权归属于甲方（_____除外）。

9.5 乙方保证，正确使用并妥善保管_____，_____，不得利用前述信息为_____或_____牟利。除履行职务外，乙方承诺其在职期间或离职后，未经_____，不得以_____或者其他任何方式使任何第三方知悉_____，也不得在履行职务之外使用_____，直至_____。

9.6 甲乙双方劳动关系解除或终止后，乙方必须将_____返还给甲方，并向甲方保证_____，并申明已将_____退还给甲方，如果甲方发现乙方_____，给甲方造成损失的，乙方必须_____。

9.7 凡未经_____或非为_____而以_____等形式提供给第三方_____的行为均属泄密，造成甲方损失的，乙方必须_____。

（合理性分析：劳动合同中设置的保密条款对于全体员工适用，对于核心技术人员、管理人员、销售人员等，建议另行签订保密和竞业限制协议。）

第 10 条　合同的变更、解除及终止

10.1 劳动合同的变更

10.1.1 本合同订立时所依据的_____发生变化，本合同应变更相关内容。

10.1.2 由于_____致使本合同无法履行，经_____，可以变更合同相关内容。

10.1.3 甲乙双方_____，可以对本合同的部分条款进行变更。

10.1.4 甲方对乙方_____的调整，如果双方未签订书面变更协议，且乙方自到岗后_____未提出书面异议的，视为乙方同意该调整。

10.2 劳动合同的解除

10.2.1 甲乙双方经＿＿＿＿＿＿＿＿，可以解除本合同。

10.2.2 乙方解除本合同，应＿＿＿＿＿＿＿＿＿＿＿＿＿＿＿＿＿＿＿＿＿＿＿，辞职书呈交＿＿＿＿＿＿＿＿＿＿＿＿，双方协商确定乙方最后工作日期。乙方在试用期内辞职的，须＿＿＿＿＿＿＿＿＿＿＿＿＿＿＿＿＿＿＿。

10.2.3 甲方有＿＿＿＿＿＿＿＿＿＿＿＿规定的情形的，乙方可以解除合同。

10.2.4 有下列情形之一的，甲方可以解除合同，但应当＿＿＿＿＿＿＿＿＿＿＿＿＿＿＿＿或＿＿＿＿＿＿＿＿＿＿＿＿＿＿＿＿＿：

(1) ＿＿＿＿＿＿＿＿＿＿＿＿＿＿＿＿＿＿＿＿＿＿＿＿＿＿＿＿＿；

(2) ＿＿＿＿＿＿＿＿＿＿＿＿＿＿＿＿＿＿＿＿＿＿＿＿＿＿＿＿＿；

(3) ＿＿＿＿＿＿＿＿＿＿＿＿＿＿＿＿＿＿＿＿＿＿＿＿＿＿＿＿＿。

10.2.5 有下列情形之一的，甲方可以随时解除劳动合同且＿＿＿＿＿＿＿＿＿＿＿，双方依法办理退工手续：

(1) ＿＿＿＿＿＿＿＿＿＿＿＿＿＿＿＿＿＿＿＿＿＿＿＿＿＿＿＿＿；

(2) ＿＿＿＿＿＿＿＿＿＿＿＿＿＿＿＿＿＿＿＿＿＿＿＿＿＿＿＿＿；

(3) ＿＿＿＿＿＿＿＿＿＿＿＿＿＿＿＿＿＿＿＿＿＿＿＿＿＿＿＿＿；

(4) ＿＿＿＿＿＿＿＿＿＿＿＿＿＿＿＿＿＿＿＿＿＿＿＿＿＿＿＿＿；

(5) ＿＿＿＿＿＿＿＿＿＿＿＿＿＿＿＿＿＿＿＿＿＿＿＿＿＿＿＿＿；

(6) ＿＿＿＿＿＿＿＿＿＿＿＿＿＿＿＿＿＿＿＿＿＿＿＿＿＿＿＿＿；

(7) ＿＿＿＿＿＿＿＿＿＿＿＿＿＿＿＿＿＿＿＿＿＿＿＿＿＿＿＿＿；

(8) ＿＿＿＿＿＿＿＿＿＿＿＿＿＿＿＿＿＿＿＿＿＿＿＿＿＿＿＿＿。

10.3 有下列情形之一的，劳动合同终止：

(1) ＿＿＿＿＿＿＿＿＿＿＿＿＿＿＿＿＿＿＿＿＿＿＿＿＿＿＿＿＿；

(2) ＿＿＿＿＿＿＿＿＿＿＿＿＿＿＿＿＿＿＿＿＿＿＿＿＿＿＿＿＿；

(3) ＿＿＿＿＿＿＿＿＿＿＿＿＿＿＿＿＿＿＿＿＿＿＿＿＿＿＿＿＿；

(4) ＿＿＿＿＿＿＿＿＿＿＿＿＿＿＿＿＿＿＿＿＿＿＿＿＿＿＿＿＿；

(5) ＿＿＿＿＿＿＿＿＿＿＿＿＿＿＿＿＿＿＿＿＿＿＿＿＿＿＿＿＿；

(6) ＿＿＿＿＿＿＿＿＿＿＿＿＿＿＿＿＿＿＿＿＿＿＿＿＿＿＿＿＿。

10.4 乙方有下列情形之一的，甲方不得依据本合同10.2.4的规定解除或终止劳动合同；法律另有规定的从其规定：

(1) ＿＿＿＿＿＿＿＿＿＿＿＿＿＿＿＿＿＿＿＿＿＿＿＿＿＿＿＿＿；

(2) ＿＿＿＿＿＿＿＿＿＿＿＿＿＿＿＿＿＿＿＿＿＿＿＿＿＿＿＿＿；

(3) ＿＿＿＿＿＿＿＿＿＿＿＿＿＿＿＿＿＿＿＿＿＿＿＿＿＿＿＿＿；

(4) ＿＿＿＿＿＿＿＿＿＿＿＿＿＿＿＿＿＿＿＿＿＿＿＿＿＿＿＿＿．

(5) ＿＿＿＿＿＿＿＿＿＿＿＿＿＿＿＿＿＿＿＿＿＿＿＿＿＿＿＿＿；

(6) ＿＿＿＿＿＿＿＿＿＿＿＿＿＿＿＿＿＿＿＿＿＿＿＿＿＿＿＿＿。

10.5 在解除或终止劳动合同的时候，甲方如需支付经济补偿金，按照法律法规执行。

10.6 在最后工作日前，乙方必须根据甲方的要求并配合＿＿＿＿＿＿＿＿＿＿＿＿＿＿

完成工作交接手续，包括但不限于：

(1) ＿＿＿＿＿＿＿＿＿＿＿＿＿＿＿＿＿＿＿＿＿＿＿＿＿＿＿＿＿＿＿；

(2) ＿＿＿＿＿＿＿＿＿＿＿＿＿＿＿＿＿＿＿＿＿＿＿＿＿＿＿＿＿＿＿；

(3) ＿＿＿＿＿＿＿＿＿＿＿＿＿＿＿＿＿＿＿＿＿＿＿＿＿＿＿＿＿＿＿；

(4) ＿＿＿＿＿＿＿＿＿＿＿＿＿＿＿＿＿＿＿＿＿＿＿＿＿＿＿＿＿＿＿；

(5) ＿＿＿＿＿＿＿＿＿＿＿＿＿＿＿＿＿＿＿＿＿＿＿＿＿＿＿＿＿＿＿；

(6) ＿＿＿＿＿＿＿＿＿＿＿＿＿＿＿＿＿＿＿＿＿＿＿＿＿＿＿＿＿＿＿。

办理工作交接的程序依据甲方的要求进行。交接工作完毕，由甲方在工作交接清单上签字确认。乙方不按规定办理交接手续，造成甲方损失的，甲方有权＿＿＿＿＿＿＿＿。

（合理性分析：10.2.2条，此处涉及辞职流程，单位应当确定辞职书呈交的部门，配合辞职流程适用。10.2.3条，关于劳动者随时解除劳动合同的情况，由于《劳动合同法》有明确规定，合同书中不作具体阐述。10.6条，《劳动合同法》规定，交接手续由双方约定，因此公司不仅要在规章制度及离职手续中规定，在劳动合同中也要进行约定。同时，需要注意的是此条款横线处由公司根据具体情况予以增加。）

第11条　违约及赔偿责任

11.1 在本合同期限内，如乙方接受甲方提供的＿＿＿＿＿＿＿，或者约定＿＿＿＿＿
＿＿＿＿＿＿的，依照双方约定办理。乙方违约，应承担违约责任，乙方给甲方造成的损失超过违约金数额的，乙方应＿＿＿＿＿＿＿＿＿＿＿＿＿＿＿＿。

11.2 甲乙双方任何一方违反本合同规定，给对方造成损失的，应＿＿＿＿＿＿＿＿。

11.3 乙方侵占甲方财产给甲方造成损失的，乙方应＿＿＿＿＿＿，并＿＿＿＿＿＿。没有法律规定或合同约定获得甲方利益的，乙方应＿＿＿＿＿＿＿＿＿＿＿。

第12条　其他事项

12.1 本合同如与＿＿＿＿＿＿＿＿＿＿＿＿＿＿＿不一致，应以＿＿＿＿＿＿＿＿＿为准。如果相关＿＿＿＿＿＿＿＿＿＿＿＿进行变更，应以＿＿＿＿＿＿＿＿＿＿为准。

12.2 本合同未尽事宜，双方另有约定的＿＿＿＿＿＿＿＿＿＿；双方没有约定的，按照＿＿＿＿＿＿＿＿＿执行；＿＿＿＿＿＿＿＿＿＿没有规定的，双方应遵循＿＿＿＿＿＿＿＿＿＿＿＿的原则，另行签订协议作为本合同的补充协议。

12.3 因履行本合同产生的争议，甲乙双方应＿＿＿＿＿＿＿＿＿，＿＿＿＿＿不成的，任何一方可以向＿＿＿＿＿＿＿＿＿＿＿＿＿＿＿＿提起＿＿＿＿＿＿＿。不服＿＿＿＿＿的，可依法向＿＿＿＿＿＿＿＿＿＿＿＿。

12.4 释义：

本合同所称"法律"、"法规"、"规章"，若未作特殊说明，系指＿＿＿＿＿＿＿＿＿
＿＿＿＿＿＿＿＿＿的法律、法规、规章。

本合同中所称"第三方"，若未做特殊说明，系指＿＿＿＿＿＿＿＿＿＿的第三方。

12.5 本合同一式两份，经＿＿＿＿＿＿＿＿＿＿＿＿＿＿后生效，双方各执一份。两份合同具有同等的法律效力。

乙方确认：

1. 劳动合同期内，乙方的＿＿＿＿＿＿＿＿＿＿＿等发生变化，应当在＿＿＿＿日内及时告知甲方。如乙方以上事项变更没有及时通知甲方，甲方依此信赖送达法律文书，将视为已经送达。

2. 乙方在签订劳动合同时，已经仔细阅读，对合同内容予以＿＿＿＿＿＿＿＿＿，并已知晓甲方的＿＿＿＿＿＿。＿＿＿＿＿＿包括但不限于＿＿＿＿＿＿＿＿＿＿＿＿＿＿＿＿＿＿等，作为劳动合同的附件，与劳动合同其他附件一起，与劳动合同同等有效。

甲方：＿＿＿＿＿＿＿＿＿＿ 乙方：＿＿＿＿＿＿＿＿＿＿

法定代表人或授权代理人：＿＿＿＿＿＿

签订日期：＿＿＿年＿＿＿月＿＿日 签订日期：＿＿＿年＿＿＿月＿＿日

六、实验要求和注意事项

1. 在起草劳动合同前先要熟悉相关的劳动法规的强制性规定。
2. 正式起草劳动合同前可先阅读多份劳动合同，借鉴补充。
3. 起草过程中注意用词的前后一致和措辞的准确性，避免引起歧义。
4. 在起草过程中，注意前后条款的逻辑关系，以避免前后矛盾。
5. 起草的过程应考虑用人单位人力资源管理的状况，使劳动合同的条款能落到实处。
6. 起草结束后应反复阅读、审查，使之既合法又适应单位和职位的状况。

七、实验步骤和内容

实验步骤

1. 起草劳动合同的准备。
（1）选择目标单位。
（2）了解用人单位和职位情况。
（3）熟悉相应劳动法规，阅读多份不同类型的劳动合同。
（4）熟悉提供的劳动合同框架等。
2. 逐项填写，细化劳动合同条款。
3. 仔细检查劳动合同的整体一致性和语言的准确性、规范性。
4. 查找各条款匹配的法规，保证劳动合同的合法性和合理性。

实验内容

1. 根据提供的劳动合同框架，填写完善劳动合同。
2. 对各项条款分析其合理性和必要性，并找出相关的法律依据。

八、实验结果和总结

1. 完成劳动合同各项条款的起草。包括必备条款和适应用人单位及其职位的特色条款。
2. 审查劳动合同。主要是逐条分析劳动合同各条款的作用及操作的可行性。
3. 理解劳动合同各条款的合理性，寻找相应的劳动法规，并在法定条件下完善用人单位人力资源管理的各项工作。

九、实验成绩评价标准

（一） 实验成绩评定依据

1. 劳动合同的合法性。
2. 劳动合同的合理性与实用性。
3. 劳动合同的完整程度。
4. 参与实验的态度与纪律。

（二） 成绩评定等级与标准

A. 劳动合同合法、内容合理，实用、体系完整、态度端正；
B. 劳动合同合法、内容较合理，较实用、体系较完整、态度较端正；
C. 劳动合同基本合法、内容基本合理，基本实用、体系基本完整、态度基本端正；
D. 劳动合同基本合法、内容尚合理，尚实用、体系尚完整、态度尚端正；
E. 劳动合同不合法、内容不合理，不实用、体系不完整、态度不端正。

实验三十五　劳动合同管理实验 （M002）

一、实验名称和性质

所属课程	劳动关系学
实验名称	劳动合同管理
实验学时	2
实验性质	√□验证　□综合　□设计
必做/选做	□必做　√□选做

二、实验目的

1. 掌握劳动合同管理各个环节的法律风险点及管理要点。
2. 通过学习劳动合同管理，了解劳动合同管理的基本环节。
3. 学习制作劳动合同管理各个环节的各种表单。
4. 学习正确运用劳动合同管理各个环节的各种表单实现劳动合同管理。

三、实验的软硬件要求

1. 具备明确条款内容的劳动合同书。
2. 具备劳动合同管理各个环节的基本人力资源管理制度及流程。

四、知识准备

前期要求掌握的知识

管理学、人力资源管理、劳动法、劳动合同法，特别是制定企业规章制度方面的知识。

实验相关理论或原理

劳动合同管理是实现劳动合同作用的必备日常工作，也是人力资源管理部门的重要基本职能之一，对于避免日后的劳动合同纠纷及充分地举证都有重要意义。

劳动合同管理工作主要包括的环节有试用期管理、劳动合同的履行和变更、合同的终止与续签、员工辞职管理、协商解除管理、员工辞退管理及离职交接管理等。每一个环节都必须符合相关法律规定，按照企业人力资源管理的流程和规章制度进行操作，在管理的过程中也会涉及很多表单，作为完善人力资源管理的基本工具及以后发生劳动合同纠纷的举证材料，都是必不可少的。

实验流程

```
┌─────────────────────┐      ┌──────────────────────────────┐
│ 劳动合同管理前的准备工作 │ ==> │ 各个环节法律风险点和操作要点的掌握 │
└─────────────────────┘      └──────────────────────────────┘
                                            ⇩
┌──────────────────────────┐   ┌──────────────────┐
│ 学习运用各类表单实施劳动合同管理 │ <== │ 各个环节表单的制作 │
└──────────────────────────┘   └──────────────────┘
```

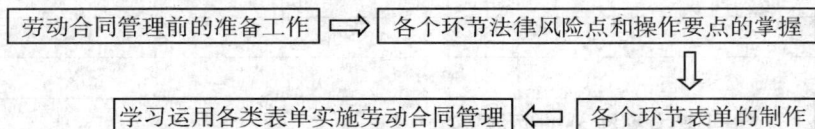

五、实验材料和原始数据

1. 试用期管理。

注意要点：

（1）试用期的期限：_____。

（2）试用期的工资：_____。

（3）试用期的延长：_____。

（4）试用期的中止：_____。

（5）试用期的缩短：_____。

所需表单：转正考核表；试用期延长确认单；转正通知单。

2. 劳动合同的履行与变更。

注意要点：

（1）如果劳动合同对相关调整约定得非常具体而明确，此时进行工作地点、岗位和薪酬的调整是劳动合同的履行，并不涉及劳动合同的变更。

（2）劳动合同变更的启动：_____

_____。

（3）如双方能达成一致，_____。

（4）如双方不能达成一致，_____。

（5）原劳动合同条款经变更后，_____。

（6）原劳动合同中未作变更的条款，＿＿＿＿＿＿＿＿＿＿＿＿＿＿＿＿＿＿＿＿＿。

所需表单：劳动合同变更协议书（协商变更）；劳动合同变更通知书（企业单方变更）；劳动合同期限法定顺延确认单。

3. 劳动合同的终止与续签。

注意要点：

（1）劳动合同终止的条件：＿＿＿＿＿＿＿＿＿＿＿＿＿＿＿＿＿＿＿＿＿

＿＿＿

＿＿＿。

（2）劳动合同终止，用人单位是否需要提前通知？＿＿＿＿＿＿＿＿＿＿＿＿

＿＿＿

＿＿＿。

（3）劳动合同不得终止的情形：＿＿＿＿＿＿＿＿＿＿＿＿＿＿＿＿＿＿＿＿

＿＿＿

＿＿＿

＿＿＿。

（4）劳动合同期满续签涉及的问题：＿＿＿＿＿＿＿＿＿＿＿＿＿＿＿＿＿＿

＿＿＿。

（5）劳动合同续签的启动程序：＿＿＿＿＿＿＿＿＿＿＿＿＿＿＿＿＿＿＿＿

＿＿＿。

（6）企业和员工是否愿意续签劳动合同的三种情形及其处理：＿＿＿＿＿＿＿

＿＿＿

＿＿＿

＿＿＿。

所需表单：劳动合同到期处理征求意见书；劳动合同到期续订劳动合同意向书；劳动合同到期续订劳动合同意向书回执意见；劳动合同到期终止的通知（适用于劳动合同期满企业提出终止的情况）；劳动合同到期终止的通知（适用于劳动合同期满员工提出终止的情况）；劳动合同终止的通知（适用于其他法定终止条件出现的情况）。

4. 员工辞职管理。

注意要点：

（1）员工一般情况下单方解除劳动合同的操作：＿＿＿＿＿＿＿＿＿＿＿＿＿

＿＿＿。

（2）员工可以随时通知解除劳动合同的情形：＿＿＿＿＿＿＿＿＿＿＿＿＿＿

＿＿＿

＿＿＿

＿＿＿

_____ 。

（3）员工可以不经通知而直接解除劳动合同的情形：_____

_____ 。

（4）员工一般情况下单方解除劳动合同的程序：_____

_____

_____ 。

（5）对于员工因企业违法在先而被动解除劳动合同的，企业应区分情况判断是否确认
其离职：如果企业确实存在违法行为，_____；如果员
工恶意使用被动解除权，_____

_____ 。

所需表单：解除劳动合同确认书（适用于员工提前通知单方解除的情形）；解除劳动
合同确认书（适用于员工随时通知单方解除的情形）。

5. 协商解除管理。

注意要点：

（1）协商解除的流程。

※如果用人单位需要与员工协商解除劳动合同，应_____

_____

_____ 。

※如果员工需要与用人单位协商解除劳动合同，则应_____

_____

_____ 。

（2）协商解除的相关技巧。

《劳动合同法》对协商解除的不同类型是否支付经济补偿金有着不同的规定：_____

_____ 。所以，在协商解
除协议书中，需要明确_____，以预防相关法律
风险的出现。就企业动议协商解除劳动合同而言，为促使员工尽快达成和解协议，企业应
_____；而对于员工动议
协商解除劳动合同的，企业应_____

_____ 。

所需表单：解除劳动合同书（适用于员工动议协商解除的情形）；解除劳动合同书
（适用于企业动议协商解除的情形）；解除劳动合同协议书。

6. 员工辞退管理。

注意要点：

（1）辞退员工的法定理由。

按照《劳动合同法》相关规定，企业辞退员工分以下三种：一是_____
_____，二是_____，三是_____。其中
_____解除的理由主要有_____

_____。

其中_____解除的理由主要有_____

_____。

其中_____解除的理由主要有_____

_____。

（2）辞退员工的法定程序。

按照《劳动合同法》相关规定，企业辞退员工的程序因辞退的类型而有所不同。_____解除的大致程序是_____

_____。

_____解除的大致程序是_____

_____。

_____解除的大致程序是_____

_____。

（3）不得辞退的法定情形。

对于非过错性解除和经济性裁员而言，员工出现以下几种情形，企业不得予以辞退：

_____

_____

_____

_____。

当然，员工在明确知道法律相关规定的情形下，依据公平合理原则，就相关事项达成一致意见并订立协商解除协议的，法律也认可其效力。

所需表单：解除劳动合同书（适用于试用期间企业单方解除的情形）；解除劳动合同书（适用于正式合同期间企业单方解除的情形）。

7. 离职交接管理。

注意要点：离职手续尽管并不复杂，但如果不注意对其流程管理，也会出现相当多的法律风险。在《劳动合同法》对企业举证责任苛以严格要求的情形下，企业要特别注意离职管理流程中的书面化操作。对于离职交接的每一个手续，均需在员工所持流程单和人力资源部管理表上签字确认。

对于离职环节中_____

_____等手续的处理，企业应在离职流程单中列表说明。

所需表单：离职面谈记录表；离职手续告知单；劳动合同解除、终止证明单。

六、实验要求和注意事项

1. 在劳动合同管理前应准备好一份适合用人单位及相应职位的完整的劳动合同书。

2. 熟悉劳动合同管理的各个环节及相应的法律规定及相应的用人单位规章制度。

3. 对劳动合同管理各个环节的情况进行分类，区分不同情形不同处理方式。

4. 对于劳动合同管理各个环节的所需表单，都需要用人单位和员工的确认签字，作为企业管理的基础资料及佐证材料。

5. 每个环节的操作都需要相应的流程，在每个流程中，员工、用人部门、人力资源部门及管理层的分工都是不同的，要注意区分。

6. 在实际操作中，要注意各个环节之间的衔接。

七、实验步骤和内容

实验步骤

1. 劳动合同管理的准备。

（1）完整的劳动合同书。

（2）了解相应劳动法规及企业人力资源管理制度。

2. 掌握各个环节的法律风险点和操作要点。

3. 各类表单的制作。

4. 运用各类表单实施企业劳动合同管理。

实验内容

1. 明确劳动合同管理的各个环节的操作要点。

2. 制作劳动合同管理的各个环节的操作表单并理解其法律意义。

八、实验结果和总结

1. 掌握劳动合同管理的各个环节及其操作要点。

（1）试用期管理。

（2）劳动合同的履行和变更。

（3）劳动合同的终止与续签。

（4）员工辞职管理。

（5）协商解除管理。

（6）员工辞退管理。

（7）离职交接管理。

2. 熟悉劳动合同管理各个环节所需的表单及其意义。

各类表单附着于企业人力资源管理的各项制度，既是贯彻相应制度的有力工具，也为企业实施劳动合同管理的行为提供了充分的依据。

3. 学会运用各类表单实施各个环节的操作要点及相应流程。

九、实验成绩评价标准

（一）实验成绩评定依据

1. 劳动合同管理各个环节操作要点的合法性。
2. 劳动合同管理各个环节操作要点的合理性。
3. 劳动合同管理各个环节所需表单的有效性。
4. 参与实验的态度与纪律。

（二）成绩评定等级与标准

A. 劳动合同管理各个环节操作要点合法、合理；所需表单有效；态度端正。

B. 劳动合同管理各个环节操作要点合法、较合理；所需表单较有效；态度较端正。

C. 劳动合同管理各个环节操作要点基本合法、基本合理；所需表单基本有效；态度基本端正。

D. 劳动合同管理各个环节操作要点基本合法、尚合理；所需表单尚有效；态度尚端正。

E. 劳动合同管理各个环节操作要点不合法、不合理；所需表单无效；态度不端正。

实验三十六　劳动关系诊断（M003）

一、实验名称和性质

所属课程	劳动关系学
实验名称	劳动关系诊断
实验学时	2
实验性质	□验证　√□综合　□设计
必做/选做	√□必做　□选做

二、实验目的

1. 掌握企业劳动关系诊断的工作准则和方法。
2. 了解企业劳动关系诊断的基本流程。
3. 通过企业劳动关系诊断，学习劳动关系诊断的准备工作及基本诊断内容。
4. 通过企业劳动关系诊断，学习完善企业劳动关系，并找出与企业人力资源管理制度相配合的基本方法。

三、实验的软硬件要求

1. 具备内容真实完整的企业人力资源管理及劳动关系现状的案例及相关资料和数据。

2. 具备可以查找的相应劳动法律法规及用人单位规章制度。

四、知识准备

前期要求掌握的知识

企业管理学、心理学、人力资源管理、劳动法、劳动合同法及其实施条例、学会运用管理咨询的方法分析企业劳动关系的方法。

实验相关理论或原理

企业的劳动关系是一个企业的核心关系，劳动关系的和谐与否决定了企业的盛衰。企业劳动关系诊断是企业人力资源管理诊断的重要组成部分，通过对企业劳动关系各个方面的调查评估，分析企业劳动关系管理工作的性质、特点和存在的问题，可以帮助企业改善劳动关系，提高管理效率，更好地开发和引导人力资源。

因此，企业劳动关系诊断的作用一方面体现在诊断人员能凭自己丰富的管理知识优势，较为迅速地帮助企业发现劳动关系管理工作中存在的问题，提高管理水平；另一方面，通过劳动关系诊断活动，可以使企业管理者与诊断人员双方的实践经验和知识技能得以交流，有利于提高企业管理者的经营能力。

实验流程

劳动关系诊断前的准备工作	⟹	运用具体的方法分析企业劳动关系的事实

⇓

对所分析的企业劳动关系进行评析并提出改进建议	⟸	分析企业劳动关系存在的问题及关键点

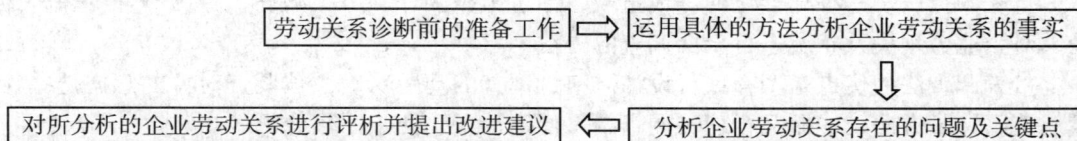

五、实验材料和原始数据

（一）劳动关系诊断的工作准则

1. 目的要明确。

劳动关系诊断的根本目的在于充分发挥企业员工的积极性、创造力和潜能，以及改善企业劳动关系，提高企业组织效率，因而劳动关系诊断不是为了把员工管"死"，也不会损害员工的根本利益，企业管理人员和全体员工必须理解认识到这一点，劳动关系诊断工作才能顺利、有效地进行，所提供的改革方案才能有广泛的群众基础。

2. 分析人力资源部门与企业各职能部门的密切联系。

劳动关系管理涉及的绩效、士气、价值取向、行为方式均体现在企业员工投入、转换、产出的各项基础活动中，与财务管理、物资管理、信息管理的功效关系十分密切，因此进行劳动关系诊断不可把目光仅局限于人力资源部门内部工作，要树立全面、全过程的系统劳动关系思想，这样才不至于"只见树木，不见森林"而导致劳动关系管理工作与其他部门的工作割裂开来。

3. 人力资源诊断应与培训工作结合起来。

这样可以提高企业人力资源部门工作人员的素质。诊断是短期的，管理却是长期的，只有通过诊断活动普及有关现代劳动关系管理的理论和实践知识，使人力资源管理者掌握科学的劳动管理方法，才能保证企业劳动关系稳定和谐。

4. 人力资源诊断必须尊重企业现行的人力资源政策和人力资源安排。

一个企业得以生存发展，必有其存在的依据，其原有的劳动关系管理制度、体系和规程与企业生产经营的性质和管理风格有密切联系，片面否定企业原有做法只会造成管理上的混乱。因此，劳动关系诊断报告书的提出应把握住"分寸"，既要克服阻力，大胆改革，又要循序渐进，与其他改革配套进行，劳动关系诊断才会取得满意的效果。

（二） 企业劳动关系诊断的方法

1. 调查问卷法。

调查问卷法也是人力资源管理诊断最常用的方法之一，即通过设计问卷来了解企业员工的意愿。依据不同的诊断目的，可以设计出调查对象不同、结构不同、调查内容不同的问卷。对调查结果进行加工、分析、核对后所提出的相应的改革措施，员工也易于接受。经验表明，人们对他们能影响的决定是支持的。

调查问卷法可以用来诊断企业劳动关系状况，也可以用来分析单个部门的劳动关系管理效果，是企业劳动关系诊断中最有效的方法之一。

2. 量表调查法。

量表调查法是一种标准化的等级量表，通过组织测评、员工测评、自己测评等多种途径，对企业劳动关系状况进行全面调查的方法。

量表调查法的优点是调查项目设计严格，调查的问题明确，被调查对象的意向选择比较规范，计量方法统一而又合理，调查结果便于计量，便于比较分析。

3. 面谈调查法。

面谈是劳动关系诊断的一个有效的方法。一名优秀的诊断人员只需与少数人进行面谈，便可以对企业劳动关系乃至整个企业状况有较准确的概念，并对组织运转状况有较准确的认识。因此，面谈是诊断人员获取第一手资料的一个有效的方法。

4. 统计分析法。

统计分析法即对人力资源管理部门提供的有关报表用数理统计方法分析综合，揭示某方面的变动趋势。由于统计分析手段较客观，所得出的数据也较有说服力。

5. 个案分析法。

寻找和选择典型事件、典型人物、典型部门进行人员组织、结构、员工需求和企业劳动管理方面的研究，力求分析方法的科学性和应用上的可操作性。

6. 德尔菲法。

这是一种诊断企业的新方法，其基本步骤是由诊断人员对企业有关方面获取数据或数据抽样，然后分析这些数据，并做出带有几个探索主要方面问题的初步报告，再将可供选择的处理观点制成一览表，要求对此提供反馈或不同意见，当那些步骤得到最大限度回答时，即可最后定稿。

（三） 劳动关系诊断前的准备工作

预备诊断是为正式诊断做准备的，因此正式诊断的规模越大，预备诊断越应该细致，只有预备诊断做得好，正式诊断才能迅速、准确，但预备诊断也不应耗时耗力过多，以免喧宾夺主。

接受诊断企业要提供以下资料：

（1）企业从业人员数及构成情况。

（2）劳动合同签订和管理的情况。

（3）企业的基本用工形式。

（4）过去3年发生的劳动争议及处理情况。

（5）各类人员的变动情况。

（6）工资和奖金的情况。

（7）离职、退休制度及其执行情况。

（8）员工参与管理及沟通反馈的效果评估情况。

（9）人事考核和能力评价的方法。

（10）劳动保护和安全卫生状况。

（11）教育训练情况及其效果。

（12）劳动纪律和出勤情况。

（13）福利项目及其效果评估情况。

（14）福利保健设施及利用状况。

（15）领导及从业人员的素质状况。

（16）员工及上下级间的人际关系状况。

（17）从业人员的工作热情。

（18）近3年的劳动生产率变化情况。

搜集和整理现行的人事政策和人事管理程序，包括受诊企业的上级行政部门在人事工作方面的例行原则、工作贯彻等。

了解受诊企业劳动环境的特殊性。

准备诊断计划和调查问卷。调查问卷要根据专题进行设计，切忌勉强套用。

（四）劳动关系诊断的基本内容

基本内容包括劳动合同管理诊断、劳动安全保护诊断、基本人力资源管理制度执行诊断、员工参与管理诊断、劳动争议处理诊断、企业内部人际关系诊断、员工心理问题管理诊断。

诊断人员可以根据企业的行业特点、发展阶段、人员素质，运用不同的诊断方法进行不同侧重点的诊断，从而得出有针对性的诊断结论及建议。

（五）改善企业劳动关系的几种主要途径

1. 根据有关劳动法律法规制定企业劳动制度，劳动者和企业都做到学法、知法、守法。

2. 发挥工会的作用，协调劳动关系，避免矛盾激化。

3. 培训主管人员，增强他们的劳动关系意识，掌握处理劳动关系的原则和技巧。

4. 提高员工的工作生活质量，这是改善劳动关系的根本途径。

5. 员工参与民主管理，可以更好地保障员工的利益，改善劳动关系。

六、实验要求和注意事项

1. 企业劳动关系诊断前要了解诊断的基本准则、流程和方法。
2. 所分析的企业资料要内容完整，事实充分，细节明确。
3. 分析企业劳动关系的时候要注意提供的资料和调查所得事实之间的相互印证。
4. 在评析企业劳动关系时，要注意企业劳动关系不仅要合法，也要适合于不同企业的特点。
5. 根据企业的实际情况，分析影响企业劳动关系的因素之间的因果关系，找出改善劳动关系的关键点及主要矛盾。
6. 在企业现有资源的前提下，结合企业原有制度及战略，给出可行性的建议，避免对企业劳动关系及相关制度产生重大影响和变动，从而影响企业经营和稳定。

七、实验步骤和内容

实验步骤
1. 企业劳动关系诊断前的准备。
（1）选择一个完整的企业劳动关系案例。
（2）了解劳动关系诊断的基本准则和主要方法。
（3）了解企业与劳动关系管理相关的基本资料和相关规章制度。
2. 运用具体方法收集企业劳动关系的事实和数据。
3. 对企业劳动关系进行评析。
（1）分析企业劳动关系的合法性。
（2）分析企业劳动关系的合理性及存在的问题。
4. 对所分析企业劳动关系提出改善建议。

实验内容
1. 分析企业劳动关系的现状。
2. 对企业劳动关系进行评析。

八、实验结果和总结

1. 分析企业劳动关系的事实及相关数据。事实分析中重视来源的真实性；相关数据分析中重视采用方法的信度和效度。
2. 分析企业劳动关系的合法性和合理性；尤其需要注意劳动关系与企业特点的匹配及是否有利于企业的可持续发展。
3. 对所分析的企业劳动关系案例进行评析，提出可行性建议，写出评析报告。

九、实验成绩评价标准

（一）　实验成绩评定依据

1. 案例报告的合理性。
2. 案例分析报告的建议的可行性。
3. 评析报告完整程度。
4. 参与实验的态度与纪律。

（二）　成绩评定等级与标准

A. 案例分析报告合理、建议可行、评析报告完整、态度端正；
B. 案例分析报告合理、建议较可行、评析报告较完整、态度较端正；
C. 案例分析报告基本合理、建议基本可行、评析报告基本完整、态度基本端正；
D. 案例分析报告基本合理、建议尚可行、评析报告尚完整、态度尚端正；
E. 案例分析报告不合理、建议不可行、评析报告不完整、态度不端正。

实验三十七　劳动争议诉讼模拟实验　（M004）

一、实验名称和性质

所属课程	劳动关系学
实验名称	劳动争议诉讼模拟
实验学时	4
实验性质	□验证　□综合　√□设计
必做/选做	□必做　√□选做

二、实验目的

1. 掌握劳动争议诉讼的运作程序和相关法律文书的制作。
2. 通过劳动争议诉讼模拟，了解劳动争议诉讼的受案范围及对当事人的要求。
3. 了解原告在向法院提起劳动争议时应当提交的证据材料，熟悉用人单位和劳动者在劳动争议民事诉讼中分别应当承担的举证责任。
4. 学习在劳动争议诉讼的不同阶段运用不同的法律文件。

三、实验的软硬件要求

1. 具备内容完整、属于劳动争议诉讼受案范围，当事人双方争议明显，经过劳动仲裁后需要起诉到法院的劳动争议案件。
2. 把学生分为三组，分别扮演原告、被告和法官。

四、知识准备

前期要求掌握的知识

人力资源管理、劳动法、劳动合同法、劳动争议仲裁法、民事诉讼法，特别是有关的证据规则。

实验相关理论或原理

劳动争议诉讼是解决劳动争议的最后一个环节，具有终局性的特点。一般起诉到人民法院的劳动争议案件都是双方当事人争议较大，不好协调的案件，对其公正的处理具有重要的社会效益。

通过对劳动争议诉讼过程的模拟，可以熟悉劳动争议诉讼过程的整个程序，接触相关的法律文件。尤其是对用人单位和劳动者各自的举证责任承担，质证的逻辑性把握及双方当事人及法官对相关法条的运用等问题，都有切身的体验。

实验流程

```
劳动争议诉讼模拟前的准备工作  ⟹  原被告双方准备相关的证据材料和法律文件
                                              ⇓
总结诉讼模拟过程中实体与程序两方面的问题  ⟸  实际模拟劳动争议诉讼的过程
```

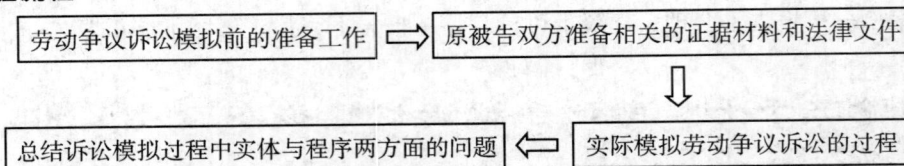

五、实验材料和原始数据

1. 劳动争议诉讼的一般程序：

（1）送达起诉状副本和提出答辩状的程序：_____。
（2）告知当事人诉讼权利和义务的方式和程序：_____。
（3）告知当事人合议庭组成人员的程序：_____。
（4）审判人员审阅证据材料、收集证据的程序：_____。
（5）开庭和公告的程序：_____。
（6）准备开庭的程序：_____。
（7）法庭调查程序：_____

_____

_____。

（8）法庭辩论的顺序：_____

_____。

（9）调解与判决程序：_____。
（10）判决宣告程序：_____。

2. 劳动争议诉讼的举证责任分担：

（1）原告向人民法院提起劳动争议诉讼时应当提交的证据材料：

a. 原告、被告、第三人基本情况的证据材料；

b. 劳动仲裁申诉人向劳动争议仲裁委员会提交的《申诉书》及劳动争议仲裁委员会的回执或受理通知书;

c. 劳动争议仲裁委员会做出的仲裁裁决书或不予受理的书面裁决、决定或通知;

d. 证明原告收到仲裁文书时间的相关证据材料。

（2）用人单位在劳动争议诉讼中应承担的举证责任:

a. 劳动者已举证证明在用人单位处提供劳动,但用人单位主张劳动关系不成立的,用人单位应当提交反证;

b. 用人单位应就劳动者已领取工资的情况举证;

c. 用人单位延期支付工资,劳动者主张用人单位系无故拖欠工资的,用人单位应就延期支付工资的原因进行举证;

d. 劳动者主张加班工资的,用人单位应就劳动者实际工作时间的记录举证;

e. 双方当事人均无法证明劳动者实际工作时间的,用人单位就劳动者所处的工作岗位的一般加班情况进行举证;

f. 用人单位减少劳动者报酬,应就减少劳动报酬的原因及依据举证;

g. 用人单位应就解除劳动合同或事实劳动关系所依据的事实和理由举证;

h. 用人单位主张劳动者严重违反劳动纪律或企业规章制度的,应就劳动者存在严重违反劳动纪律、企业规章制度的事实以及企业规章制度是否经民主程序制定并已向劳动者公示的事实举证;

i. 用人单位应就各种实际已发生的工伤赔偿支付事实举证;

j. 依法应由用人单位承担的其他举证责任。

（3）劳动者在劳动争议诉讼中应承担的举证责任:

a. 劳动者主张工资标准应当高于劳动合同约定或已实际领取的工资数额,劳动者应就其主张的工资标准举证;

b. 劳动者主张用人单位减少劳动报酬的,应就用人单位减少劳动报酬的事实举证;

c. 劳动者主张订立无固定期限劳动合同的,由劳动者就订立无固定期限劳动合同条件成立举证;

d. 劳动者主张工伤赔偿的,应就存在因工伤害的事实及工伤认定、伤残等级及鉴定时间、工伤住院治疗起止时间及费用、同意转院治疗的证明及所需交通费和食宿费、应安装康复器具的证明及费用等举证;

e. 女职工主张"三期"权利的,应就存在"三期"的事实、起止时间以及是否存在晚育、难产、领取独生子女证等应增加产假的事实举证;

f. 依法应由劳动者承担的其他举证责任。

3. 在劳动争议诉讼过程中所需的相关法律文件:

（1）劳动争议起诉状。

（2）劳动争议反诉状。

（3）劳动争议答辩状。

（4）劳动争议上诉状。

（5）证据保全申请书。

（6）财产保全申请书。

（7）先予执行申请书。

（8）执行申请书。

六、实验要求和注意事项

1. 所模拟的劳动争议案例必须属于劳动争议诉讼的受案范围，是证据材料翔实，双方当事人争议明显的案件，具有可辨性。

2. 正式模拟前，要求原告、被告、法官三方都认真准备，熟悉相应程序，准备好相关的证据材料及法律文件。

3. 模拟的过程中，原告、被告和法官三方各自都不止一人参与，所以各方事先要做好内部分工，合理配合。

4. 模拟的过程要完全按照民事程序进行操作，质证的过程要体现对抗性，法官的一方要主持整个庭审过程，体现司法的权威性和专业性。

5. 模拟的过程中辩论部分当事人双方可以自由发挥，体现即时性，可以现场决定是否接受调解。

6. 一次完整的劳动争议模拟可能耗时较长，之前可合理安排时间。

七、实验步骤和内容

实验步骤

1. 劳动争议诉讼模拟的准备。

（1）选择合适的劳动争议案例。

（2）了解劳动争议诉讼的程序和相关的举证规则。

（3）划分三组同学分别扮演原告、被告和法官。

（4）各组成员内部分工，商量诉讼策略。

2. 各方先期准备证据及相关法律文件。

3. 实际模拟诉讼全过程。

（1）举证、质证、辩论。

（2）调解或判决。

4. 总结诉讼过程中出现的实体问题和程序问题。

实验内容

1. 诉讼模拟前相关证据材料和法律文件的准备。

2. 诉讼模拟。

3. 诉讼模拟后对过程的实体问题和程序问题的总结。

八、实验结果和总结

1. 劳动争议案件的各方证据材料。包括：原告方起诉案件时应提交的材料；原告承担举证责任应提交的材料；被告承担举证责任应提交的材料。

2. 案件模拟过程中的法律文件。包括：劳动争议起诉状；劳动争议答辩状。

3. 总结诉讼模拟过程中出现的实体问题和程序问题。

九、实验成绩评价标准

（一）　实验成绩评定依据

1. 诉讼模拟过程的合法性。

2. 诉讼模拟内容的合理性与逻辑的严密性。

3. 总结报告完整程度。

4. 参与实验的态度与纪律。

（二）　成绩评定等级与标准

A. 诉讼模拟过程合法、内容合理、逻辑严密、总结报告完整、态度端正；

B. 诉讼模拟过程合法、内容较合理、逻辑较严密、总结报告较完整、态度较端正；

C. 诉讼模拟过程基本合法、内容基本合理、逻辑基本严密、总结报告基本完整、态度基本端正；

D. 诉讼模拟过程基本合法、内容尚合理、逻辑尚严密、报告尚完整、态度尚端正；

E. 诉讼模拟过程不合法、内容不合理、逻辑不严密、总结报告不完整、态度不端正。

实验三十八　劳动争议案例分析实验（M005）

一、实验名称和性质

所属课程	劳动关系学
实验名称	劳动争议案例分析
实验学时	4
实验性质	□验证　√□综合　□设计
必做/选做	√□必做　□选做

二、实验目的

1. 掌握分析劳动争议案例的一般思路和方法。

2. 了解发生劳动争议案件的一些常见类型。

3. 通过分析劳动争议案件，了解用人单位违法或员工违法的原因。

4. 通过分析劳动争议案件，学习如何预防和化解劳动纠纷。

三、实验的软硬件要求

1. 具备内容真实完整的劳动争议案例及相应劳动仲裁机构的处理结果或法院的判决。
2. 具备可以查找的相应劳动法律法规及用人单位规章制度。

四、知识准备

前期要求掌握的知识

人力资源管理、劳动法、劳动合同法及其实施条例、劳动争议仲裁调解法及其他相关劳动法规，学会查找一些当地劳动部门的法规规章。

实验相关理论或原理

劳动争议案例是指用人单位和劳动者在劳动关系存续期间发生的争议。一般的劳动争议可以由用人单位和劳动者协商解决，或在第三方参与下进行调解，如不成功的话，任何一方可以向当地的劳动仲裁机构申请劳动仲裁，如对仲裁的结果不服，还可以通过民事诉讼的方式解决。因此，劳动争议的处理方式是比较复杂的，对用人单位和劳动者都会有重要影响。

劳动争议的发生可能是因为用人单位人力资源管理制度有疏漏或违法之处；可能是由于用人单位和劳动者双方的误解；但也可能是劳动者一方的恶意仲裁或恶意诉讼，用人单位可以分析具体情况再作应对。劳动争议是可以预防和化解的，这也正是企业劳动关系管理的主要目的之一。

实验流程

案例分析前的准备工作 ⇨ 分析相关案例的事实和类型及处理途径
⇩
对所分析的案例进行评析，作为企业如何预防和化解争议 ⇦ 分析发生劳动争议的直接原因和间接原因

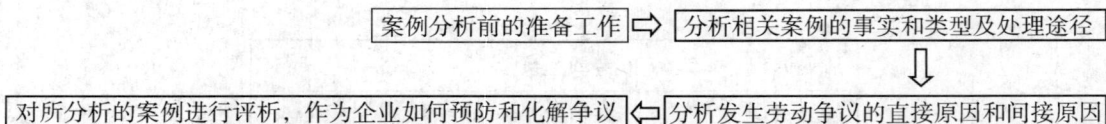

五、实验材料和原始数据

（一）分析企业是否和每位员工都签订了合法的、适合的、完整的劳动合同

1. 不同类型的员工是否签订了不同类别的劳动合同。
2. 不同类型的员工所签的劳动合同期限是否适合，既合法又符合企业需要和职位要求。
3. 劳动合同中是否包含了法律规定的必备条款。
4. 集体合同、劳务派遣等情况是否符合法律规定的内容起草劳动合同。
5. 根据企业情况，是否对劳动合同的履行和变更、解除和终止、经济补偿等问题做出明确规定。

6. 对劳动争议的解除程序是否在合同中做出符合法律规定和企业状况的程序安排。

（二）　分析企业发生劳动争议的类型

1. 招聘过程中发生的争议：

（1）就业歧视的情况。

（2）用人单位和员工个人违反如实告知的规则，应聘欺诈。

（3）用人单位收取财物或人事担保。

（4）新员工没有按时签订劳动合同。

（5）用人单位和员工都可能陷入试用期陷阱。

（6）劳动合同中没有明确录用条件。

（7）没有及时续签劳动合同。

（8）劳动者可能拒绝续签劳动合同带来企业损失。

（9）企业并购中的劳动合同争议。

2. 绩效管理过程中发生的争议：

（1）员工拒签绩效考核结果的争议。

（2）企业岗位调整依据不足的争议。

（3）解雇的理由是否充足的争议。

3. 薪酬管理过程中发生的争议：

（1）劳动合同中工资约定不明发生的争议。

（2）劳动合同中对加班工资未作规定发生的争议。

（3）最低工资标准计算方面引发的争议。

（4）假期工资和特殊情况下工资计算引发的争议。

4. 离职管理过程中发生的争议：

（1）收到离职申请和处理离职时间过程中发生的争议。

（2）职工擅自离职，用人单位扣除档案引发的争议。

（3）员工辞职单位是否批准的争议。

（4）员工提出辞职，是否提前通知单位的争议。

（5）员工提出辞职，单位是否不需要支付补偿金的争议。

（6）劳动合同期满是否等于劳动关系自动终止的争议。

（7）协商解除劳动合同无书面协议引发的争议。

（8）试用期随意解聘员工引发的争议。

5. 培训和竞业禁止方面的争议：

（1）培训的服务期及离职补偿金方面的争议。

（2）员工违反公司保密义务引发的争议。

（3）关于竞业禁止的对象、范围、期限、补偿金、违约赔偿方面的争议。

6. 劳动保护和社会保险管理过程中发生的争议：

（1）工作时间和休息时间、休假制度管理引发的争议。

（2）女职工和未成年工保护方面引发的争议。

（3）用人单位没有告知职业病危害引发的争议。

（4）用人单位没有参加法定的社会保险项目引发的争议。

（5）发生职业病或工伤事故，用人单位拒绝出具证明，承担责任引发的争议。

（三）　企业劳动争议处理的几种可能性

1. 企业人力资源管理部门、企业劳动关系管理人员及时发现，与单位协商化解劳动争议。

2. 企业内部工会或其他调解组织出面调解。

3. 基层人民调解组织进行调解。

4. 劳动争议仲裁委员会的调解。

5. 员工向劳动行政部门反映情况，要求对劳动用人单位进行劳动监察。

6. 劳动争议仲裁委员会的仲裁。

7. 劳动争议民事诉讼。

（四）　发生劳动争议的原因分析

1. 没有签订劳动合同，或所签劳动合同不适合企业具体情况。

2. 企业没有掌握好政策法规，出现人为侵权。

3. 企业风险意识不够，劳动合同管理的各个环节没有相应的规章制度保障，或与企业现有的制度不一致。

4. 劳动者自我保护意识不够，没有学会用劳动合同和劳动法规保护自己。

5. 双方的证据意识不强，劳动合同管理中所需要的各种表单没有与制度良好衔接，导致发生争议时证据不足。

6. 相关管理流程有疏漏，如制度制定程序、法律效力和公示方法方面，都有待完善。

7. 企业内部劳动关系管理不力，没有及时发现和处理劳动争议，出现争议扩大化的后果。

（五）　如何预防和化解企业劳动争议

1. 重视企业日常劳动管理工作，加强劳动关系的诊断，尽可能在初期发现问题，不断完善改进，而不是被动地应对已经发生和恶化了的劳动争议。

2. 用人单位和劳动者都要学习相关劳动法律，避免恶意侵权。

3. 加强内部沟通，提倡员工参与式管理，及时发现问题，解决问题。

4. 鉴于劳动争议诉讼对双方都影响重大，企业应完善相关制度和流程管理，尤其是劳动合同管理要注重细节和证据，以应对员工的恶意诉讼。

六、实验要求和注意事项

1. 劳动争议案件分析前要了解案例分析的基本思路和方法。

2. 所分析的案件要内容完整，事实充分，细节明确。

3. 分析法律事实的时候要注意双方各自提供的证据的合法性、真实性和关联性。

4. 在寻找相关法律条文的时候，除基本劳动法律以外，要注意一些相关的司法解释、部门规章及地方性法规。不同地方的实施条例往往有所区别。

5. 分析不同裁决机构的裁决或判决时，要注意其理由及依据的合法性。

6. 每一个案例分析结束后都应有相应评析，从各个角度总结该案所反映的问题。

七、实验步骤和内容

实验步骤

1. 劳动争议案例分析前的准备。

（1）选择一个完整的劳动争议案例。

（2）了解相关法律法规及用人单位相关规章制度。

（3）了解劳动合同的基本内容和劳动争议案例的基本类型。

2. 分析相关案例的事实和合法性。

3. 分析处理劳动争议案件的几种可能的途径。

4. 对所分析案例进行原因分析。

5. 找出企业预防和化解劳动争议的方法。

实验内容

1. 分析劳动争议案例。

2. 对劳动争议案例进行评析。

八、实验结果和总结

1. 分析劳动争议案件的事实焦点及法律焦点。

（1）事实分析中明确举证责任的分配及证据的合法性、真实性和关联性。

（2）法律分析中注意法律条文选取的准确性与时效性。

2. 分析各类劳动争议发生的原因。

原因可能是直接的，也可能是间接的，可以从企业管理制度上研究，同时探索预防和化解劳动争议的途径。

3. 对所分析的劳动争议案件进行评析，写出评析报告。

九、实验成绩评价标准

（一）实验成绩评定依据

1. 案例分析报告的合法性。

2. 案例分析报告的合理性。

3. 评析报告完整程度。

4. 参与实验的态度与纪律。

（二）成绩评定等级与标准

A. 案例分析报告合法、内容合理、评析报告完整、态度端正；

B. 案例分析报告合法、内容较合理、评析报告较完整、态度较端正；

C. 案例分析报告基本合法、内容基本合理、评析报告基本完整、态度基本端正；

D. 案例分析报告基本合法、内容尚合理、评析报告尚完整、态度尚端正；

E. 案例分析报告不合法、内容不合理、评析报告不完整、态度不端正。

第六章　人力资源管理综合实验模块

实验三十九　系统构建实验（N001）

一、实验名称和性质

所属课程	人力资源管理信息系统操作实务
实验名称	系统构建
实验学时	0.5
实验性质	□验证　□综合　√□设计
必做/选做	√□必做　□选做

二、实验目的

掌握系统构建的功能模块（人员/单位类别、系统结构）。

三、实验的软硬件要求

硬件要求

网络版，每位学生一台电脑。

使用的软件名称、版本号以及模块

金益康人事人力资源管理信息系统，在服务器端 Windows NT Server4.0 或 Windows2000 上安装 MS SQL Server7.0 或 MS SQL Server2000 数据库。

四、知识准备

前期要求掌握的知识

人力资源管理基础知识；计算机基本操作技能。

实验相关理论或原理

根据企业人力资源管理业务的要求，采用信息资源规划技术，建立稳定的人力资源基础数据库，为人力资源集中规范的管理提供辅助手段，同时对人力资源部分管理业务进行流程化管理。

实验流程

开机 ⇨ 进入系统 ⇨ 进入该模块 ⇨ 按照要求完成每项具体操作

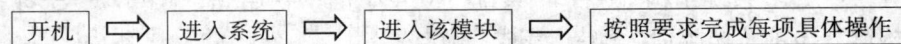

五、实验材料和原始数据

实验材料：无。

原始数据：学生自己输入符合逻辑的数据即可。

六、实验要求和注意事项

实验要求：能独立完成指定的步骤。

注意事项：模块的独立性与其他模块数据的衔接性。

七、实验步骤和内容

1. 人员/单位类别。

用于对人员/单位信息进行分类，便于日常管理。系统提供了三类人员和三类单位类别，如果在工作中还需要增加新的类别，在此增加，增加后在各个功能模块中均可使用用户自建的人员/单位类别。

（1）增加一个人员类别。

（2）修改人员类别。

（3）删除人员类别。

（4）增加一个单位类别。

2. 系统结构。

主要用于构建或修改人员/单位的应用库。

名词解释

系统库： 指系统提供的指标集、代码类构成的数据库；进入指标管理模块中所看见的所有指标集都是系统库。

应用库： 也叫应用库或结构库，是指用户根据工作需要通过使用系统提供的指标集及自定义的指标集、构成的数据库；在系统结构中所含的指标集称为应用库。

指标集： 把描述人员或单位特性的具有共性的一些指标放在一起，构成一个集合，称为指标集。例如，本系统中的人员基本情况子集是描述个人信息（包括姓名、性别、出生年月等）的一个主要的指标集，学历及学位子集是有关人员学历及学位情况的一个指标集。

指标项： 描述人员或单位的某一特性的说明。它是构成系统库的最小单位。如，在人员基本情况子集中"民族"即是一个指标项。

（1）建立自己的应用库。

①初始化构建方式。

按照系统提供的默认指标集、指标项进行构库，构库完成后，再根据此结果进行修改，直到符合自己的需求为止。

"系统构建"——"系统结构"——"系统"菜单下的"初始化"菜单项，选择——"系统初始化构建"，选择人员类别，等待，完成，确定。

注意：初始化结构用于删除已经建立的所有库结构及已录入数据。请慎用！

初始化数据将已录入的数据删除，但保留库结构。

②数据库扫描方式。

将按照系统内置的工资标准、统计报表、指标审核所需的指标集、指标项进行构库，构库完成后，再根据此结果进行修改，直到符合自己的需求为止。

③自定义方式。

如果认为"初始化方式"与"数据库扫描方式"所构建的应用库太多，不是很适用，我们可以自己动手创建应用库。

"在职人员"——增加，在"候选项指标集"列表框选择"人员基本情况"，按 Ctrl 键可进行多选。（系统默认的"已选指标"不能"撤销"，用户自定义的指标项，在进行"允许修改库结构"的设置后可以进行撤销等操作。）

调整指标项的排列顺序，上下箭头移动按钮。

"高级设置"，系统将按当前结构同时建立"在职、离退、调转"三类人员的应用库。

（2）结构发送。

上级单位将数据库建立后，发送给下级单位，免去了下级单位重复建库的操作，先命名一个文件夹，"发送"。

发送的文件是经过加密的，只有通过系统中的结构接收才可以使用。

（3）结构接收。

（4）修改库结构。

修改——已建立的应用库上增减指标项。

需要修改的指标集的图标是绿色的，"系统"——"允许修改库结构"，图标是绿色的指标集系统默认为保护状态。

八、实验结果和总结

为后续操作提供数据和框架。

九、实验成绩评价标准

本实验采用五级制：

A：熟练掌握系统构建的操作，实验报告完成情况好；

B：比较熟练掌握系统构建的操作，实验报告完成情况较好；

C：掌握系统构建的操作，实验报告完成情况一般；

D：掌握系统构建的操作较差，实验报告完成情况较差；

E：不能完全掌握系统构建的操作，实验报告完成情况很差。

实验四十　机构管理实验（N002）

一、实验名称和性质

所属课程	人力资源管理信息系统操作实务
实验名称	机构管理
实验学时	0.5
实验性质	□验证　□综合　√□设计
必做/选做	√□必做　□选做

二、实验目的

学习掌握机构创建、机构管理、发送接收。

三、实验的软硬件要求

硬件要求

网络版，每位学生一台电脑。

使用的软件名称、版本号以及模块

金益康人事人力资源管理信息系统，在服务器端 Windows NT Server4.0 或 Windows2000 上安装 MS SQL Server7.0 或 MS SQL Server2000 数据库。

四、知识准备

前期要求掌握的知识

人力资源管理基础知识；计算机基本操作技能。

实验相关理论或原理

根据企业人力资源管理业务的要求，采用信息资源规划技术，建立稳定的人力资源基础数据库，为人力资源集中规范的管理提供辅助手段，同时对人力资源部分管理业务进行流程化管理。

实验流程

开机 ⇒ 进入系统 ⇒ 进入该模块 ⇒ 按照要求完成每项具体操作

五、实验材料和原始数据

实验材料：无。

原始数据：学生自己输入符合逻辑的数据即可。

六、实验要求和注意事项

实验要求：能独立完成指定的步骤。

注意事项：模块的独立性与其他模块数据的衔接性。

七、实验步骤和内容

1. 机构创建。

（1）创建新机构。

例：创建如下机构，一级单位为"世界贸易部"，二级单位为"亚洲部、欧洲部、非洲部"，亚洲部下设"中国处，日本处"。

（2）编辑修改机构。

修改描述——"修改"

修改码长——"编辑"，"修改码长"，上下箭头，在增加码长时系统自动在单位码长加0，1~5位码长的选择。

2. 机构管理。

（1）撤销机构。

如果要删除的单位或部门下还有人员，必须将人员转到其他单位或部门，或在人员管理中删除，才可以撤销此单位或部门。

（2）移动机构。

调整同级单位或部门的排列顺序，并且部门的移动不能跨单位。单击"移动"，选中要移动的目标，用鼠标拖动。

（3）并转机构。

将一个部门（单位）转化为另一个部门（单位）的下级部门（单位）。单击"并转"，选中要移动的目标，用鼠标拖动。

（4）合并机构。

将两个部门（单位）合并为一个部门（单位），对于有人员的，先将人员转移或在人员管理中删除。

八、实验结果和总结

为后续操作提供数据和框架。

九、实验成绩评价标准

本实验采用五级制：

A. 熟练掌握机构管理的操作，实验报告完成情况好；

B. 比较熟练掌握机构管理的操作，实验报告完成情况较好；

C. 掌握机构管理的操作，实验报告完成情况一般；

D. 掌握机构管理的操作较差，实验报告完成情况较差；

E. 不能完全掌握机构管理的操作，实验报告完成情况很差。

实验四十一 岗位管理实验（**N003**）

一、实验名称和性质

所属课程	人力资源管理信息系统操作实务
实验名称	岗位管理
实验学时	1
实验性质	□验证 □综合 √□设计
必做/选做	√□必做 □选做

二、实验目的

学习掌握岗位信息的设置和信息维护，职务体系的建立，包括信息维护、岗位资格设定、岗位统计分析、职务体系、信息发送接收、岗位编制、岗位说明书、职位图等。

三、实验的软硬件要求

硬件要求

网络版，每位学生一台电脑。

使用的软件名称、版本号以及模块

金益康人事人力资源管理信息系统，在服务器端 Windows NT Server4.0 或 Windows2000 上安装 MS SQL Server7.0 或 MS SQL Server2000 数据库。

四、知识准备

前期要求掌握的知识

人力资源管理基础知识；计算机基本操作技能。

实验相关理论或原理

根据企业人力资源管理业务的要求，采用信息资源规划技术，建立稳定的人力资源基础数据库，为人力资源集中规范的管理提供辅助手段，同时对人力资源部分管理业务进行流程化管理。

实验流程

开机 ⟹ 进入系统 ⟹ 进入该模块 ⟹ 按照要求完成每项具体操作

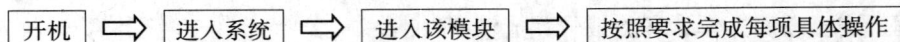

五、实验材料和原始数据

实验材料：无。

原始数据：学生自己输入符合逻辑的数据即可。

六、实验要求和注意事项

实验要求：能独立完成指定的步骤。

注意事项：模块的独立性与其他模块数据的衔接性。

七、实验步骤和内容

1. 职务体系。
2. 职务体系图。
3. 信息维护。
4. 岗位资格设定。
5. 岗位编制。
6. 岗位说明书。
7. 岗位结构图。
8. 岗位统计分析。

八、实验结果和总结

为后续操作提供数据和框架。

九、实验成绩评价标准

本实验采用五级制：

A. 熟练掌握机构管理的操作，实验报告完成情况好；

B. 比较熟练掌握机构管理的操作，实验报告完成情况较好；

C. 掌握机构管理的操作，实验报告完成情况一般；

D. 掌握机构管理的操作较差，实验报告完成情况较差；

E. 不能完全掌握机构管理的操作，实验报告完成情况很差。

实验四十二　组织管理实验（N004）

一、实验名称和性质

所属课程	人力资源管理信息系统操作实务
实验名称	组织管理
实验学时	0.5
实验性质	□验证　□综合　√□设计
必做/选做	√□必做　□选做

二、实验目的

学习掌握组织的设置和组织信息的管理及其对组织信息进行统计、分析、表格处理、信息传输等。

三、实验的软硬件要求

硬件要求

网络版，每位学生一台电脑。

使用的软件名称、版本号以及模块

金益康人事人力资源管理信息系统，在服务器端 Windows NT Server4.0 或 Windows2000 上安装 MS SQL Server7.0 或 MS SQL Server2000 数据库。

四、知识准备

前期要求掌握的知识

人力资源管理基础知识；计算机基本操作技能。

实验相关理论或原理

根据企业人力资源管理业务的要求，采用信息资源规划技术，建立稳定的人力资源基础数据库，为人力资源集中规范的管理提供辅助手段，同时对人力资源部分管理业务进行流程化管理。

实验流程

开机 ⇒ 进入系统 ⇒ 进入该模块 ⇒ 按照要求完成每项具体操作

五、实验材料和原始数据

实验材料：无。

原始数据：学生自己输入符合逻辑的数据即可。

六、实验要求和注意事项

实验要求：能独立完成指定的步骤。

注意事项：模块的独立性与其他模块数据的衔接性。

七、实验步骤和内容

1. 组织设置。

（1）新建。

（2）撤销。

（3）保存历史组织。

（4）修改。

（5）修改码长。

（6）移动。

（7）导入、导出组织编码。

2. 人员反查。

（1）数据联动设置。

（2）数据联动执行。

（3）人员反查。

八、实验结果和总结

为后续操作提供数据和框架。

九、实验成绩评价标准

本实验采用五级制：

A. 熟练掌握机构管理的操作，实验报告完成情况好；

B. 比较熟练掌握机构管理的操作，实验报告完成情况较好；

C. 掌握机构管理的操作，实验报告完成情况一般；

D. 掌握机构管理的操作较差，实验报告完成情况较差；

E. 不能完全掌握机构管理的操作，实验报告完成情况很差。

实验四十三　工作流管理实验（N005）

一、实验名称和性质

所属课程	人力资源管理信息系统操作实务
实验名称	工作流管理
实验学时	0.5
实验性质	□验证　□综合　√□设计
必做/选做	√□必做　□选做

二、实验目的

学习掌握岗位信息的设置和信息维护，职务体系的建立，包括信息维护、岗位资格设定、岗位统计分析、职务体系、信息发送接收、岗位编制、岗位说明书、职位图等。

三、实验的软硬件要求

硬件要求

网络版，每位学生一台电脑。

使用的软件名称、版本号以及模块

金益康人事人力资源管理信息系统，在服务器端 Windows NT Server4.0 或 Win-

dows2000 上安装 MS SQL Server7.0 或 MS SQL Server2000 数据库。

四、知识准备

前期要求掌握的知识

人力资源管理基础知识；计算机基本操作技能。

实验相关理论或原理

根据企业人力资源管理业务的要求，采用信息资源规划技术，建立稳定的人力资源基础数据库，为人力资源集中规范的管理提供辅助手段，同时对人力资源部分管理业务进行流程化管理。

实验流程

开机 ⟹ 进入系统 ⟹ 进入该模块 ⟹ 按照要求完成每项具体操作

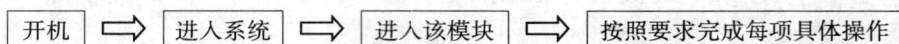

五、实验材料和原始数据

实验材料：无。

原始数据：学生自己输入符合逻辑的数据即可。

六、实验要求和注意事项

实验要求：能独立完成指定的步骤。

注意事项：模块的独立性与其他模块数据的衔接性。

七、实验步骤和内容

1. 流程定制。

进入流程定制界面：新增在职人员、人员类别变动。

编辑＞＞更改属性

编辑＞＞流程图

编辑＞＞流程检测

权限设定＞＞流程规划权限设定

编辑＞＞任务项用户设置

查看＞＞显示工具栏

查看＞＞显示流程图

查看＞＞显示流程配置清单

2. 流程执行。

业务发起＞＞业务处理＞＞业务提交（提交、回退、终止）

3. 流程监控。

流程库管理＞＞流程数据删除

流程库管理＞＞所有清空

流程库管理＞＞流程库整理

流程库管理＞＞导出、导入
流程查询＞＞流程信息
流程查询＞＞完成工作流程查询

八、实验结果和总结

为后续操作提供数据和框架。

九、实验成绩评价标准

本实验采用五级制：
A. 熟练掌握机构管理的操作，实验报告完成情况好；
B. 比较熟练掌握机构管理的操作，实验报告完成情况较好；
C. 掌握机构管理的操作，实验报告完成情况一般；
D. 掌握机构管理的操作较差，实验报告完成情况较差；
E. 不能完全掌握机构管理的操作，实验报告完成情况很差。

实验四十四　信息录入及编辑查看实验 （N006）

一、实验名称和性质

所属课程	人力资源管理信息系统操作实务
实验名称	信息录入及编辑查看
实验学时	4
实验性质	√□验证　□综合　□设计
必做/选做	√□必做　□选做

二、实验目的

掌握信息录入的三种方式：列表方式、视图方式、模板方式，掌握数据联动的操作。

三、实验的软硬件要求

硬件要求
网络版，每位学生一台电脑。
使用的软件名称、版本号以及模块
金益康人事人力资源管理信息系统，在服务器端 WINDOWS NT SERVER4.0 或 WIN-DOWS2000 上安装 MS SQLSERVER7.0 或 MS SQLSERVER2000 数据库。

四、知识准备

前期要求掌握的知识

人力资源管理基础知识；计算机基本操作技能。

实验相关理论或原理

根据企业人力资源管理业务的要求，采用信息资源规划技术，建立稳定的人力资源基础数据库，为人力资源集中规范的管理提供辅助手段，同时对人力资源部分管理业务进行流程化管理。

实验流程

开机 ⇨ 进入系统 ⇨ 进入该模块 ⇨ 按照要求完成每项具体操作

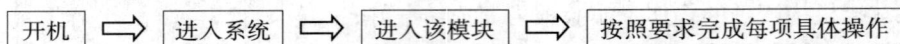

五、实验材料和原始数据

实验材料：无。

原始数据：学生自己输入符合逻辑的数据即可。

六、实验要求和注意事项

实验要求：能独立完成指定的步骤。

注意事项：模块的独立性与其他模块数据的衔接性。

七、实验步骤和内容

（一）列表方式

1. 人员信息录入。

> 例如：
> 单位：亚洲部
> 姓名：张华
> 性别：男
> 出生日期：1968 年 9 月 18 日
> 民族：汉
> 受教育过程：1990 年 7 月 1 日，大学毕业，学士学位，1993 年 7 月 1 日，研究生毕业，哲学硕士学位，1998 年 7 月 1 日，哲学博士学位。

（1）选择人员类别。

（2）录入人员基本信息。

"编辑"——"增加"。

单元格有三类：

①有黄色背景色的是有相关代码项的指标项；双击。

②没有背景色的指标项。

③日期型指标项的录入。单击单元格末尾的上下箭头来选定需要录入的日期。

在"人员基本情况"主集中，每人占一行，如果有两行相同的记录存在，但编码不同，系统则认为是两个人，系统允许完全相同的两条记录存在。

（3）录入子集信息。

①单击指标集选择框，选择需要录入的子集名称，如"学历及学位子集"。

②单击需要录入学历信息的人员，如张华，"增加"，如果此人有多条记录，再次单击"增加"。

（4）录入人员照片及多媒体信息。

①在主集中单击选择需要录入照片的人员。

②"编辑"——"照片"；"编辑"——"多媒体"——"导入"。

如果需要增加一个人，必须在主集中增加，在子集中只能增加主集已有人员的相应子集记录。

2. 人员信息修改。

列表方式是即录即存的，所以列表方式下信息修改就是一个重新录入的过程。

3. 人员信息删除。

主集中删除此人的所有记录；子集中删除一条记录仅仅只删除这一条子集记录。

注意：所有操作均不可恢复，请慎重操作。

（1）删除一条记录：记录前的灰色矩形条，将此条记录黑色显示后，单击"删除"。

（2）删除连续多条记录，使用 Shift 键。

（3）批量删除历史记录（子集）：编辑——批量处理——批量删除历史记录。

（4）批量删除：编辑——批量处理——批量删除。

4. 人员顺序调整。

只要同一单位同一部门之间的人才可以调整排列顺序，如果同一单位同一部门两位员工 A 和 B，需要将 B 员工插入到 A 员工之间，操作如下：

（1）在主集中单击选择 B 员工（只需在此人任何一个指标项上单击即可）。

（2）右击选择"标记移动行"。

（3）在 A 员工的任何指标项上单击，再右击选择"插入移动行"。

5. 编辑。

（1）增加。

（2）插入。

（3）删除。

（4）清空：有相关代码的指标项，如性别，一旦录入了不能修改，只能重新录入，单击此人的"性别"项，"编辑"——"清空"。

（5）复制、粘贴。

（6）照片、多媒体信息。

（7）批量处理。

①批量增加："编辑/批量处理/批量增加"，此功能是对子集信息起作用。

②批量复制："编辑/批量处理/批量复制"，此功能是对子集信息起作用。

③批量修改："编辑/批量处理/批量修改"，此功能对主集和子集信息都起作用。

6. 查看。

（1）照片、多媒体信息："主集/查看/照片"。

（2）详细信息："查看/详细信息"，显示所有子集数据。

（3）分组显示："查看/分组显示/新建/增加/确定"，分组方式不能超过三项。

（4）排序显示。

（5）指标调整："查看/指标调整"；选中一个指标项，右移或左移：确定。

（6）冻结指标：选中要冻结的指标，"查看/冻结指标"。

（7）取消冻结："查看/取消冻结"。

（8）选项设置："查看/选项"。

（二）视图方式

1. 设置视图。

此功能是用来定制视图显示的内容和格式，系统默认的视图样式为指标项全部显示。

"设置视图"："新建/私有公有/指标选择"。

2. 录入人员信息。

（1）录入主集信息："增加/保存"，如再次保存，则再次增加一条记录，系统允许两条相同的记录存在（系统认为是两人）。

（2）录入子集信息："子集/增加"。

3. 修改人员信息。

（三）模板方式

1. 建立模板。

新建模板：

标准建立——建立的模板可以随意跨子集制定模板，手工输入指标项相对应的字段。

快速生成——建立的模板是不同子集分页存放，只需选择指标项所在指标集即可。

（1）标准建立："插入人事信息"。保存模板，适用范围和应用模块（此例应选人员管理）。

（2）快速生成。

2. 利用建好的模板录入信息。

3. 编辑模板。

八、实验结果和总结

为后续操作提供数据和框架。

九、实验成绩评价标准

本实验采用五级制：

A. 熟练掌握信息录入及编辑查看的操作，实验报告完成情况好；

B. 比较熟练掌握信息录入及编辑查看的操作，实验报告完成情况较好；

C. 掌握信息录入及编辑查看的操作，实验报告完成情况一般；

D. 掌握信息录入及编辑查看的操作较差，实验报告完成情况较差；

E. 不能完全掌握信息录入及编辑查看的操作，实验报告完成情况很差。

实验四十五 信息查询和统计实验（**N007**）

一、实验名称和性质

所属课程	人力资源管理信息系统操作实务
实验名称	信息查询和统计
实验学时	2
实验性质	□验证 √□综合 □设计
必做/选做	√□必做 □选做

二、实验目的

掌握学习信息查询、信息统计的方法。

三、实验的软硬件要求

硬件要求

网络版，每位学生一台电脑。

使用的软件名称、版本号以及模块

金益康人事人力资源管理信息系统，在服务器端 Windows NT Server4.0 或 Windows2000 上安装 MS SQL Server7.0 或 MS SQL Server2000 数据库。

四、知识准备

前期要求掌握的知识

人力资源管理基础知识；计算机基本操作技能。

实验相关理论或原理

根据企业人力资源管理业务的要求，采用信息资源规划技术，建立稳定的人力资源基础数据库，为人力资源集中规范的管理提供辅助手段，同时对人力资源部分管理业务进行流程化管理。

实验流程

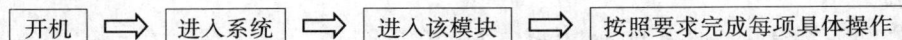

开机 ⇨ 进入系统 ⇨ 进入该模块 ⇨ 按照要求完成每项具体操作

五、实验材料和原始数据

实验材料：无。

原始数据：学生自己输入符合逻辑的数据即可。

六、实验要求和注意事项

实验要求：能独立完成指定的步骤。

注意事项：模块的独立性与其他模块数据的衔接性。

七、实验步骤和内容

（一）信息查询

1. 简单查询。

只提供了在同一子集内选择一个指标项进行查询的功能。

进入"人员管理"模块，"查询/简单查询"，或者"查询统计/简单查询"。

编辑表达式，指标项、运算符、值，确定。

包含历史数据，此复选框只对子集有效。

2. 复合查询及二次查询。

复合查询能够在跨子集内选择多个指标项进行查询，以便查询更详细的信息。

进入"人员管理"模块，"查询/复合查询"，或者"查询统计/复合查询"。

（1）复合查询。

例如：查询学历为研究生毕业的男性，即要建立一个"性别等于男并且学历等于研究生毕业"的条件表达式。跨"人员基本情况"、"学历学位子集"选择多个指标项。

字段名-运算符-数值-关系。

保存，以便下次查询时直接使用。

查询，是否浏览查询结果。

（2）表达式查询。

例如：我们要查询"年龄=21岁"的人员，年龄是一个动态变化着的指标，因而不宜构库作为一个条件因子进行查询，可以创建一个以"年龄"为名的表达式作为条件因子进行查询。

①创建表达式。

ⅰ在"查询"/"通用查询"窗口单击"表达式"，弹出表达式生成器窗口，"函数"中选择"年龄"，在"字段"中选择"出生日期"；

ⅱ保存，输入"年龄"；

ⅲ保存；

ⅳ退出；

ⅴ刷新。

②建立查询。与建立一般查询条件因子相同。

（3）二次查询。

对上一次查询结果再次查询，可反复查询。

复合查询是在所有记录上进行查询，二次查询是在上次的查询结果中进行再次查询。

3. 查找定位。

可以方便、快速地查找到某一具体信息。

"查询/查找定位"，或者"查询统计/查找定位"。

指标、方式、内容框填入需要查找的信息，单击"查找"，"列出所有"。

（二） 信息统计

1. 简单统计。

对人员的某些指标项进行求和、平均值、最大值、最小值的统计。所以，它只能针对日期型和数值型的指标项进行统计。

例如：统计在职人员的平均年龄：

"人员管理/统计/简单统计"，或者"查询统计/简单统计"。

选取"人员基本情况"中的"出生日期"；在统计方式中选取"平均值"，单击"执行"，右下角看到统计结果，"退出"。

也可选择或建立查询条件筛选出指定人员进行统计，"按查询条件统计"（打上√）选择或创建查询条件执行即可。

注意：对于日期型的字段，系统统计的是此日期到系统日期间的一个差值，系统默认的是精确到年，若要精确到某个自己指定的日期时，则必须选择"日期精确到日"选项。

2. 综合统计。

根据一定的查询条件和条件表达式，对每个统计项的结果进行分析比较，还可对人员进行计数及求和、求平均值等的统计。

例如：统计本科学历的男、女各多少？

"人员管理/统计/综合统计"，或者"查询统计/综合统计"。

在窗口中建立统计条件，也可利用表达式创建统计条件，其创建方法同查询中的创建复合查询。

首先，创建女本科，单击"按条件形成一个统计项"按钮，接着输入名称"女本科"；其次，在原条件基础上将性别改为"男"，单击"按条件形成一个统计项"，输入名称"男本科"；单击"统计"按钮，得出统计结果。

3. 一维分析。

用来统计某个指标项的各种情况的一种统计方法，其结果是用统计图显示出满足条件的人员个数。

例如：以统计人员中男性与女性人数及其比例为例简述其统计过程。

"人员管理/统计/一维分析"，或者"查询统计/一维分析"。

4. 二维分析。

二维分析是用来统计指标各种情况的一种统计方法，其结果是用统计图显示出满足条件的人员个数。

例如：统计汉族和少数民族的男女数量。

"人员管理/统计/二维统计"，或者"查询统计/二维统计"。

定义行条件和列条件：

进入二维分析窗口，单击"代码项"，"作为行条件"复选框（√表示选中），选择"民族"指标项，添加，添加。

"作为列条件"复选框（√去掉），单击"代码"，选择"性别"指标项，添加，添加，退出，统计，选择表中的统计数字，"反查"，列出符合条件的人员信息。

八、实验结果和总结

提供人力资源管理基本信息与数据查询。

九、实验成绩评价标准

本实验采用五级制：

A. 熟练掌握信息查询和统计的操作，实验报告完成情况好；

B. 比较熟练掌握信息查询和统计的操作，实验报告完成情况较好；

C. 掌握信息查询和统计的操作，实验报告完成情况一般；

D. 掌握信息查询和统计的操作较差，实验报告完成情况较差；

E. 不能完全掌握信息查询和统计的操作，实验报告完成情况很差。

实验四十六　登记表和花名册实验（N008）

一、实验名称和性质

所属课程	人力资源管理信息系统操作实务
实验名称	登记表和花名册
实验学时	1
实验性质	√□验证　□综合　□设计
必做/选做	√□必做　□选做

二、实验目的

学习掌握登记表和花名册的使用。

三、实验的软硬件要求

硬件要求

网络版，每位学生一台电脑。

使用的软件名称、版本号以及模块

金益康人事人力资源管理信息系统，在服务器端 Windows NT Server4.0 或 Win-

dows2000 上安装 MS SQL Server7.0 或 MS SQL Server2000 数据库。

四、知识准备

前期要求掌握的知识

人力资源管理基础知识；计算机基本操作技能。

实验相关理论或原理

根据企业人力资源管理业务的要求，采用信息资源规划技术，建立稳定的人力资源基础数据库，为人力资源集中规范的管理提供辅助手段，同时对人力资源部分管理业务进行流程化管理。

实验流程

开机 ⟹ 进入系统 ⟹ 进入该模块 ⟹ 按照要求完成每项具体操作

五、实验材料和原始数据

实验材料：无。

原始数据：学生自己输入符合逻辑的数据即可。

六、实验要求和注意事项

实验要求：能独立完成指定的步骤。

注意事项：模块的独立性与其他模块数据的衔接性。

七、实验步骤和内容

（一）花名册

1. 简单花名册的建立和使用。

简单花名册：创建通过向导自动生成，基于查询条件进行填充。

（1）新建简单花名册。

"人员管理/花名册/简单花名册"

"新建/下一步/包含历史记录"。

已选排序指标项，从待选指标项中选择，升序或降序。

下一步，打开已建的条件或新定义查询条件，按条件填充花名册，如果不选择条件，将全部人员添进花名册中。

可以编辑。

保存。

（2）打开/修改花名册。

2. 高级花名册的建立和使用。

高级花名册：高级花名册是用户绘制的，可以设置多表头，必须定义花名册的内容（即条件定义），可以利用条件来显示历史记录。

表头。

页头。

内容。

表尾。

（1）新建花名册。

①设计高级花名册表样。

表头、页头、表尾的内容需要手工根据需要进行输入。

内容的输入是通过条件设置对话框进行设置。

②设计高级花名册条件。

报表属性与单元条件设置。

报表属性——"排序字段"按钮，增加/双击指标项/双击切换排序方向。

单元条件设置——过滤内容（其他信息）。

③保存高级花名册。

（2）修改高级花名册。

（3）导入、导出、打印高级花名册。

（二）登记表

1. 新建登记表。

（1）设计登记表表样。

"人员管理/登记表/新建"，用 Excel 编辑，按住左键拖动鼠标选中绘制报表的区域，使其反色显示。

（2）设计登记表条件。

在此完成的是登记表所要处理的信息内容，登记表条件分为报表属性及单元条件。

①单元条件的设定：

"设置/条件设置"，或"右键/条件定义"。

指标字段——用来处理单元格的指标项信息内容。

指标运算——定义某单元格的信息内容为数值型指标的运算表达式所决定的内容。

运算公式——定义单元格间的运算公式。

指标字段：默认状态。

其他信息（照片）。

填报单位、填报时间。

②报表属性设置。

（3）保存登记表。

2. 编辑登记表。

（1）修改登记表。

（2）导出、导入、打印登记表。

3. 登记表的使用。

（1）表格。

（2）双击特定人员。

在选定人员时，也可以利用"查询统计"菜单查询出符合条件的人员，填充到登记表。

（3）预览、打印。

（4）导出。

八、实验结果和总结

学习掌握员工基本信息登记和花名册的使用方法，熟练掌握登记表和花名册的操作。

九、实验成绩评价标准

本实验采用五级制：

A. 熟练掌握登记表和花名册的操作，实验报告完成情况好；

B. 比较熟练掌握登记表和花名册的操作，实验报告完成情况较好；

C. 掌握登记表和花名册的操作，实验报告完成情况一般；

D. 掌握登记表和花名册的操作较差，实验报告完成情况较差；

E. 不能完全掌握登记表和花名册的操作，实验报告完成情况很差。

实验四十七 人员变动实验（N009）

一、实验名称和性质

所属课程	人力资源管理信息系统操作实务
实验名称	人员变动
实验学时	1
实验性质	√□验证 □综合 □设计
必做/选做	√□必做 □选做

二、实验目的

学习掌握人员变动、人员信息的发送和接收的方法。

三、实验的软硬件要求

硬件要求

网络版，每位学生一台电脑。

使用的软件名称、版本号以及模块

金益康人事人力资源管理信息系统，在服务器端 WINDOWS NT SERVER4.0 或 WIN-DOWS2000 上安装 MS SQLSERVER7.0 或 MS SQLSERVER2000 数据库。

四、知识准备

前期要求掌握的知识

人力资源管理基础知识；计算机基本操作技能。

实验相关理论或原理

根据企业人力资源管理业务的要求，采用信息资源规划技术，建立稳定的人力资源基础数据库，为人力资源集中规范的管理提供辅助手段，同时对人力资源部分管理业务进行流程化管理。

实验流程

开机 ⟹ 进入系统 ⟹ 进入该模块 ⟹ 按照要求完成每项具体操作

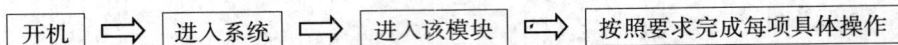

五、实验材料和原始数据

实验材料：无。

原始数据：学生自己输入符合逻辑的数据即可。

六、实验要求和注意事项

实验要求：能独立完成指定的步骤。

注意事项：模块的独立性与其他模块数据的衔接性。

七、实验步骤和内容

1. 人员变动：

（1）人员类别变动。

（2）人员部门变动。

2. 人员信息的发送和接收：

（1）人员信息的发送。

（2）人员信息的接收。

八、实验结果和总结

掌握人员变动、人员信息的发送和接收，及时更新人员信息数据。

九、实验成绩评价标准

本实验采用五级制：

A. 熟练掌握人员变动的操作，实验报告完成情况好；

B. 比较熟练掌握人员变动的操作，实验报告完成情况较好；

C. 掌握人员变动的操作，实验报告完成情况一般；

D. 掌握人员变动的操作较差，实验报告完成情况较差；

E. 不能完全掌握人员变动的操作，实验报告完成情况很差。

实验四十八 统计报表实验 （**N010**）

一、实验名称和性质

所属课程	人力资源管理信息系统操作实务
实验名称	统计报表
实验学时	2
实验性质	□验证 √□综合 □设计
必做/选做	√□必做 □选做

二、实验目的

学习掌握统计报表的使用。

三、实验的软硬件要求

硬件要求

网络版，每位学生一台电脑。

使用的软件名称、版本号以及模块

金益康人事人力资源管理信息系统，在服务器端 Windows NT Server4.0 或 Windows2000 上安装 MS SQL Server7.0 或 MS SQL Server2000 数据库。

四、知识准备

前期要求掌握的知识

人力资源管理基础知识；计算机基本操作技能。

实验相关理论或原理

根据企业人力资源管理业务的要求，采用信息资源规划技术，建立稳定的人力资源基础数据库，为人力资源集中规范的管理提供辅助手段，同时对人力资源部分管理业务进行流程化管理。

实验流程

开机 ⇒ 进入系统 ⇒ 进入该模块 ⇒ 按照要求完成每项具体操作

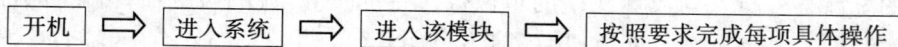

五、实验材料和原始数据

实验材料：无。

原始数据：学生自己输入符合逻辑的数据即可。

六、实验要求和注意事项

实验要求：能独立完成指定的步骤。

注意事项：模块的独立性与其他模块数据的衔接性。

七、实验步骤和内容

（一）创建统计表

1. 新建统计表。

创建统计表主要是根据工作需要，利用系统提供的功能，绘制相应的表格，并对表格做相关的定义，完成人事统计工作。

（1）新建统计表。

"新建/报表类别或报表文件"，类别是多张统计表归并到一类，文件是指单张的统计表。

选择单位信息或人员信息。

利用工具按钮绘制一张简单的统计表。

基本情况统计表

项目	编号	性别		职务级别		
		男	女	局级	处级	科级
甲						
汉族						
少数民族						
总数						

①定义甲栏、编号栏：右击鼠标，选择"甲栏编号栏"。

②定义报表条件：

汉族、少数民族。

行条件——单击"总数"统计表/统计条件定义，或右键"条件定义"。

条件表达式，1，2。

总数：1＋2（＋代表或者，＊代表并且）。

列条件——类似方法。

③设置为单位统计：

在人员的统计某一行、列或单元格的单位数，在定义好条件后，再右击鼠标，选择"设置为单位统计"，如要取消，选择"撤销单位统计"。

④定义取值条件：

"统计表/设置取值条件"，或右击"定义取值条件"。

单击被取值表名称旁的浏览按钮，选中被取值的数据表，录入要取值的表的行列数及运算关系，"保存"，如果条件已存在，会提示是否覆盖在此界面中，"删除"原来定义的条件也可以被删除。

注意：被取值的报表必须是数据表，即被统计过的，对于有取值条件的报表来说，统计的顺序是：先按统计定义条件计算，然后再计算公式，最后按取值条件取值。

⑤设置扫描库：

设置报表是对哪一类人员进行统计，"设置/报表属性/设置扫描库"。

⑥保存。

⑦设置业务模块及用户的使用权限：

"设置/设置功能权限"，报表类别，功能模块（人事统计）。

设置表权限，设置用户权限。

一张统计表就创建完成了。

如果要删除统计报表，打开"报表管理器"选中某张统计表，选择"编辑"菜单下的"清空"，可以删除所选报表。

（2）其他功能。

①定义求和、平均值、最大值、最小值的统计条件。

②条件元的保存。

③条件元的调用。统计条件/条件元/选择已保存的条件，左键拖动到统计条件列表框中，确定。

④编辑条件元。

⑤指标字段：其他信息，填报单位，历史数据，选择指标项，双击，确定。

⑥运算公式：单击行首选择行，统计报表/统计条件定义 1＋2。

注意：在某一行或某一列上，只能存在一种"运算类型"，即"统计条件"、"指标字段"、"运算公式"。

⑦ 设置全表条件：对统计报表的统计范围做出限定。

⑧ 表条件列表：用于查看或编辑已有的各类条件"统计条件/表条件列表/双击欲查看的条件"。

⑨ 函数。

⑩锁定行、列：选择行、列，打开"表格"菜单，选择"冻结行"或"冻结列"的设置或删除（即取消冻结）。

⑪插入行、列分页线：在指定位置强行分页。

⑫生成条件文件与查看条件文件：此功能用于查看指定报表的文体方式的统计条件。

⑬表内校验和查看校验信息：统计表表内数字的校核和查看结果。

⑭查看错误信息。

⑮设置：

设置报表属性：设置统计范围即设置全表条件，其他功能设置与报表管理器中的功能设置相同。

设置报表区域。

设置/删除当前数据区：为手工填写的数据区。

2. 校核条件。

如新建的报表需要添加校验公式，系统提供了表间校验、行校验、列校验和单元格四种。

定义校验公式：

打开需要校验的统计表，统计表/校验条件定义。

（1）表间校验公式格式：表号：编号：甲栏号。

（2）行校验公式格式：编号栏 1 = 编号栏 2 + 编号栏 3 +……

（3）列校验公式格式：甲栏号 1 = 甲栏号 2 + 甲栏号 3 +……

（4）单元格校验公式格式：编号栏号：甲栏号。

注意：系统中的"校核"按钮是指表内校核。

3. 导入、导出统计表。

只能导入、导出表样，不能导入、导出条件，但可以对一些数据进行发送和接收。

4. 查看统计条件。

统计表/生成条件文件。

条件文件中设计到的指标项必须在单位、人员信息库中录入了相关数据，报表统计中才能统计出数据。

（二）创建统计表

1. 自动生成统计表。

选择系统提供的一类或者一张统计表，CTRL，SHIFT。

（1）设置单位："设置/设置当前单位"。

（2）设置时间："设置/设置数字起止时间"。

（3）统计："报表/批量统计/全选"。

（4）校核："报表/校核/当前单位"，下级单位。

（5）打印。

2. 单个生成统计表。

打开统计表，设置当前统计单位，运行统计表，数据反查，表内校验。

3. 手工填报统计表。

设置当前统计单位；"操作/数据"，双击打开，填入数字，保存。

4. 常见错误提示。

设置的统计单位，在单位管理中没有录入。

查看错误信息：统计表/查看错误信息。

（三）报表上报与汇总

1. 数据上报。

2. 接收数据。

3. 报表汇总。

主要用于上级单位汇总下属单位的统计数据。

"报表/报表汇总/ 追加汇总"，覆盖汇总。

八、实验结果和总结

掌握人力资源基本信息统计方法，通过系统生成统计报表。

九、实验成绩评价标准

本实验采用五级制：
A. 熟练掌握统计报表的操作，实验报告完成情况好；
B. 比较熟练掌握统计报表的操作，实验报告完成情况较好；
C. 掌握统计报表的操作，实验报告完成情况一般；
D. 掌握统计报表的操作较差，实验报告完成情况较差；
E. 不能完全掌握统计报表的操作，实验报告完成情况很差。

实验四十九　领导查询实验 （N011）

一、实验名称和性质

所属课程	人力资源管理信息系统操作实务
实验名称	领导查询
实验学时	1
实验性质	√□验证　□综合　□设计
必做/选做	√□必做　□选做

二、实验目的

学习掌握领导查询模块的使用方法。

三、实验的软硬件要求

硬件要求
网络版，每位学生一台电脑。
使用的软件名称、版本号以及模块
金益康人事人力资源管理信息系统，在服务器端 Windows NT Server4.0 或 Windows2000 上安装 MS SQL Server7.0 或 MS SQL Server2000 数据库。

四、知识准备

前期要求掌握的知识

人力资源管理基础知识；计算机基本操作技能。

实验相关理论或原理

根据企业人力资源管理业务的要求，采用信息资源规划技术，建立稳定的人力资源基础数据库，为人力资源集中规范的管理提供辅助手段，同时对人力资源部分管理业务进行流程化管理。

实验流程

开机 $\Longrightarrow$ 进入系统 $\Longrightarrow$ 进入该模块 $\Longrightarrow$ 按照要求完成每项具体操作

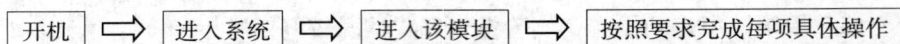

五、实验材料和原始数据

实验材料：无。

原始数据：学生自己输入符合逻辑的数据即可。

六、实验要求和注意事项

实验要求：能独立完成指定的步骤。

注意事项：模块的独立性与其他模块数据的衔接性。

七、实验步骤和内容

领导查询维护模块主要实现领导查询所需的查询、统计条件的制作及保存，包括三个选项：查询维护、统计维护、资料维护。

（一）查询维护

和业务管理中的查询有所不同，它可以选择人员和单位类别进行查询。

[例1] 列出"性别为女"的一个列表，列表的内容包括"姓名、民族、学历"。

（1）"查询维护"，类别"在职人员"。

（2）字段名，等于，女。

（3）右下角"选择指标项"，双击，选择"姓名、民族、学历"，多选的指标如果要删除，双击，"是否删除"，右下角有"指标调整"可以左移，右移。

（4）工具栏，"查询"。

（5）确认结果后，"保存"，输入保存查询的名称，保存。

[例2] 查询"性别为女"，并按"学历"进行按列表进行分组统计。

（1）重复[例1]中的（1）～（3），这次指标只选择"学历"，将"分组统计"选中，系统提示"右边所有子项必须全选"，确定。

（2）查询。

（3）保存。

[例3] 列出"性别为女",并统计各学历的数量。

（1）重复［例1］中的（1）～（3），这次指标只选择"学历",将"分组统计"选中,统计方式为"统计",系统提示"右边所有子项必须全选",确定。

（2）查询。

（3）保存。

[例4] 统计女性工资总额。

（1）"查询维护",类别"企业"。

（2）查询条件定义为"性别等于女"。

（3）"单位基本情况"中选择"单位名称",统计方式"求和",并在此处的列表框选择指标"职务工资"。

（4）查询。

（5）保存。

（二）　统计维护

可以创建新的统计条件,也可以查询历史上保存下来的统计结果及删除统计条件。

[例5] 提供本单位的男女比例分布图。

（1）"查询维护",类别,"在职人员"。

（2）性别为男。

（3）"添加统计项",统计弹出"保存条件",输入条件名称,如"男性比例","添加"。

（4）将男改为"女"。

（5）"添加统计项",统计弹出"保存条件",输入条件名称,如"女性比例","添加"。

（6）统计可以显示结果。

（7）保存。

（三）　资料维护

可以添加与领导查询模块相关信息资料,也可以删除无用的资料。

"资料维护","附加信息",系统在此下拉列出相关资料文件。可以添加文件夹和资料文件。

1. 添加。

（1）添加文件类。

单击文件类复选框,框中含有"√",表示添加文件类;在名称文本框中输入文件类的名称;选择此文件类的授权用户,如所有人员都可以浏览,则选择所有人员复选框。

（2）添加相关资料文件。

取消文件类复选框中的"√",表示添加资料文件;在相关文件文本框中输入路径及文件名,或单击"——"按钮,从目录中选择文件名;选择此文件类的授权用户,如所有人员都可以浏览,则选择所有人员复选框;保存。

2. 删除。

八、实验结果和总结

实现领导查询所需的查询、统计条件的制作及保存，包括三个选项：查询维护、统计维护、资料维护。

九、实验成绩评价标准

本实验采用五级制：
A. 熟练掌握领导查询的操作，实验报告完成情况好；
B. 比较熟练掌握领导查询的操作，实验报告完成情况较好；
C. 掌握领导查询的操作，实验报告完成情况一般；
D. 掌握领导查询的操作较差，实验报告完成情况较差；
E. 不能完全掌握领导查询的操作，实验报告完成情况很差。

实验五十　用户权限管理实验（N012）

一、实验名称和性质

所属课程	人力资源管理信息系统操作实务
实验名称	用户权限管理
实验学时	2
实验性质	√□验证　□综合　□设计
必做/选做	√□必做　□选做

二、实验目的

学习掌握用户权限管理程序的操作。

三、实验的软硬件要求

硬件要求
网络版，每位学生一台电脑。
使用的软件名称、版本号以及模块
金益康人事人力资源管理信息系统，在服务器端 Windows NT Server4.0 或 Windows2000 上安装 MS SQL Server7.0 或 MS SQL Server2000 数据库。

四、知识准备

前期要求掌握的知识
人力资源管理基础知识；计算机基本操作技能。

实验相关理论或原理

根据企业人力资源管理业务的要求，采用信息资源规划技术，建立稳定的人力资源基础数据库，为人力资源集中规范的管理提供辅助手段，同时对人力资源部分管理业务进行流程化管理。

实验流程

开机 ⇒ 进入系统 ⇒ 进入该模块 ⇒ 按照要求完成每项具体操作

五、实验材料和原始数据

实验材料：无。

原始数据：学生自己输入符合逻辑的数据即可。

六、实验要求和注意事项

实验要求：能独立完成指定的步骤。

注意事项：模块的独立性与其他模块数据的衔接性。

七、实验步骤和内容

（一）用户管理

在用户管理功能中，通过用户管理可以实现增、删用户及设置权限的操作。

单机版的用户管理分为用户和权限两个方面，在单机版用户界面中由增加用户和删除用户两个功能组成。

系统扩展了管理员的权限，管理员可以进行用户管理、数据库备份、数据库恢复、采集表、数据库导入、数据库导出、数据库诊断的功能。除 SA 以外，凡是具备领导查询操作权限的管理员均可使用领导查询。

网络版的用户管理分为用户、安全级别和权限三部分，其中用户中的操作与单机版完全相同，权限中比单机版多一项：条件权限。

1. 增加用户。

进入用户管理，选择用户页签，新增用户。

注意：普通用户没有权限进入用户管理，管理员级用户可以进入组管理。超级用户"SA"拥有全部权限，并且不能被删除。

2. 删除用户。

用户管理/删除用户。

3. 权限设置。

权限包括操作权限、指标集权限、单位/部门权限和指标项权限。通过对用户权限的设置，可以达到分工明确，确保软件使用的安全性、严谨性和保密性。

（1）操作权限。

①用户权限。

②权限页签。

③单击待设置权限的用户名。

④在"操作权限"列框中，选择功能模块单击鼠标右键操作，如果选择快速设置操作，那么赋予某个模块权限，它的子模块也被同时赋予权限，反之亦然。

（2）指标集权限。

注意：只有管理员用户才能设置指标集/指标项权限及使用领导查询模块。

（3）单位/部门权限。

（4）指标项权限。

注意：只有管理员用户才能设置指标集/指标项权限及使用领导查询模块。

（5）条件权限（只适用网络版）。

4. 安全级别（只适用网络版）。

"用户管理/安全级别"。

（二） 组 管 理

用户根据实际需要，利用一定的原则将不同的用户通过以组的形式进行归集，以达到管理上的简单化，这就是组管理要实现的功能。通过组管理可以实现增组、删组、增删用户到组中及对组进行设置权限的操作。

单机版组管理分为设置组和设置权限两个方面。

网络版组管理分为设置组、安全级别和设置权限三个方面，其中组设置中的操作与单机版完全相同，权限中比单机版多一项：条件权限。

1. 新建组。

进入组管理，选择用户页签，新建组。

2. 删除组。

进入组管理，选择用户页签，删除组。

注意：有用户的组不能删除，必须先删除组中的用户后才能删除组。

3. 删除组员

进入组管理，选择用户页签，删除组员。

4. 权限。

5. 安全级别（只适用网络版）。

（三） 操 作 日 志

日志管理主要记录用户使用此软件时的详细情况，包括显示操作员名称、功能名称、进出时间及操作员机器号。同时，在此界面中，用户可以对日志记录进行打印、查询、升降序及删除操作。

1. 操作。

（1）另存。

用户可以将日志记录保存到库中。选择要保存的日志记录，单击"另存"即可。

注意：另存后的日志记录不再在日志管理界面中显示。

（2）删除。

删除一条或某些记录："选中/删除"。

删除所有日志："操作/删除所有日志"。

（3）打印。

2. 查看。

（1）查询：用户输入待查询的条件，确定。

（2）升降序。

（3）过滤和还原。

（4）查看记录。

八、实验结果和总结

通过用户管理实现增、删用户及设置权限的操作。

九、实验成绩评价标准

本实验采用五级制：

A. 熟练掌握用户权限管理的操作，实验报告完成情况好；

B. 比较熟练掌握用户权限管理的操作，实验报告完成情况较好；

C. 掌握用户权限管理的操作，实验报告完成情况一般；

D. 掌握用户权限管理的操作较差，实验报告完成情况较差；

E. 不能完全掌握用户权限管理的操作，实验报告完成情况很差。

实验五十一　指标代码维护实验（N013）

一、实验名称和性质

所属课程	人力资源管理信息系统操作实务
实验名称	指标代码维护
实验学时	1
实验性质	□验证　√□综合　□设计
必做/选做	√□必做　□选做

二、实验目的

熟悉编码规则，熟悉掌握制作指标代码，学习掌握指标代码维护模块的操作使用。

三、实验的软硬件要求

硬件要求

网络版，每位学生一台电脑。

使用的软件名称、版本号以及模块

金益康人事人力资源管理信息系统，在服务器端 Windows NT Server4.0 或 Windows2000 上安装 MS SQL Server7.0 或 MS SQL Server2000 数据库。

四、知识准备

前期要求掌握的知识

人力资源管理基础知识；计算机基本操作技能。

实验相关理论或原理

根据企业人力资源管理业务的要求，采用信息资源规划技术，建立稳定的人力资源基础数据库，为人力资源集中规范的管理提供辅助手段，同时对人力资源部分管理业务进行流程化管理。

实验流程

开机 ⇨ 进入系统 ⇨ 进入该模块 ⇨ 按照要求完成每项具体操作

五、实验材料和原始数据

实验材料：无。

原始数据：学生自己输入符合逻辑的数据即可。

六、实验要求和注意事项

实验要求：能独立完成指定的步骤。

注意事项：模块的独立性与其他模块数据的衔接性。

七、实验步骤和内容

（一） 编码规则

1. 指标集。

AXXX——表示人员指标集

BXXX——表示单位指标集

2. 指标项。

AXXX——国家标准：人员指标项

BXXX——国家标准：单位指标项

CXXX——用户定义：人员指标项

DXXX——用户定义：单位指标项

EXXX——系统定义：人员指标项

FXXX——系统定义：单位指标项

3. 代码类。

AB——GZ：国家标准代码类

HA——NZ：系统增加代码类

OA——ZZ：用户增加代码类

其中：UM、UN 不包括在内

UM：为系统指定的部门编码

UN：为系统指定的单位编码

（二）　制作指标代码

1. 指标类型。

（1）字符型。

（2）日期型。

（3）数值型。

（4）备注型。

2. 制作指标代码。

例如：我们创建"配偶子集"，在这个子集中，有如下指标：

配偶姓名（字符型）

配偶出生年月（六位日期型）

配偶民族（字符型）

配偶工作状态（字符型）

配偶工资总额（数值）

其中：配偶工作状态分为三种状态：在岗、无业、求业。

（1）创建代码类——配偶工作状态。

"系统构建/代码管理/编辑或新建/新建代码类/新建代码项"。

（2）创建指标集："配偶子集"。

"系统构建/指标管理"：选择"人员指标集/新建"，或编辑"新建指标集"输入子集名称"配偶子集"，保存（不保存，则不能进行下一步"建指标项"）。

建指标项。

（3）进入系统结构为其构库，这样，指标代码就制作完毕了。

3. 制作指标计算公式。

例：制作"年龄"计算公式。

"系统构建/指标管理"，选择"人员基本情况"，选择"年龄"，双击，"相关信息"，"计算公式"右边的"…"按钮，系统弹出"公式定义"对话框。

年龄、赋值运算符、日期函数（YEAR），输入"－"号，再输入日期函数（YEAR），在第二个 YEAR（）的"（）"中间单击定位光标，双击"人员基本情况"的"出生日期"。

4. 制作指标审核公式。

接上例，"审核规则"右边的"…"按钮，系统弹出"审核条件"对话框。

双击"年龄"，并在后面输入"IS NOT NULL"确定。

审核提示右边的文本输入框中输入提示信息"???"保存。

审核公式建立完成后，在［人员管理］模块中的列表状态下可实时对录入项进行审核，当鼠标从某条记录上移开时，系统自动对当前记录进行审核。

5. 人员管理中应用自定义的指标代码。

系统结构，允许修改库结构。

人员管理，编辑，指标审核，系统提示审核结果。

指标计算，选择"年龄"，计算完毕（先输入出生日期，验证指标计算）。

八、实验结果和总结

熟悉编码规则，熟练掌握制作指标代码。

九、实验成绩评价标准

本实验采用五级制：

A. 熟练掌握指标代码维护的操作，实验报告完成情况好；

B. 比较熟练掌握指标代码维护的操作，实验报告完成情况较好；

C. 掌握指标代码维护的操作，实验报告完成情况一般；

D. 掌握指标代码维护的操作较差，实验报告完成情况较差；

E. 不能完全掌握指标代码维护的操作，实验报告完成情况很差。

实验五十二　数据库维护实验（N014）

一、实验名称和性质

所属课程	人力资源管理信息系统操作实务
实验名称	数据库维护
实验学时	1
实验性质	□验证　√□综合　□设计
必做/选做	√□必做　□选做

二、实验目的

掌握数据备份、数据恢复、预警设置、数据库归档、切换数据库等库作业，学习掌握数据库维护模块的操作使用。

三、实验的软硬件要求

硬件要求

网络版，每位学生一台电脑。

使用的软件名称、版本号以及模块

金益康人事人力资源管理信息系统，在服务器端 Windows NT Server4.0 或 Windows2000 上安装 MS SQL Server7.0 或 MS SQL Server2000 数据库。

四、知识准备

前期要求掌握的知识

人力资源管理基础知识；计算机基本操作技能。

实验相关理论或原理

根据企业人力资源管理业务的要求，采用信息资源规划技术，建立稳定的人力资源基础数据库，为人力资源集中规范的管理提供辅助手段，同时对人力资源部分管理业务进行流程化管理。

实验流程

| 开机 | ⇒ | 进入系统 | ⇒ | 进入该模块 | ⇒ | 按照要求完成每项具体操作 |

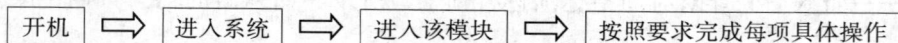

五、实验材料和原始数据

实验材料：无。

原始数据：学生自己输入符合逻辑的数据即可。

六、实验要求和注意事项

实验要求：能独立完成指定的步骤。

注意事项：模块的独立性与其他模块数据的衔接性。

七、实验步骤和内容

（一）　数据备份

数据备份是将数据库整个备份下来，可以对在软件中做的所有操作和数据进行保存。

1. 手工备份。

（1）数据库维护/备份/数据备份界面。

（2）系统默认备份文件为"GPMS2000.BAK"，默认备份路径为企业人力资源信息管理系统安装路径下的"DATA"子目录，这两项可根据实际情况修改。

（3）网络版客户端用户若是将文件备份到本机，备份的路径必须是完全共享的。

2. 定期备份。

前提条件：将 SQL SERVER 的 AGENT 服务启动。

注意：每次进行"手工备份"时，需使用不同的文件名，以区分不同时间的备份。

（二） 数据恢复

1. 手工恢复。

（1）前提：系统登录时，需要选择"恢复系统"方式登录才可以进行数据恢复。

（2）数据库维护/手工恢复。

（3）单击浏览按钮，选择欲恢复的备份文件。

2. 条件恢复。

数据库维护/条件恢复。

注意：

（1）确定所有用户都已退出该系统，否则将不能进行恢复。

（2）系统恢复后，需更换登录，才能进行其他操作。

（三） 预警设置

通过预先设定好的预警条件，每次进入业务程序时，系统自动符合条件的人员，如果有则弹出一个对话框进行提醒。

进入设置的界面：

1. 增加——此设置只能对时间指标项进行预警，所以界面列出的均为日期型的指标项）。

2. 手工键入预警名称，并录入提示信息。

3. "查询条件"，不定义查询条件则对系统内所有符合预警条件的记录进行预警。

若勾选"有效"，保存，则此预警设置保存成功，并立即生效。

若不勾选"有效"，保存，则此预警设置保存成功，但不会立即生效。可以通过"修改"的按键重新设定"有效"的复选框，使此预警设置生效。

"固定时间"系统在制定的时间提醒。

"动态时间"预警字段所对时间和当前时间相比在指定的时间段时则提醒。

4. 进入系统的"人员管理"模块系统弹出提示，"查看"。

（四） 数据库归档

数据库归档的功能为将某一时刻的数据库记录下来。

步骤：归档/人员管理增加新员工/切换到归档数据库，新增员工无显示/再切换到原始数据库，有显示。

注意：数据库归档的操作每天只能执行一次，若同一天执行了多次的数据库归档的操作，则系统只保存最后一次归档的数据库。

（五） 切换数据库

在系统中我们可以将已经归档的数据库切换为当前的数据库，也可以回到切换前的原始库。

八、实验结果和总结

能熟练掌握数据备份、数据恢复、预警设置、数据库归档、切换数据库等库作业。

九、实验成绩评价标准

本实验采用五级制：

A. 熟练掌握数据库维护的操作，实验报告完成情况好；

B. 比较熟练掌握数据库维护的操作，实验报告完成情况较好；

C. 掌握数据库维护的操作，实验报告完成情况一般；

D. 掌握数据库维护的操作较差，实验报告完成情况较差；

E. 不能完全掌握数据库维护的操作，实验报告完成情况很差。

实验五十三　工具箱实验（N015）

一、实验名称和性质

所属课程	人力资源管理信息系统操作实务
实验名称	工具箱
实验学时	2
实验性质	□验证　√□综合　□设计
必做/选做	√□必做　□选做

二、实验目的

了解信息采集表的自动生成，文件的加密与解密作业，事务提醒设置，学习掌握系统工具箱的操作使用。

三、实验的软硬件要求

硬件要求

网络版，每位学生一台电脑。

使用的软件名称、版本号以及模块

金益康人事人力资源管理信息系统，在服务器端 Windows NT Server4.0 或 Windows2000 上安装 MS SQL Server7.0 或 MS SQL Server2000 数据库。

四、知识准备

前期要求掌握的知识

人力资源管理基础知识；计算机基本操作技能。

实验相关理论或原理

根据企业人力资源管理业务的要求，采用信息资源规划技术，建立稳定的人力资源基础数据库，为人力资源集中规范的管理提供辅助手段，同时对人力资源部分管理业务进行流程化管理。

实验流程

开机 ⇒ 进入系统 ⇒ 进入该模块 ⇒ 按照要求完成每项具体操作

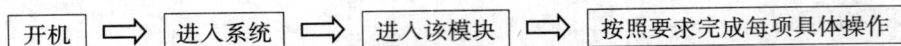

五、实验材料和原始数据

实验材料：无。

原始数据：学生自己输入符合逻辑的数据即可。

六、实验要求和注意事项

实验要求：能独立完成指定的步骤。

注意事项：模块的独立性与其他模块数据的衔接性。

七、实验步骤和内容

1. 采集表。

在系统构库完成后，运用此模块功能来自动生成采集表，来完成信息采集工作。

设置"指标解释"选项：在生成采集表的同时还生成指标解释表，如果 Word 显示选中，表示采集表生成过程为 Word 文档生成状态。

注意：只有已构库的指标集和指标项才能生成采集表。

2. 文件加密与解密。

先建三个文件夹，在第一个新建文件，加密后保存在（2），解密后保存在（3）。

方便数据传输过程中的保密工作。用本系统加密工具加密的文件，只有用本系统的解密工具才能进行解密操作。

注意：只能对文件加密，不能对文件夹进行加密。

3. 事务提醒。

自定义一个未来发生的事件，在指定的时间到来时，给出事先定义好的提示。

如：管理员向所有的操作员提示信息等。只要设置了时间和事务名称，即可在规定的时间内向所有的操作员或某一个操作员加以提示。

此功能能够正确执行，需要本系统始终处于运行状态。

注意：

（1）对于已建立的事务提醒，在设置事务提醒内容中，事务主题和提醒时间是必填内容。

（2）在对某一个操作员进行提示时，必须是该操作员给自己定义的提示。

（3）提醒对话框一般在设定时间的 5 分钟前显示（设定时间应该在当前时间的 10 分钟之后）。

八、实验结果和总结

运用此模块功能来自动生成采集表，完成信息采集工作；并能对文件进行加密与解密作业，进行事务提醒设置。

九、实验成绩评价标准

本实验采用五级制：

A. 熟练掌握工具箱的操作，实验报告完成情况好；

B. 比较熟练掌握工具箱的操作，实验报告完成情况较好；

C. 掌握工具箱的操作，实验报告完成情况一般；

D. 掌握工具箱理的操作较差，实验报告完成情况较差；

E. 不能完全掌握工具箱的操作，实验报告完成情况很差。

实验五十四 附加工具实验（**N016**）

一、实验名称和性质

所属课程	人力资源管理信息系统操作实务
实验名称	附加工具
实验学时	1
实验性质	√□验证　□综合　□设计
必做/选做	√□必做　□选做

二、实验目的

数据库升级、分类查询、整体收发和报表的转换；掌握系统附加工具模块的操作使用。

三、实验的软硬件要求

硬件要求

网络版，每位学生一台电脑。

使用的软件名称、版本号以及模块

金益康人事人力资源管理信息系统，在服务器端 Windows NT Server4.0 或 Windows2000 上安装 MS SQL Server7.0 或 MS SQL Server2000 数据库。

四、知识准备

前期要求掌握的知识

人力资源管理基础知识；计算机基本操作技能。

实验相关理论或原理

根据企业人力资源管理业务的要求，采用信息资源规划技术，建立稳定的人力资源基础数据库，为人力资源集中规范的管理提供辅助手段，同时对人力资源部分管理业务进行流程化管理。

实验流程

开机 ⟹ 进入系统 ⟹ 进入该模块 ⟹ 按照要求完成每项具体操作

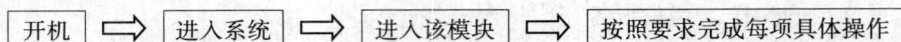

五、实验材料和原始数据

实验材料：无。

原始数据：学生自己输入符合逻辑的数据即可。

六、实验要求和注意事项

实验要求：能独立完成指定的步骤。

注意事项：模块的独立性与其他模块数据的衔接性。

七、实验步骤和内容

1. 数据库升级。
2. 分类查询。
3. 姓名花名册。
4. 整体收发：发送；整体接收；集团单位入库。
5. 报表转换。

八、实验结果和总结

利用附加工具实现数据库升级、分类查询、整体收发和报表的转换。

九、实验成绩评价标准

本实验采用五级制：

A. 熟练掌握附加工具的操作，实验报告完成情况好；

B. 比较熟练掌握附加工具的操作，实验报告完成情况较好；

C. 掌握附加工具的操作，实验报告完成情况一般；

D. 掌握附加工具的操作较差，实验报告完成情况较差；

E. 不能完全掌握附加工具的操作，实验报告完成情况很差。

实验五十五 招聘管理实验 （N017）

一、实验名称和性质

所属课程	人力资源管理信息系统操作实务
实验名称	招聘管理
实验学时	1.5
实验性质	√□验证 □综合 □设计
必做/选做	√□必做 □选做

二、实验目的

熟悉招聘需求征集、招聘计划管理面试材料的添加修改、招聘活动处理等业务工作；掌握员工招聘模块的操作使用。

三、实验的软硬件要求

硬件要求

网络版，每位学生一台电脑。

使用的软件名称、版本号以及模块

金益康人事人力资源管理信息系统，在服务器端 WINDOWS NT SERVER4.0 或 WINDOWS2000 上安装 MS SQLSERVER7.0 或 MS SQLSERVER2000 数据库。

四、知识准备

前期要求掌握的知识

人力资源管理基础知识；计算机基本操作技能。

实验相关理论或原理

根据企业人力资源管理业务的要求，采用信息资源规划技术，建立稳定的人力资源基础数据库，为人力资源集中规范的管理提供辅助手段，同时对人力资源部分管理业务进行流程化管理。

实验流程

开机 ⇒ 进入系统 ⇒ 进入该模块 ⇒ 按照要求完成每项具体操作

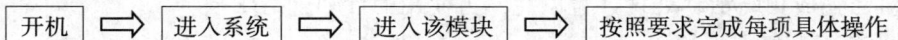

五、实验材料和原始数据

实验材料：无。

原始数据：学生自己输入符合逻辑的数据即可。

六、实验要求和注意事项

实验要求：能独立完成指定的步骤。

注意事项：模块的独立性与其他模块数据的衔接性。

七、实验步骤和内容

1. 招聘需求征集。

（1）新建需求征集。

（2）修改需求征集。

（3）删除需求征集。

（4）查看列入计划的需求。

2. 招聘计划管理。

（1）招聘计划：添加计划——修改计划——删除招聘计划。

（2）需求导入。

（3）计划明细：添加明细——修改明细——删除明细。

（4）计划发布。

3. 面试材料。

（1）添加面试材料。

（2）修改面试材料。

（3）删除面试材料。

（4）关联职位。

（5）查看材料。

4. 招聘活动处理。

（1）后备库人才维护：添加后备库人才——删除后备库人才——明细——设置常量——查询——预览打印。

（2）简历录入：面试材料——转后备库——转面试安排。

（3）面试安排。

（4）面试处理。

（5）报到处理。

5. 计划归档。

该模块对已完成招聘活动处理并且以后不再使用的计划进行归档。

6. 招聘业务用高级花名册。

该功能能够根据设置的花名册查询以往的招聘清空。

八、实验结果和总结

熟练掌握劳动合同管理系统，实现系统化的劳动合同签订、劳动合同变更、劳动合同变更与补充、劳动合同解除、劳动合同终止与续签、劳动争议管理、劳动合同台账管理、统计分析、合同处理的提醒设置等工作。

九、实验成绩评价标准

本实验采用五级制：

A. 熟练掌握劳动合同管理的操作，实验报告完成情况好；

B. 比较熟练掌握劳动合同管理的操作，实验报告完成情况较好；

C. 掌握劳动合同管理的操作，实验报告完成情况一般；

D. 掌握劳动合同管理的操作较差，实验报告完成情况较差；

E. 不能完全掌握劳动合同管理的操作，实验报告完成情况很差。

实验五十六　劳动合同管理实验（**N018**）

一、实验名称和性质

所属课程	人力资源管理信息系统操作实务
实验名称	劳动合同管理
实验学时	0.5
实验性质	√□验证　□综合　□设计
必做/选做	√□必做　□选做

二、实验目的

熟悉劳动合同签订、变更、解除、终止与续签、劳动争议管理、台账管理、统计分析、合同处理的提醒设置业务工作；掌握劳动合同管理模块的操作使用。

三、实验的软硬件要求

硬件要求

网络版，每位学生一台电脑。

使用的软件名称、版本号以及模块

金益康人事人力资源管理信息系统，在服务器端 Windows NT Server4.0 或 Windows2000 上安装 MS SQL Server7.0 或 MS SQL Server2000 数据库。

四、知识准备

前期要求掌握的知识

人力资源管理基础知识；计算机基本操作技能。

实验相关理论或原理

根据企业人力资源管理业务的要求，采用信息资源规划技术，建立稳定的人力资源基础数据库，为人力资源集中规范的管理提供辅助手段，同时对人力资源部分管理业务进行流程化管理。

实验流程

开机 ⇒ 进入系统 ⇒ 进入该模块 ⇒ 按照要求完成每项具体操作

五、实验材料和原始数据

实验材料：无。

原始数据：学生自己输入符合逻辑的数据即可。

六、实验要求和注意事项

实验要求：能独立完成指定的步骤。

注意事项：模块的独立性与其他模块数据的衔接性。

七、实验步骤和内容

1. 劳动合同的签订。

（1）可以先发出签订合同的通知，然后进行合同的签订，也可以在不发出通知的情况下直接进行签订。

（2）可以通过"筛选"按钮在弹出的通用查询对话框中定义要查询的条件。

（3）"设置视图"。

（4）合同的查询。

2. 劳动合同的变更。

（1）"新建"一个花名册，选择要显示的相应的指标集中的指标项。

（2）"已变更合同查询"。

3. 劳动合同的补充。

劳动合同的补充是劳动者和用人单位由于某种原因对原合同的内容和相应的合同条款进行补充说明的一种行为。

（1）"定位"。

（2）"已补充合同查询"。

4. 劳动合同的解除。

（1）"定位"。

（2）"已解除合同查询"。

（3）"预览合同"，把合同的信息以文档的方式进行合同的预览。

5. 劳动合同终止与续签。

对合同的终止、续签是针对劳动合同到期的人员进行处理的。

6. 劳动争议管理。

劳动争议管理是劳动者和用人单位双方因为某种原因其中一方对另一方没有履行某些条款提出质疑，而另一方对此拒不理睬，则其中一方请求劳动仲裁委员会进行仲裁的一种行为。

7. 劳动合同台账管理。

劳动合同台账是对劳动合同的各种业务处理情况进行记录的数据。用户可以查看，并可打印出相应的台账表格。

（1）"新建"按钮用于进入报表绘制窗口进行新建一个花名册。

（2）"目录"用于全屏幕和当前查看模式进行切换。

八、实验结果和总结

熟练掌握劳动合同管理系统，实现系统化的劳动合同签订、劳动合同变更、劳动合同变更与补充、劳动合同解除、劳动合同终止与续签、劳动争议管理、劳动合同台账管理、统计分析、合同处理的提醒设置等工作。

九、实验成绩评价标准

本实验采用五级制：

A. 熟练掌握劳动合同管理的操作，实验报告完成情况好；

B. 比较熟练掌握劳动合同管理的操作，实验报告完成情况较好；

C. 掌握劳动合同管理的操作，实验报告完成情况一般；

D. 掌握劳动合同管理的操作较差，实验报告完成情况较差；

E. 不能完全掌握劳动合同管理的操作，实验报告完成情况很差。

实验五十七　企业薪资管理实验（N019）

一、实验名称和性质

所属课程	人力资源管理信息系统操作实务
实验名称	企业薪资管理
实验学时	4
实验性质	□验证　□综合√□设计
必做/选做	√□必做　□选做

二、实验目的

学习制作工资标准、进行工资调整、工资发放设置和处理、制作工资发放表及相关查询业务；掌握企业薪资管理模块的操作使用。

三、实验的软硬件要求

硬件要求

网络版，每位学生一台电脑。

使用的软件名称、版本号以及模块

金益康人事人力资源管理信息系统，在服务器端 Windows NT Server4.0 或 Windows2000 上安装 MS SQL Server7.0 或 MS SQL Server2000 数据库。

四、知识准备

前期要求掌握的知识

人力资源管理基础知识；计算机基本操作技能。

实验相关理论或原理

根据企业人力资源管理业务的要求，采用信息资源规划技术，建立稳定的人力资源基础数据库，为人力资源集中规范的管理提供辅助手段，同时对人力资源部分管理业务进行流程化管理。

实验流程

| 开机 | ⇒ | 进入系统 | ⇒ | 进入该模块 | ⇒ | 按照要求完成每项具体操作 |

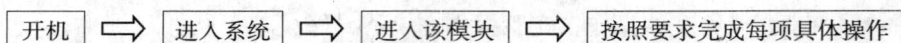

五、实验材料和原始数据

实验材料：无。

原始数据：学生自己输入符合逻辑的数据即可。

六、实验要求和注意事项

实验要求：能独立完成指定的步骤。

注意事项：模块的独立性与其他模块数据的衔接性。

七、实验步骤和内容

（一） 制作工资标准

工资标准，也称工资率，是指按照单位工作时间为不同等级职务或岗位员工规定的工资额，工资标准是基本工资制度的重要组成部分。

[例1] 制作如下工资标准表。

前提：在此例中，在工资子集中要加入指标"福利费"并构库。

研究生毕业	本科毕业	专科毕业	中专毕业	高中毕业
500	450	400	350	300

1. 薪资管理/工资标准。

2. 工资调整标准，新建/目录，将"目录"改为"本单位工资标准"。

3. 在此目录下，建立工资标准，单击工具栏上的"新建"，选择"工资标准"，系统弹出"向导对话框"。

4. 下一步，输入"标准一""完成"，系统提示"是否建立标准表或公式"Y。

5. 下一步，在指标集列表框中，选择"学历及学位子集"，在指标项目列表框中，选择"学历"，"横向指标"。

"工资子集"、"福利费"、"结果指标"。

6. 下一步，系统弹出"选择代码"对话框，将上表中所涉及的学历代码选中。

7. 下一步，在系统弹出的界面中录入福利费的标准。

8. 下一步，输入"福利费"。

9. 完成，保存完毕，确定。

10. "是否继续建立工资标准或公式"Y 进行下面的例子。

注意：在工资标准管理中，建立目录是为了存放不同的工资标准，而每一个工资标准下又可以存放不同的标准表或公式，这样便于分类管理。

[例2] 制作工资公式。

1. 在上例的界面中，选择"公式"。

也可以在工资标准界面中单击工具栏上的"新建"，选择"标准表和公式"或者选择"文件"菜单中的"新建"下的"标准表和公式"子菜单，或者选择右键"新建标准表和公式"菜单项。

2. 下一步，系统弹出的公式创建对话框定义以下内容：

> 工资发放子集. 应发工资：= 工资子集. 基础工资 + 工资子集. 职务工资 + 工资子集. 级别工资 + 工资子集. 工龄工资 + 工资子集. 福利费

3. 下一步，系统弹出保存窗口，输入公式名称，"工资发放公式"，/完成/保存完毕/确定。

通过以上两例可以看出，在工资管理模块中，我们可以结合本单位的时间情况来制定工资标准表与公式，完成复杂的工资计算。

（二）　工资调整设置和处理

[例3] 根据学历计算福利费。

1. 打开"工资调整"菜单，选择"调整设置"。

2. 单击工具栏上的"增加"按钮，系统增加一个新的工资业务"新建业务1"。

3. 将业务名称改为"本单位工资业务处理"。

4. 单击工具栏上的"增加"按钮，增加一个名称为"计算福利费"的业务分类。

5. 单击工具栏上的"设置关联"按钮，系统弹出对话框，我们选择此项业务分类所对应的单位类别、人员类别、操作员及工资标准表和指标集等项目。（打钩）

对于关联指标集，则需关联的指标集必须在"系统结构"模块中，设定其适用范围包括工资管理，此指标集才能在设置关联的界面上显示出来。其中工资子集和工资变动子集是必选子集，否则工资业务无法完成。

6. 保存/退出/关闭，结束工资调整设置操作。

7. "工资调整"菜单，选择"调整处理"，选择"书报费计算"、"确定"。

8. 单击工具栏上的"初始化"，再点"计算""保存"。

（如果需要将工资数据发送给上级单位进行审批，可以单击"保存"按钮，将计算后的工资数据保存到审批库中。注：审批库是工资计算的临时数据库。）

9. 关闭，退出"调整处理"界面。

（三） 工资发放设置和处理

1. 工资发放设置。

[例4] 计算当月的应发工资。

（1）打开"工资发放"菜单，选择"发放设置"。

（2）系统弹出"设置关联"对话框，选择"工资发放"业务。

（3）单击工具栏上的"设置关联"按钮，系统弹出对话框，我们选择此项业务分类所对应的单位类别、人员类别、操作员及公式和指标集等项目。（打钩）

（4）保存/退出，退出设置关联界面。

（5）单击工资发放设置中的"关闭"按钮，结束工资发放设置操作。

2. 工资发放处理。

经以上的发放设置操作后，接下来就可以进行工资发放计算了。

（1）单击工具栏上的"发放处理"，选择"工资发放"。

（2）"确定"，系统弹出对话框。

"重置"操作将清空当前业务的所有数据。

"删除数据"删除选定月份之前或选定月份的工资发放数据。

"下月工资"操作进行下月工资的发放。

"本月工资"操作进行本月工资的发放。

（3）在此界面中，如果选择"清空发放月份初始数据"，那么在发放时首先将本月数据清空（如果有的话），单击"本月工资"按钮，系统提示"是否进行本月发放"，单击"是Y"。

（4）系统列出待处理人员。

（5）单击工具栏上的"计算"按钮，系统提示"是否进行此项操作?"，单击"是Y"，进行工资计算。

（6）系统提示"计算完毕"，"确定"，系统显示计算结果。

（7）关闭。

注意：

（1）工资标准管理用来定义工资标准表与工资计算公式，是为"工资调整处理"与"工资发放处理"服务的，换句话说，在工资标准管理中定义的工资标准与公式，既可以在"工资调整"中使用，也可以在"工资发放"中使用，达到了"资源共享"的目的。

（2）"工资调整处理"是用来处理档案工资，如试用期定级，工资档次升级等业务，不是每月要做的工作。

（3）"工资发放"是用来按月发工资使用的，与"工资调整"有着本质区别。

（4）关于"必录指标项"：有些用户在使用工资管理模块时，常常发现数据计算不出来或计算结果不正确，除系统异常故障外，大多是"必录指标项"没有录，或录得不准确，所谓"必录指标项"，指的是工资标准表中的"横向指标"、"纵向指标"、"限定条件"中所涉及的指标项，还有"人员范围"中所涉及的指标项，所以，这些指标是必须录入的，而且要录入准确，才能精确无误地计算出结果。

（四）　工资发放表

在此功能中，可以显示或打印系统提供的较简单的各种形式的工资发放表。

[例5] 制作工资发放签名表。

1. 打开"工资发放"菜单，选择"发放表"。

2. 系统弹出对话框，我们选择"工资发放签名表"，并选择好单位，系统默认的人员类别为"在职人员"。

3. "设置"，系统弹出对话框，选择生成表单的项目——选中项，"序号、姓名、签名"这三项位置固定，不能上移下移。

4. "完成"系统弹出"工资发放签名表"的格式界面，"保存"、"退出"。

5. 在显示项目窗口单击"上一步"按钮，返回（只有点了"上一步"，才可以点"下一步"）。

6. "下一步"按钮，选择时间段。

7. "下一步"，选择单位，鼠标单击选中单位或部门，用于生成相应表单（单击后，单位/部门上显示有√）。

8. "完成"。

[例6] 制作工资发放条。

1. 打开"工资发放"菜单，选择"发放表"。

2. 系统弹出对话框，我们选择"工资发放条"，并选择好单位，系统默认的人员类别为"在职人员"。

3. "设置"，选择指标。

4. "完成"系统弹出"工资发放条"的格式界面，"保存"、"退出"。

5. 在显示项目窗口单击"上一步"按钮，返回（只有点了"上一步"，才可以点"下一步"）。

6. "下一步"按钮，选择时间段。

7. "下一步"，选择单位，鼠标单击选中单位或部门，用于生成相应表单（单击后，单位/部门上显示有√）。

8. "完成"。

注意：

（1）系统提供的其他类型的工资表生成操作与以上两例相似，这里不再重复。

（2）"批打"，指的是一次性打印多个单位的数据，只有存在多个同级单位时，批打才有意义。

（五） 银行模板

此功能用于向银行上报文本文件。

1. 单击"工资发放"菜单，选择"银行代发"。

2. 系统弹出对话框。

3. "新增"，在此输入模板名称，（如：中国银行）"确定"。

4. 系统返回上一界面，选中此模板后，"设置"，进行模板设置界面。

名称	内容	宽度	小数点	前补字符	后补字符	分隔符
姓名	姓名（A0101）	10		空格	空格	Tab 键
实发工资	实发工资（C5903）	10	不显示	0	0	

5. "保存模板"，"退出"，返回银行代发界面，选择此模板并选择单位，"确定"，系统显示所生成的银行模板，在此可打印或输出文本文件。

（六） 其他功能

1. 发送：此功能可将待审批的工资数据发送给上级单位，或将上级单位审批后的工资数据发送给下级单位。

2. 接收：此功能可接收下级单位的待审批的工资数据，或接收上级单位的已审批的工资数据。

3. 工资计算界面的工具栏。

添加：用于增加所需计算。

撤销：用于删除所需计算的人员。

保存：将计算结果保存在审批库中，以便发送上级单位使用。

校验：用于检查下级单位上报的数据。

列表：以列表方式显示人员信息。

个人表：以模板方式显示人员信息。

花名册：以高级花名册方式显示人员信息。

汇总表：以统计表方式显示相关工资信息（统计表必须是有统计结果的）。

设置：查看当前业务分类所关联的标准表及公式等。

查看：查找符合条件的。

锁定：锁定界面，不可编。

当前：切换当前记录与历史的显示。

子集：切换子集显示状态。

4. 导入数据：将已审批或待批的工资数据（ACCESS 文件）导入工资审批库。

5. 导出数据：将已审批或待审批的工资数据从工资审批库导出为 ACCESS 文件。

6. 清空数据：清空工资审批库中的数据（此操作不会影响您的原始数据）。

7. 关于工资标准的权限设置，点击工具栏上的权限设置，系统弹出对话框。工资标准的权限除 SA 外，要将"工资管理员"赋予完全控制的权限。

（七） 单位工资总额变动情况

进入工资管理界面中，点击主菜单"信息"、"单位工资总额变动情况"的选项条，系统自动进入界面。

选定人员类别后，点击"统计"的按键，系统自动统计所有人员的工资子集当前记录之和与最近一条历史记录之和，并按单位分别显示。点击"人员流动"或"个人资料变动"的选项框，可以查看该单位下详细的人员流动信息和工资变动信息。

八、实验结果和总结

合理运用工资管理系统，能正确制作工资标准，进行工资调整、工资发放设置和处理，制作工资发放表及相关查询业务。

九、实验成绩评价标准

本实验采用五级制：

A. 熟练掌握企业薪资管理的操作，实验报告完成情况好；
B. 比较熟练掌握企业薪资管理的操作，实验报告完成情况较好；
C. 掌握企业薪资管理的操作，实验报告完成情况一般；
D. 掌握企业薪资管理的操作较差，实验报告完成情况较差；
E. 不能完全掌握企业薪资管理的操作，实验报告完成情况很差。

实验五十八 保险业务管理实验（N020）

一、实验名称和性质

所属课程	人力资源管理信息系统操作实务
实验名称	保险业务管理
实验学时	1
实验性质	√□验证　□综合　□设计
必做/选做	√□必做　□选做

二、实验目的

熟悉保险管理设置、保险业务处理、保险台账管理等业务、了解保险业务工作基本作业流程，掌握保险业务管理模块的操作使用。

三、实验的软硬件要求

硬件要求

网络版，每位学生一台电脑。

使用的软件名称、版本号以及模块

金益康人事人力资源管理信息系统，在服务器端 Windows NT Server4.0 或 Windows2000 上安装 MS SQL Server7.0 或 MS SQL Server2000 数据库。

四、知识准备

前期要求掌握的知识

人力资源管理基础知识；计算机基本操作技能。

实验相关理论或原理

根据企业人力资源管理业务的要求，采用信息资源规划技术，建立稳定的人力资源基础数据库，为人力资源集中规范的管理提供辅助手段，同时对人力资源部分管理业务进行流程化管理。

实验流程

开机 ⇒ 进入系统 ⇒ 进入该模块 ⇒ 按照要求完成每项具体操作

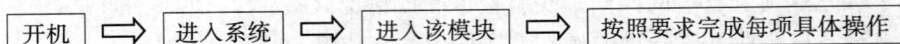

五、实验材料和原始数据

实验材料：无。

原始数据：学生自己输入符合逻辑的数据即可。

六、实验要求和注意事项

实验要求：能独立完成指定的步骤。

注意事项：模块的独立性与其他模块数据的衔接性。

七、实验步骤和内容

1. 保险管理设置。

（1）当地职工年均工资的设置。

业务管理/当地职工年均工资。

（2）保险费计算公式的设置。

①公式管理器。

工具/公式管理器/保险标准/公式。

②保险标准名称和公式的编辑。

（3）参数的设置。

保险参数的设置是将公式管理器模块内定义完毕的保险费计算公式，与参数设置模块内相应项目进行关联设置。

保险管理/设置菜单/参数设置。

2. 保险业务处理。

（1）保险费缴费额计算。

菜单栏业务管理/缴纳保险费。

（2）月报表管理。

菜单栏业务管理/缴纳保险费。

（3）参保信息管理。

（4）日常业务管理。

3. 保险台账管理。

保险台账是指对机构中人员所缴纳保险费用明细及合计数据的一种表格。

（1）单位台账。

（2）个人台账。

4. 商业保险管理。

八、实验结果和总结

熟练掌握保险业务管理的操作，能正确进行保险管理设置，保险业务处理，保险台账管理等作业。

九、实验成绩评价标准

本实验采用五级制：

A. 熟练掌握保险业务管理的操作，实验报告完成情况好；

B. 比较熟练掌握保险业务管理的操作，实验报告完成情况较好；

C. 掌握保险业务管理的操作，实验报告完成情况一般；

D. 掌握保险业务管理的操作较差，实验报告完成情况较差；

E. 不能完全掌握保险业务管理的操作，实验报告完成情况很差。

实验五十九 教育培训管理实验（**N021**）

一、实验名称和性质

所属课程	人力资源管理信息系统操作实务
实验名称	教育培训管理
实验学时	1
实验性质	√□验证 □综合 □设计
必做/选做	√□必做 □选做

二、实验目的

熟悉培训计划编制、报名管理、人员培训信息管理以及培训业务报表管理等基本业务流程，掌握培训管理模块的操作使用。

三、实验的软硬件要求

硬件要求

网络版，每位学生一台电脑。

使用的软件名称、版本号以及模块

金益康人事人力资源管理信息系统，在服务器端 Windows NT Server4.0 或 Windows2000 上安装 MS SQL Server7.0 或 MS SQL Server2000 数据库。

四、知识准备

前期要求掌握的知识

人力资源管理基础知识；计算机基本操作技能。

实验相关理论或原理

根据企业人力资源管理业务的要求，采用信息资源规划技术，建立稳定的人力资源基础数据库，为人力资源集中规范的管理提供辅助手段，同时对人力资源部分管理业务进行流程化管理。

实验流程

开机 ⟹ 进入系统 ⟹ 进入该模块 ⟹ 按照要求完成每项具体操作

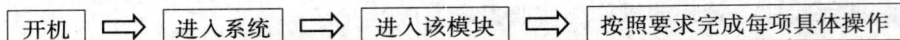

五、实验材料和原始数据

实验材料：无。

原始数据：学生自己输入符合逻辑的数据即可。

六、实验要求和注意事项

实验要求：能独立完成指定的步骤。

注意事项：模块的独立性与其他模块数据的衔接性。

七、实验步骤和内容

（一）培训计划管理

1. 系统内培训计划管理。

（1）设置视图。

（2）指标设置。

（3）导出计划。

（4）导入计划。

（5）增加计划。

（6）删除计划。

（7）增加课程。

（8）删除课程。

（9）"编辑"。

2. 系统外培训计划管理。

（1）增加计划。

（2）删除计划。

（3）编辑计划。

（4）查询计划。

（二）报名管理

1. 系统内人员报名管理。

（1）增加报名人员。

（2）删除报名人员。

（3）编辑报名人员。

（4）查询报名人员。

2. 系统外人员报名管理。

（1）增加报名人员。

（2）删除报名人员。

（3）编辑报名人员。

（4）查询报名人员。

（三）人员培训信息管理

1. 增加培训信息。

2. 删除培训信息。

3. 编辑培训信息。

4. 查询培训信息。

5. 打印培训信息。

（四）单位培训信息管理

1. 编辑培训信息。

2. 删除培训信息。

3. 查询培训信息。

4. 导入培训信息。

5. 导出培训信息。

6. 设置视图。

7. 设置列表。

（五）　统计报表

1. 教育培训统计报表。
2. 人员培训信息统计。

八、实验结果和总结

熟练掌握教育培训管理的操作，利用系统能正确编制培训计划，进行报名管理，人员培训信息管理以及培训业务报表管理。

九、实验成绩评价标准

本实验采用五级制：

A. 熟练掌握教育培训管理的操作，实验报告完成情况好；

B. 比较熟练掌握教育培训管理的操作，实验报告完成情况较好；

C. 掌握教育培训管理的操作，实验报告完成情况一般；

D. 掌握教育培训管理的操作较差，实验报告完成情况较差；

E. 不能完全掌握教育培训管理的操作，实验报告完成情况很差。

实验六十　绩效考核管理实验　（N022）

一、实验名称和性质

所属课程	人力资源管理信息系统操作实务
实验名称	绩效考核管理
实验学时	2
实验性质	□验证　□综合√□设计
必做/选做	√□必做　□选做

二、实验目的

熟悉绩效考核管理系统的建立、考核指标与权重的设置、考核数据的录入与计算，了解绩效考核管理的基本业务流程，掌握绩效管理模块的操作使用。

三、实验的软硬件要求

硬件要求

网络版，每位学生一台电脑。

使用的软件名称、版本号以及模块

金益康人事人力资源管理信息系统，在服务器端 Windows NT Server4.0 或 Win-

dows2000 上安装 MS SQL Server7. 0 或 MS SQL Server2000 数据库。

四、知识准备

前期要求掌握的知识

人力资源管理基础知识；计算机基本操作技能。

实验相关理论或原理

根据企业人力资源管理业务的要求，采用信息资源规划技术，建立稳定的人力资源基础数据库，为人力资源集中规范的管理提供辅助手段，同时对人力资源部分管理业务进行流程化管理。

实验流程

$$\boxed{\text{开机}} \Rightarrow \boxed{\text{进入系统}} \Rightarrow \boxed{\text{进入该模块}} \Rightarrow \boxed{\text{按照要求完成每项具体操作}}$$

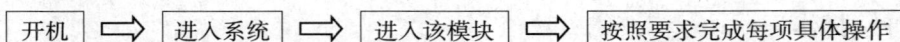

五、实验材料和原始数据

实验材料：无。

原始数据：学生自己输入符合逻辑的数据即可。

六、实验要求和注意事项

实验要求：能独立完成指定的步骤。

注意事项：模块的独立性与其他模块数据的衔接性。

七、实验步骤和内容

1. 考核系统。

（1）考核系统定义。

考核系统指实际工作中的考核类别，如企业高级专业技术人员量化考核评分表、干部年终考核评议表。

一个考核系统包括考核要素、数据录入、数据计算、统计分析四部分。

不同的考核系统适用于不同的人员类别，不同的考核系统具有不同的考核要素和评分标准。

（2）考核系统的建立。

手工创建、模板创建

①手工创建——工具/手工创建，用户只能输入 01～80 的数字。

考核要素编码各长度：最多可创建五级，五级相加位长不能大于 10 位。

②模板创建。

模板来源：系统提供、用户将已建的考核要素保存为模板。

2. 考核要素。

（1）考核要素定义。

考核要素包括考核项目和该项目的权重、评价标准，最多可分为五个层次。

（2）考核要素的建立。

3．数据录入。

（1）单人录入。

双击单人录入，单击机构前的"＋"，选中被测评人，单击右键，增加测评者。五个级别：上上级、上级、同级、下级、下下级。每一级的权重系数可以在数据计算模块内设置。

（2）多人录入。

①若是初次使用需要建立被测评组。

双击单人录入，选择文件菜单下的人员分组，单击增加，选择单位或部门，将待选人员"选择"到已选人员窗口。

②多人录入操作。

双击多人录入，选中被测评组，单击右键，增加测评者。

双击被测评组，展开测评者，选中一个测评者，在右窗口考核项目内输入被测评人的考核分数。

③其他操作。

清空表单：清空测评者填入的考核信息。

删除表单：删除一个考核表单。

4．数据计算。

（1）数据计算步骤。

① 双击计算，系统自动计算。

②单击"规则"，设置去值数目、去值规则、权重。

去值数目：设置去掉最大值、最小值的个数，设置计算结果保留的小数为数。

去值规则：用于设置在哪个测评级别的分数成为最值时允许去掉。

③结果类型：定义被测评人考核结果的等级划分。

单项否决：设置各考核要素分值必须大于等于的值，不论被测评人的最终结果类型是哪个等级，只要有一项考核要素的得分未达到单项否决设置的分数，该被测评人的考核结果等级都要降一级。

（2）数据计算其他功能。

5．统计分析。

（1）统计分析操作流程。

（2）统计分析其他功能。

6．绩效考核成绩计算公式。

八、实验结果和总结

熟练掌握绩效考核管理系统的操作，正确建立考核系统，设置考核指标与权重，进行考核数据的录入与计算。

九、实验成绩评价标准

本实验采用五级制：
A. 熟练掌握绩效考核管理的操作，实验报告完成情况好；
B. 比较熟练掌握绩效考核管理的操作，实验报告完成情况较好；
C. 掌握绩效考核管理的操作，实验报告完成情况一般；
D. 掌握绩效考核管理的操作较差，实验报告完成情况较差；
E. 不能完全掌握绩效考核管理的操作，实验报告完成情况很差。

实验六十一　考勤业务管理实验（N023）

一、实验名称和性质

所属课程	人力资源管理信息系统操作实务
实验名称	考勤业务管理
实验学时	1
实验性质	√□验证　□综合　□设计
必做/选做	√□必做　□选做

二、实验目的

熟悉考勤管理系统的建立、日常数据的录入维护与查询，掌握考勤业务管理模块的操作使用。

三、实验的软硬件要求

硬件要求
网络版，每位学生一台电脑。
使用的软件名称、版本号以及模块
金益康人事人力资源管理信息系统，在服务器端 Windows NT Server4.0 或 Windows2000 上安装 MS SQL Server7.0 或 MS SQL Server2000 数据库。

四、知识准备

前期要求掌握的知识
人力资源管理基础知识；计算机基本操作技能。
实验相关理论或原理
根据企业人力资源管理业务的要求，采用信息资源规划技术，建立稳定的人力资源基础数据库，为人力资源集中规范的管理提供辅助手段，同时对人力资源部分管理业务进行流程化管理。

实验流程

开机 ⇨ 进入系统 ⇨ 进入该模块 ⇨ 按照要求完成每项具体操作

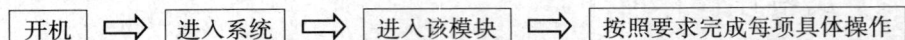

五、实验材料和原始数据

实验材料：无。

原始数据：学生自己输入符合逻辑的数据即可。

六、实验要求和注意事项

实验要求：能独立完成指定的步骤。

注意事项：模块的独立性与其他模块数据的衔接性。

七、实验步骤和内容

1. 基础数据设置。

（1）考勤卡号管理。

① 分配考勤卡号。

②更换考勤卡号。

③回收考勤卡号。

④考勤卡号的查询与打印输出。

（2）设置考勤机。

（3）考勤机分配。

（4）班别定义。

（5）班别分配。

（6）公休日设置。

（7）节假日设置。

（8）假类管理。

（9）请假卡或公出卡管理。

2. 日常业务管理。

（1）请假处理。

（2）出差处理。

（3）外勤处理。

（4）加班处理。

（5）旷工处理。

3. 刷卡数据接收及处理。

（1）从考勤机中接收。

（2）从文本中接收。

（3）设置考勤机时间。

（4）查看刷卡时间。

（5）查看修改日志。

（6）刷卡记录处理。

（7）异常记录处理。

（8）查看考勤信息。

4. 考勤结果查询及统计。

（1）员工月考勤结果汇总。

（2）员工考勤结果汇总。

（3）部门考勤结果汇总。

（4）考勤数据统计分析。

5. 数据维护。

（1）资料删除。

（2）统计选项。

八、实验结果和总结

熟练掌握考勤业务管理的操作，建立考勤管理系统，进行日常数据的录入维护与查询。

九、实验成绩评价标准

本实验采用五级制：

A. 熟练掌握考勤业务管理的操作，实验报告完成情况好；

B. 比较熟练掌握考勤业务管理的操作，实验报告完成情况较好；

C. 掌握考勤业务管理的操作，实验报告完成情况一般；

D. 掌握考勤业务管理的操作较差，实验报告完成情况较差；

E. 不能完全掌握考勤业务管理的操作，实验报告完成情况很差。

实验六十二 沙盘模拟实验 （O001）

一、实验名称和性质

所属课程	人力资源管理专业实习技能训练
实验名称	人力资源管理沙盘模拟
实验学时	24
实验性质	□验证 □综合 □设计
必做/选做	√□必做 □选做

二、实验目的

人力资源管理沙盘培训是通过引领学员进入一个模拟的竞争性行业，由学员分组建立若干模拟公司，围绕形象直观的沙盘教具，实战演练模拟企业的人力资源管理与市场竞争，在经历模拟企业 3~4 年的荣辱成败过程中提高战略管理能力，感悟经营决策真谛。每一年度经营结束后，同学们通过对"公司"当年业绩的盘点与总结，反思决策成败，解析战略得失，梳理管理思路，暴露自身误区，并通过多次调整与改进的练习，切实提高综合管理素质。通过人力资源管理沙盘模拟达到以下目的：

1. 了解人力资源战略意义。
2. 熟悉人力资源宏观知识与工作流程。
3. 掌握选人、用人、留人的技巧。
4. 体会业务部门经理在人力资源工作中的作用。
5. 强化市场竞争意识。
6. 学会使用各种分析工具，诊断企业经营状态。

三、实验的软硬件要求

硬件要求

实验室配置 8 套人力资源管理沙盘教具。

软件要求

Windows2000 Server ＋ SP4，IE 5.5 以上，数据库采用 SQL Server。

四、知识准备

（一）招聘渠道及选择

1. 内部招聘与外部招聘利弊（见表 6－1）。

表 6－1

	内部招聘	外部招聘
优点	了解全面，准确性高 可鼓舞士气，激励员工进去 应聘者可更快适应工作 使培训投资得到回报 选择费用低	来源广、选择余地大 新雇员能带来新思想、新方法 内部竞争者从而难以做出决策时可采用外部招聘平息 人才现成，节省培训投资
缺点	来源局限于企业内部，范围窄 容易造成近亲繁殖 可能会因为操作不公或员工心理原因造成内部矛盾	不了解情况，进入角色慢 对应聘者了解少，可能招错人 内部员工得不到机会，积极性可能受到影响

2. 外部招聘渠道的种类。

（1）媒体广告：如电视、电台、报纸、期刊、广告散页等。企业在选择时，要综合考虑空缺岗位、广告价格、潜在应聘者所在地域、工作特性等要素。

（2）借助中介机构：如猎头公司、人才交流中心、职业介绍所等。猎头公司是企业求取高级人才流动的主要渠道之一，猎头公司的收费较高，通常能达到所推荐人才年薪的25%~35%，但是如果将企业自己招聘人才的时间成本，人才素质差异等隐性成本计算进去，猎头不失为一种经济高效方式。

（3）上门招募：包括学校招聘和参加人才交流会。学校招募优势：学生的可塑性强，选择余地大，有助于宣传企业形象等。

（4）熟人推荐。

（二） 招聘面试的 STAR 原则

招聘者应按 STAR 原则对应聘者进行考察，即：

S（SITUATION）背景：可通过应聘人员登记表了解背景资料。

T（TASK）任务：了解应聘者过去接替的工作任务有哪些。

A（ACTION）行为：针对上述任务，都采取的行动结果是怎样的。

R（RESUIT）结果：所采取的行动结果是怎样的。

通过以上步骤，基本上可以控制整个面试过程，对应聘人员的工作经历及知识和技能作出判断。

（三） 招聘来源渠道的质量评价

对于某一既定职位空缺来说，采用哪一种招聘渠道对人员招聘质量是构成影响的。所以企业注意对不同招聘渠道质量进行评价还是一种非常必要的做法。评价的方法之一是计算并比较每一招聘渠道的产出率（见表6-2）。

表6-2　　　　　　　　　　　　五种招聘渠道来源地假设产出率

	地区大学	名牌大学	员工推荐	报刊广告	猎头公司
（1）吸引简历数量	200	400	50	500	20
（2）接受面试人数	175	100	45	400	20
（3）产出率	87%	25%	90%	80%	100%
（4）合格的应聘人数	100	95	40	35	19
（5）产出率	57%	95%	89%	12%	95%
（6）接受工作的人数	90	10	35	25	15
（7）产出率	90%	11%	88%	50%	795
（8）累积产出率 =（6）÷（1）	45%	3%	70%	5%	75%
（9）成本（元）	30 000	50 000	15 000	20 000	90 000
（10）单位招聘成本（元/人）	333	5 000	428	800	6 000

从表 6 - 2 中可以看出，对于该公司所出现的这些职位空缺而言，当地大学以及内部推荐是两个最佳的招聘来源。报纸广告尽管人数较多，但是却只有相对很少的人符合职位要求。到名牌大学中去进行招聘倒是可以招聘到素质很高的应聘者，但是只有相对较少的人最终会接受本公司的工作。猎头公司可以招聘高素质的人才成功率较大，但费用也是很高的。

五、实验材料和原始数据

（一） 公司原始状况

1. 企业价值为 5。

2. 组织结构：初始时为直线职能制，设技术、营销、生产、人力资源四个部门。

3. 人员状况：公司初始时，各有两组 B 级生产、技术、销售人员。以后各公司可根据需要进行相应的增减。

4. 财务状况：公司初始时，划拨人力资源管理费用为 80 万元，以后将按销售收入的40% 进行划拨。公司人力资源管理费用超支时，可出售公司价值换取现金。

折算标准为：1 个公司价值 = 30 万元现金。

5. 业务情况：公司最初产品为 P1 产品，以后随着市场对 P2 产品、P3 产品的需求的出现及增长，可选择生产销售 P2 产品、P3 产品。

6. 各学员角色：分别扮演总经理、人力资源经理、人力资源助理、营销经理、生产经理、技术经理。

（二） 经营规则

1. 市场需求发展趋势（见表 6 - 3）。

表 6 - 3　　　　　　　　　　　　　市场需求发展趋势

产品　　　　　　市场需求　　年度	P1		P2		P3	
	数量（个）	单价（万元）	数量（个）	单价（万元）	数量（个）	单价（万元）
第一周期	240	6				
第二周期	270	5	130	6		
第三周期	160	5	200	6	70	7
第四周期	80	3	270	5	160	7
第五周期	120	3	210	5	270	6
第六周期	0		130	4	190	5

注：研发 P2 产品需要 2 个技术 A 级人员，研发 P3 产品需要 3 个技术 A 级人员。技术人员力量不足不能从事 P2或 P3 产品的生产和销售。

2. 人员每周期工作能力（见表 6 – 4）。

表 6 – 4 人员每周期工作能力情况 单位：个

技术人员	研发人员	生产人员	生产能力	销售人员	销售能力
A 级	15	A 级	15	A 级	15
B 级	10	B 级	10	B 级	10
C 级	5	C 级	5	C 级	5

3. 公司每周期统计本公司销售、生产、技术能力，可酌情上报本公司各个产品市场销售计划，计划中各产品总量不能超过本公司销售能力。

每个公司按所报销售计划分配市场需求。

①当市场需求总量小于各公司所报销售计划总额时，按销售经理价值数排名，排名前两名的公司能够满足销售能力（如果不能满足前两名则第一名优先满足，其余留给第二名公司），其他公司按比例分配剩余订单。

各公司所获订单 = 剩余订单数 ×（公司销售能力/市场剩余销售能力）

②当订单超过生产能力时，超出部分即为违约，按违约产品销售收入的 50% 冲减当年销售收入；当订单未超过生产能力而超过技术能力时，产品售价将低于市场价格 30% 。

（三） 招聘规则

1. 各公司招聘人员可选择不同的招聘渠道，不同的招聘渠道费用不同，所获取的人员数量、类别、层次都不相同，招聘渠道种类及费用见表 6 – 5。

表 6 – 5

招聘渠道	费 用
校园招聘	1 万元/次（不限人数）
人才集市	2 万元/次（不限人数）
媒体广告	3 万元/次（不限人数）
猎头市场	按人年工资的 30% 收取，最低每人不低于 2 万元

2. 各公司如果有招聘人员的需求，须在年初提交招聘竞单申请表，领取招聘竞单并按计划填写。每一渠道中每类每等级人员需有一张招聘竞单。各渠道优先满足总报酬（底薪 + 奖金 + 提成额）高的公司的人才需求。

提成 = 当年平均市场销售收入 × 公司所定提成比例

（1）如果总收入相同，则比较底薪。

（2）仍然相同，则比较公司人力资源经理的个人价值。

（3）再相同则比较公司价值。

3. 各公司提交招聘申报表后，按校园招聘、人才集市、媒体广告、猎头公司顺序选聘人才，如前一渠道已完成招聘计划，可申请放弃后一渠道。如想增加计划中未定招聘渠道，可在该渠道开始选聘前申请增加。

4. 公司之间可互相"挖"人才，欲挖人公司在招聘前填写挖人申请表。由培训师与被挖公司管理层面谈，如果被挖公司本年度所提供的总报酬不能高于挖人公司所提供的总报酬则挖人成功，如果提供同样总报酬，则不成功。但此总报酬标准必须惠及所有与被挖人员同类同级别人员。如被挖人员为 A 级以上人员，挖人公司应支付被挖公司该人员上周期总收入的 50% 作为违约金。

5. 每家公司每周期不能向两家以上（不含两家）公司挖人，每家不得超过两人（含两人）。

6. 公司之间相互争夺经理级人员并获得成功时，可得到该经理高于初始价值的价值。

7. 短期劳动力市场会有一定数量的各种 C 级人员，工资率不同，人员数量不同，聘期一年，优先满足工资高的公司申请，工资在同一工资率范围内的，优先满足先申请的公司。

（四） 薪资规则

1. 公司每周期初提交本年度的工资计划，包括工资收入、奖金、提成比例，并在本周期予以执行，不得违反。老员工工资可与本周期新招员工不一致，但在下一周期必须一致，此项工资调整属于自动调整，无须另提工资调整表。

2. 公司最低薪资标准为 1 万元/周期/人，低于最低薪资标准的按最低薪资标准计算。

3. 工资标准以 0.5 万元为一个单位，如按提成比例计算，不到 0.5 万元的按 0.5 万元计算，超过 0.5 万元的按 1 万元计算。

4. 自第二周期起，各公司需要变更工资的需提交工资调整表，不提交的视为不再调整。

（五） 培训规则

1. 公司针对不同的员工结合公司战略，须进行相应的培训，并支付相应的费用（见表 6 – 6）。

表 6 – 6

培训类型	费用	培训要求及培训效果
新员工培训	1 万元/次（不限人数）	上岗的先决条件，当年新招聘人员时必须进行培训
技能培训	转岗培训 0.5 万元/人	转岗、提升、增加能力的先决条件，进行能力培训的人员当年能力减少 40%，但第二年能力可增加 40%
	能力培训 1 万元/人	
企业文化培训	3 万元/人（每次不超过 10 人）	每周期各公司全体员工必须进行此培训，否则当年企业价值减 1
再就业培训	1 万元/次（不限人数）	辞退员工时必须进行，否则当年企业价值减 1

2. 生产、技术、销售人员可相互转岗工作，但须进行转岗培训，转岗培训期间员工无须任何工作能力，下一周期转入另一岗位系列后，恢复原能力等级。

（六）　离职与辞职规则

1. 每周期初（第一周期除外）各公司将有一个部门一名最高级的人员流失，顺序依次为第二周期为生产、第三周期为销售、第四周期为技术；以后周期往复循环。

2. 公司对富余人员可进行辞退。

3. 自然流动人员不支付辞退费用。公司主动辞退行为需支付辞退费为年新的 50%，并进行相应的再就业培训。

（七）　企业价值和个人价值的规定

1. 总经理初始价值为 7，其他经理、助理初始价值为 5。

2. 每周期期末，凡个人总收入高于同类职位市场平均收入的经理将增加价值 1。低于同类市场平均收入的个人价值减少 1。但在同一公司内。部门经理及助理价值不能高于总经理价值，高过部分将不予增加。

3. 部门经理价值为 5 时，可领导两个 A 级人员，每增加 1 个价值可多领导一个 A 级人员，如部门经理价值减少，原有 A 级人员将自动流失。

4. 每周期期末根据公司人均收入进行排名，排名前三名的公司将增加企业价值 1。

（八）　实验用表

1. 总经理用表。

（1）公司经营统计表（见表 6-7）。

表 6-7

第　周期　　　　　　　　　　　　　　　　　　　　　　　　　公司：＿＿＿＿＿

产品	销售能力	订单数量	生产能力	交货量	技术能力	价格	销售收入
P1							
P2							
P3							
总计							

（2）利润表（见表 6-8）。

表 6-8　　　　　　　　　　　　　　　　　　　　　　　　　　　　　单位：元

销售收入	
违约冲减	
总支出	
利润	

2. 技术经理用表。

（1）技术部门工作计划书。

时间：　　　　第　　周期

任务：一、P1 产品销售量：

目前能力：　　　　　　　　　　　　　尚缺能力：

　　预计招聘：A +　　人；　　A　人；　　B +　　人；　　B　人；　　C　人。

二、P2 产品销售量：

目前能力：　　　　　　　　　　　　　尚缺能力：

　　预计招聘：A +　　人；　　A　人；　　B +　　人；　　B　人；　　C　人。

三、P3 产品销售量：

目前能力：　　　　　　　　　　　　　尚缺能力：

　　预计招聘：A +　　人；　　A　人；　　B +　　人；　　B　人；　　C　人。

　　计划完成情况：　　　　　　　　　　完成比例：

　　未完原因：

（2）技术部门人员状况综合表（见表6－9）。

表6－9

产品	人员类别	数量	底薪	奖金	提成	技能培训人数	费用	转岗培训人数	费用	总能力	预计明年状况
P1	A +										
	A										
	B +										
	B										
	C										
P2	A +										
	A										
	B +										
	B										
	C										
P3	A +										
	A										
	B +										
	B										
	C										

3. 人力经理用表。

（1）第一周期各渠道预计人才供应量（见表 6－10）。

表 6－10　　　　　　　　　　　　　　　　　　　　　　　　　单位：人

销售 A 级	0	0	1	1
销售 B 级	1	1	2	0
生产 A 级	0	0	1	1
生产 B 级	0	1	2	0
技术 A 级	0	1	1	1
技术 B 级	0	1	1	0

（2）第二周期各渠道预计人才供应量（见表 6－11）。

表 6－11　　　　　　　　　　　　　　　　　　　　　　　　　单位：人

销售 A 级	0	1	2	2
销售 B 级	1	2	3	0
生产 A 级	0	1	1	1
生产 B 级	2	2	4	0
技术 A 级	0	1	2	3
技术 B 级	1	1	2	0

（3）第三周期各渠道预计人才供应量（见表 6－12）。

表 6－12　　　　　　　　　　　　　　　　　　　　　　　　　单位：人

销售 A 级	0	0	0	0
销售 B 级	0	1	0	0
生产 A 级	0	0	0	0
生产 B 级	0	1	1	0
技术 A 级	0	0	0	0
技术 B 级	0	1	1	0

（4）第四周期各渠道预计人才供应量（见表 6－13）。

表 6－13　　　　　　　　　　　　　　　　　　　　　　　　　单位：人

销售 A 级	0	0	1	1
销售 B 级	1	1	2	0
生产 A 级	0	0	0	1
生产 B 级	2	2	3	0
技术 A 级	0	1	1	1
技术 B 级	1	1	2	0

（5）第五周期各渠道预计人才供应量（见表6-14）。

表6-14 　　　　　　　　　　　　　　**预计人才供应量** 　　　　　　　　　单位：人

销售 A 级	0	0	1	1
销售 B 级	1	1	1	0
生产 A 级	0	1	0	1
生产 B 级	1	1	1	0
技术 A 级	0	0	0	1
技术 B 级	1	3	2	0

（6）人员薪酬计划书（见表6-15）。

表6-15 　　　　　　　　　　　　　　**人员薪酬计划书**

第　年 　　　　　　　　　　　　　　　　　　　　　　　　　　　公司：＿＿＿＿＿＿

部门	职位等级	基本工资	奖金	提成比例	预计总收入
办公室	总经理				
人力资源部	经理				
	经理助理				
技术部	经理				
	A 级人员				
	B 级人员				
生产部	经理				
	A 级人员				
	B 级人员				
销售部	经理				
	A 级人员				
	B 级人员				

（7）人员状况汇总表（6-16）。

表6-16 　　　　　　　　　　　　　　**人员状况汇总表**

公司：＿＿＿＿＿＿ 　　　　　　　　　　　　　　　　　　　　　　　　　第　周期

部门	人员类别	数量	价值	工作范围	技能培训人数	费用	转岗培训人数	费用	预计明年去向
总经理									
人力经理									
人力助理									
技术经理									
生产经理									
销售经理									

部门	人员类别	数量	价值	工作范围	技能培训人数	费用	转岗培训人数	费用	预计明年去向
销售	A +								
	A								
	B +								
	B								
生产	A +									
	A									
	B +									
	B									
技术	A +									
	A									
	B +									
	B									

总计:

人员总数:

P1 产品各项经营能力: 销售: _____ 生产: _____ 技术: _____

P2 产品各项经营能力: 销售: _____ 生产: _____ 技术: _____

P3 产品各项经营能力: 销售: _____ 生产: _____ 技术: _____

技能培训费用总计: _____

转岗培训费用总计: _____

4. 人力助理用表。

（1）市场销售计划表（见表 6-17）。

表 6-17　　　　　　　　　　　　　　市场销售计划表

公司名称	P1 产品销售计划	P2 产品销售计划	P3 产品销售计划

（2）招聘竞单申报表（见表 6-18）。

表 6-18　　　　　　　　　　　　　　招聘竞单申报表

公司: _____ 　　　　　　　　　　　　　　　　　　　　第　周期

渠道	校园	人才市场	媒体	猎头
申领竞单数量				
招聘费用				

（3）"挖"人申请单（见表6–19）。

表6–19   "挖人"申请单

公司：＿＿＿＿＿＿＿   第　周期

对象公司	人员类型	人员级别	底薪	奖金	提成比例	总报酬

（4）临时用工招录申请表（见表6–20）。

表6–20   临时用工招录申请表

公司名称	销售C级数量	工资	生产C级数量	工资	技术C级数量	工资

（5）现金收支表（见表6–21）。

表6–21

公司：＿＿＿＿＿＿＿   第　周期   单位：万元

上期现金余额（a）	
招聘支出：	
校园	
人才	
媒体	
猎头	
小计	
工资支出：	
管理人员工资	
销售人员工资	
生产人员工资	
技术人员工资	
临时人员工资	
小计	
提成（奖金）支出：	

续表

管理人员提成	
销售人员提成	
生产人员提成	
技术人员提成	
其他奖金	
小计	
培训支出：	
新员工培训	
企业文化培训	
技能培训	
转岗培训	
再就业培训	
小计	
辞退支出	
违约金支出	
本期现金支出总计（b）	
本期现金收入总计（c）	
本期现金余额（a－b＋c）	

5. 生产经理用表。

（1）生产部门工作计划书。

时间：第　　周期

任务：一、P1 产品销售量：

目前能力：　　　　　　　　　　　　尚缺能力：

预计招聘：A＋　　人；　　A　人；　　B＋　　人；　　B　人；　　C　人。

二、P2 产品销售量：

目前能力：　　　　　　　　　　　　尚缺能力：

预计招聘：A＋　　人；　　A　人；　　B＋　　人；　　B　人；　　C　人。

三、P3 产品销售量：

目前能力：   尚缺能力：

预计招聘：A +   人；   A   人；   B +   人；   B   人；   C   人。

计划完成情况：   完成比例：

未完原因：

（2）生产部门人员状况综合表（见表6－22）。

表6－22

产品	人员类别	数量	底薪	奖金	提成	技能培训人数	费用	转岗培训人数	费用	总能力	预计明年状况
P1	A +										
	A										
	B +										
	B										
	C										
P2	A +										
	A										
	B +										
	B										
	C										
P3	A +										
	A										
	B +										
	B										
	C										

6. 销售经理用表。

（1）销售部门工作计划书。

时间：第　　　周期

任务：一、P1 产品销售量：

目前能力：   尚缺能力：

预计招聘：A +   人；   A   人；   B +   人；   B   人；   C   人。

二、P2 产品销售量：

目前能力：   尚缺能力：

预计招聘：A +   人；   A   人；   B +   人；   B   人；   C   人。

三、P3 产品销售量：

目前能力：   尚缺能力：

预计招聘：A +   人；   A   人；   B +   人；   B   人；   C   人。

计划完成情况：   完成比例：

未完原因：

（2）销售部门人员状况综合表（见表6－23）。

表6－23

产品	人员类别	数量	底薪	奖金	提成	技能培训人数	费用	转岗培训人数	费用	总能力	预计明年状况
P1	A＋										
	A										
	B＋										
	B										
	C										
P2	A＋										
	A										
	B＋										
	B										
	C										
P3	A＋										
	A										
	B＋										
	B										
	C										

六、实验步骤和要求

每个培训班由36～48名学员组成，每5～6名学员组成一个管理团队，分别扮演总经理、人力资源经理、人力资源助理、生产部经理、营销部经理、技术部经理。课程设置为3天。

课程开始，各公司在总经理的率领下，依据市场信息、制定本公司的战略目标，并将目标分解至各职能部门，各部门经理按公司目标要求，结合本部门目前人力资源状况，同人力资源部协商制订招聘计划，并根据人才市场状况、竞争对手策略制定薪资标准、培训计划，最后按完成目标情况。对各学员在模拟经营中的表现进行绩效考核，组织绩效面谈，在整个模拟经营中培训师根据学员在整个流程中的表现及时给予点评。

1. 人力资源管理沙盘模拟第一期（见表6－24）。

表6－24

时间（分钟） / 部门	课程进度	讲师	助教	备注
20	开篇语 讲解沙盘课程特点 模拟公司原始状况简介	开篇语 讲解沙盘课程特点 讲解原始状况	实验室布置教具摆放	内容：1. 课程简介；2. 纪律和要求；3. 基础规则；4. 模拟公司背景 目的：了解沙盘课程特点，掌握模拟企业原始状况
15	确定角色 熟悉规则 学员提问	组织各公司职位分配 交代各角色任务 组织学习规则	协助讲师进行规则答疑	学员用10分钟时间通读本职位的经营规则
20	讲解规则 熟悉走盘方法	举例讲解规则	指导学员走盘	
15	公司成立大会	组织公司起名，公司目标确定，总经理就职演说	公司名称记录张贴公司成立公告	大会内容：公司起名、确定用人理念（写到一张大纸上） 宣讲每公司2分
5	第一周期人力资源会议内容简介	讲解人力资源会议的流程及议题	无	经营会议内容：公司业务发展趋势分析，劳动力市场供应变化分析，本公司长中短期人力资源战略的制定。招聘计划的制订，薪酬计划的制订，培训计划的制订
30	总经理主持本公司人力资源会议的召开	指导各公司进行经营战略、人力资源计划的制订	协助讲师对各公司进行指导与答疑	
10	报送招聘竞单申请表		记录招聘竞单数量发放招聘竞单	
10	招聘竞争	主持人才招聘	记录各公司获得人才数量，发放人员	

时间（分钟） ＼ 部门	课程进度	讲师	助教	备注
5	临时人员招聘	审批各公司临时人员招聘申请	记录各公司临时人员获得数量并发放人员	注意掌握工资率与人员数量之间关系
10	上报薪酬、培训计划		登记薪资与培训计划	无
5	上报销售计划	检查销售计划与公司的销售能力是否相符		
5	分配市场订单	主持订单分配	记录各公司获取订单数量	
5	填写经营计划统计	指导		由总经理填写
10	填写现金收支表 利润表	指导		无
15	计算各职位市场平均工资，计算各公司平均收入		统计、计算	临时人员工资与人数均不在计算之列
15	各公司总结及总经理述职	主持总经理述职		各公司成功经验介绍、失败原因及教训
60	讲师点评	点评	无	要点内容：1. 招聘渠道的选择；2. 招聘成本的内容；3. 薪酬四方图；4. 薪酬制度的类型；5. 人力资源战略与企业战略的关系；6. 薪资的公平性

2. 人力资源管理沙盘模拟第二期（见表6-25）。

表6-25

部门 时间（分钟）	课程进度	讲师	助教	备注
5	清盘		收回各公司临时人员，收取已支付费用，收自然流失人员	
5	第二周期人力资源会议内容简介	讲解人力资源会议主要议题	无	经营会议内容：如何调整薪酬计划已增强公司吸引力。如何安排人员进行技能培训
30	总经理主持本公司人力资源会议的召开	指导各公司进行经营战略、人力资源计划的制订	协助讲师对各公司进行指导与答疑	
15	挖人申请	主持各公司挖人	记录挖人导致的薪酬结构的变化	向同一家公司挖同一职位的申请不得超过两次
10	报送招聘竞单申请表		记录招聘竞单数量 发放招聘竞单	
10	招聘竞争	主持人才招聘	记录各公司获得人才数量，发放人员	
5	临时人员招聘	审批各公司临时人员招聘申请	记录各公司临时人员获得数量并分配人员	注意掌握工资率与人员数量之间的关系
10	上报薪酬、培训计划		登记薪资与培训计划	无
5	上报销售计划	检查销售计划与公司的销售能力是否相符		
5	分配市场订单	主持订单分配	记录各公司获取订单数量	
5	填写经营计划统计	指导		由总经理填写

续表

部门 时间（分钟）	课程进度	讲师	助教	备注
10	填写现金收支表 利润表	指导		无
15	计算各职位市场平均工资，计算各公司平均收入		统计、计算	临时人员工资与人数均不在计算之列
15	各公司总结及总经理述职	主持总经理述职		各公司成功经验介绍、失败原因及教训
60	讲师点评	点评	无	要点内容：1. 薪资结构线的作用；2. 公司经营战略与人力资源实务菜单的选择；3. 低成本与差异化战略对公司人力资源系统的影响；4. 马尔科夫模型的用途

3. 人力资源管理沙盘模拟第三期（见表 6 – 26）。

表 6 – 26

部门 时间（分钟）	课程进度	讲师	助教	备注
5	清盘		收回各公司临时人员，收取已支付费用，收自然流失人员	
5	第三周期人力资源会议内容简介	讲解人力资源会议主要议题	无	经营会议内容：公司遇到人才瓶颈的原因及对策是什么
30	总经理主持本公司人力资源会议的召开	指导各公司进行经营战略、人力资源计划的制订	协助讲师对各公司进行指导与答疑	
15	挖人申请	主持各公司挖人	记录挖人导致的薪酬结构的变化	向同一家公司挖同一职位的申请不得超过两次

续表

时间（分钟）／部门	课程进度	讲师	助教	备注
10	报送招聘竞单申请表		记录招聘竞单数量，发放招聘竞单	
10	招聘竞争	主持人才招聘	记录各公司获得人才数量，发放人员	
5	临时人员招聘	审批各公司临时人员招聘申请	记录各公司临时人员获得数量并发放人员	注意掌握工资率与人员数量之间关系
10	上报薪酬、培训计划		登记薪资与培训计划	无
5	上报销售计划	检查销售计划与公司的销售能力是否相符		
5	分配市场订单	主持订单分配	记录各公司获取订单数量	
5	填写经营计划统计	指导		由总经理填写
10	填写现金收支表利润表	指导		无
15	计算各职位市场平均工资，计算各公司平均收入		统计、计算	临时人员工资与人数均不在计算之列
15	各公司总结及总经理述职	主持总经理述职		各公司成功经验介绍、失败原因及教训
60	讲师点评	点评	无	要点内容：1. 人才瓶颈产生原因；2. 临时人员的利弊分析；3. 培训的成本结构与承担者确定；4. 培训的作用及效果评价内容与方法

4. 人力资源管理沙盘模拟第四期（见表 6 – 27）。

表 6 – 27

时间（分钟）＼部门	课程进度	讲师	助教	备注
5	清盘		收回各公司临时人员，收取已支付费用，收自然流失人员	
5	第四周期人力资源会议内容简介	讲解人力资源会议主要议题	无	经营会议内容：薪酬与公司业绩之间的关系，如何扩大劳动生产率
30	总经理主持本公司人力资源会议的召开	指导各公司进行经营战略、人力资源计划的制订	协助讲师对各公司进行指导与答疑	
15	挖人申请	主持各公司挖人	记录挖人导致的薪酬结构的变化	向同一家公司挖同一职位的申请不得超过两次
10	报送招聘竞单申请表		记录招聘竞单数量 发放招聘竞单	
10	招聘竞争	主持人才招聘	记录各公司获得人才数量，发放人员	
5	临时人员招聘	审批各公司临时人员招聘申请	记录各公司临时人员获得数量并发放人员	注意掌握工资率与人员数量之间关系
10	上报薪酬、培训计划		登记薪资与培训计划	无
5	上报销售计划	检查销售计划与公司的销售能力是否相符		
5	分配市场订单	主持订单分配	记录各公司获取订单数量	
5	填写经营计划统计	指导		由总经理填写
10	填写现金收支表 利润表	指导		无

部门 时间（分钟）	课程进度	讲师	助教	备注
15	计算各职位市场平均工资，计算各公司平均收入		统计、计算	临时人员工资与人数均不在计算之列
15	各公司总结及总经理述职	主持总经理述职		各公司成功经验介绍、失败原因及教训
60	讲师点评	点评	无	要点内容：1. 绩效管理与绩效考评的区别；2. 选取绩效评估方法的战略思考；3. 平衡计分卡思想及使用简介；4. 其他考评方法优缺点简介；5. 课程总结

七、实验结果和评价标准

1. 每期模拟训练结束计算。

（1）企业价值40%（分差为5分，即第一名为40分，第二名为35分，第三名为30分，以此类推）。

（2）A类人员所占比例30%（分差为3分，即第一名为30分，第二名为27分，第三名为24分，以此类推）。

（3）销售收入30%（分差为2分，即第一名为30分，第二名为28分，第三名为26分，以此类推）。

（4）公司本期经营得分=企业价值得分+A类人员所占比例得分+销售收入得分。

2. 结果运用。

（1）公司员工人均工资高于平均工资，则该公司增加1个价值，低于平均工资则该公司减少1个价值。

（2）公司本期经营得分前3名各奖励1个公司价值。

（3）公司价值低于3即为公司破产。

3. 每家公司进行本期经营情况总结。

实验六十三　团队"破冰"（P001）

一、实验名称和性质

所属课程	团队拓展训练组织与培训实践
实验名称	团队破冰（I001）
实验学时	4
实验性质	√□验证　□综合　□设计
必做/选做	√□必做　□选做

二、实验目的

为团队训练的热身性项目，其目的在于增强学员间的了解和交流，提高学员对活动参与的积极性和热情。教会学员对团队破冰的组织培训工作。

三、实验项目

赛跑、并肩作战。

四、知识准备

熟悉并掌握与团队管理和沟通的相关知识。

五、实验材料和原始数据

部分沟通实例。

六、实验工具

计算器、户外坐垫。

七、实施步骤

游戏1. 赛跑

游戏时间：0.5小时（项目前讲解、项目操作）。

游戏规则：请一个身体较健硕的男学员以最快的速度围着整个团队跑步一圈，计算需用时多长，接着请一位女学员来配合男学员（可背着或抱着）一起完成刚才的跑步动作，并计算时间，然后再多请一位男学员出来，建议三个学员一起完成赛跑动作（通常要求一个背着两个来完成，但不建议真实施，只要让所有学员知道他们能发挥潜力完成此项任务就可以了），相比前两次跑步的时间之差，让所有学员一起来找出时间差的原因，引入游戏目的。

游戏目的：个人潜力的无限及责任心、投入度对培训收获的影响。

游戏2. 并肩作战

游戏时间：0.5小时（项目前讲解、项目操作）。

游戏规则：学员手拉手、背对背同时坐到地上，再同时站起来，要求每个学员的手要交叉插入到另一个学员的手肘里并紧贴自己的腰间，项目进行时不得把手松开，如若有学员的手松开或摔倒则游戏失败，必须重新开始；允许团队中有学员做指挥者的角色；可先让学员先小组体验，一定时间后将整个团队合一起，增加项目的难度。

游戏目的：加强学员参与项目的投入度；增强团队成员间的配合；让学员关注细节，认识每一个细节对项目完成的重要性；强化指挥者的领导能力、协调技巧；树立团队意识，增强团队凝聚力。

八、实验结果和总结

实验结果以打印的实验报告为准。总结实验过程，完成实验报告。

九、实验成绩评价标准

本实验采用五级评分制：

A：能够积极参加训练，认真撰写实验报告；实验报告内容完整、书写规范，体会深刻；

B：能够积极参加训练，认真撰写实验报告；实验报告内容完整、书写规范，有所领悟；

C：能够较积极参加训练，按时完成实验报告；实验报告内容基本完整、书写规范，有一定的心得体会；

D：能够参加各项训练，按时完成撰写实验报告；实验报告内容基本完整、书写较规范，有些体会；

E：能够参加各项训练，能够完成实验报告；实验报告内容一般。

实验六十四　团队创新性思维训练（P002）

一、实验名称和性质

所属课程	团队拓展训练组织与培训实践
实验名称	团队创新性思维训练（I002）
实验学时	4
实验性质	√□验证　□综合　□设计
必做/选做	√□必做　□选做

二、实验目的

通过游戏培养学员创新思维的能力，让学员体会到创造性思维的重要性和价值，继续提高学员的参与度和积极性，同时教会学员对团队创新性思维训练的组织培训工作。

三、实验项目

大树与松鼠、阿水的故事、货币抱团、七巧板、扫雷。

四、知识准备

熟悉并掌握与团队管理和沟通的相关知识。

五、实验材料和原始数据

部分沟通实例。

六、实验工具

七巧板、圆形地垫、长绳、玻璃杯。

七、实验步骤

游戏 1. 大树与松鼠

1. 项目时间：0.5 小时（项目前讲解、项目操作）。

2. 项目规则。

（1）事先分组，三人一组。二人扮大树，面对对方，伸出双手搭成一个圆圈；一人扮松鼠，并站在圆圈中间；培训师或其他没成对的学员担任临时人员。

（2）培训师喊"松鼠"，大树不动，扮演"松鼠"的人就必须离开原来的大树，重新选择其他的大树；培训师或临时人员就临时扮演松鼠并插到大树当中，落单的人应表演节目。

（3）培训师喊"大树"，松鼠不动，扮演"大树"的人就必须离开原先的同伴重新组合成一对大树，并圈住松鼠，培训师或临时人员就应临时扮演大树，落单的人应表演节目。

（4）培训师喊"地震"，扮演大树和松鼠的人全部打散并重新组合，扮演大树的人也可扮演松鼠，松鼠也可扮演大树，培训师或其他没成对的人亦插入队伍当中，落单的人表演节目。

3. 项目目的。

（1）增加学员参与的投入度，调节心理状态。

（2）调节团队热烈兴奋的氛围，进入感性游戏状态。

（3）强化学员对指令的绝对服从，坚决执行。

（4）突破思维定式，打破常规。

（5）增强训练的趣味性。

（6）提高成员的反应能力和注意力。

游戏 2. 阿水的故事

1. 项目时间：20 分钟（项目前讲解、项目操作）。

2. 项目规则。

（1）所有的队员围成一个圈，所有的人都将自己的右手的食指放在右侧，并且要与肩部水平，朝上，左手放在相邻的队员的食指上。然后教练开始讲"阿水的故事"，当队员听到教练讲到一个"水"字时，队员的左手去抓相邻的队员的右手的食指，左手迅速逃开，被抓到的队员就站到中间围成一个类似的小圆圈，再用同样的方法进行下去，如果中间的队员既没有被别人抓到，又抓住了别人的话，那么他就回到原来那个圆圈，依此进行，故事结束的时候，中间的人就表演一个节目。

（2）任何人都不能讲话，任何人都必须把手放在规定的位置。

3. 项目目的。

（1）提高队员的反应能力和注意力。

（2）打破惯性思维，不要让惯性思维左右你的思想。

（3）机会只属于那些时刻准备好的人。

游戏 3. 货币抱团

1. 项目时间：20 分钟（项目前讲解、项目操作）。

2. 项目规则。

（1）一个女士代表一元，一个男士代表 5 毛钱。

（2）所有人手拉手围成一个大圆圈，然后向右转，手松开，听到培训师指令开始逆时针方向跑动，当培训师发出 8.5 元的指令时，所有学员必须迅速组合（30 秒为限），未组合成的表演节目。

（3）游戏可反复进行几次。

3. 项目目的。

（1）提高队员的反应能力和注意力。

（2）加强训练的趣味性。

游戏 4. 七巧板

1. 项目时间：1.5 小时（项目前讲解、项目操作、分享小结）。

2. 项目规则：将团队分成 7 个工作组，模拟团队中不同部门或者各分支机构，整体合作完成一系列复杂的任务（七巧板项目制作及任务书另附）。

3. 操作要点。

（1）把 7 个组成员分别带到摆好的椅子坐好，宣布七组的编号。

（2）在项目进行过程中，所有人的身体不得离开所坐的椅子，所有七巧板和任务书只能由第 7 组传递。每组的任务写在任务书上，完成任务，会有相应积分，全队在规定的 40 分钟内，总分达到 1000 分，团队才算项目成功。

（3）把混在一起的 35 块七巧板随机发给七组，每组 5 块。提醒学员在项目中使用七巧板时注意安全，只能手递手传递，严禁抛扔。

（4）然后将图一～图七（另附）按顺序发给 7 个组，最后将任务书 1～7 按顺序发给七组。

（5）向所有成员宣布：现在项目 40 分钟计时开始，请大家遵守规则，注意安全。

（6）学员组好图形后，请确认图形，符合要求的，在记分表上记分（记分板另附）。

（7）项目时间到 40 分钟时，结束项目，计算各组分数和团队总分。

（8）记分完毕，收回所有 35 块七巧板。

（9）分享结束后，收回 7 张任务书和 7 张图。

4. 培训目标。

（1）培养团队成员主动沟通的意识，体验有效的沟通渠道和沟通方法。

（2）强调团队的信息与资源共享，通过加强资源的合理配置来提高整体价值。

（3）体会团队之间加强合作的重要性，合理处理竞争关系，实现良性循环。

（4）培养市场开拓意识，更新产品创新观念。

（5）培养学员科学系统的思维方式，增强全局观念。

（6）体会不同的领导风格对于团队完成任务的影响和重要作用。

游戏 5. 扫雷

项目时间：1.5 小时（项目前讲解、项目操作、分享小结）。

项目规则：要求团队仅借助一条约 13 米长的麻绳把"雷区"（直径为 5 米的圆圈）内的"地雷"（一只装满水的玻璃杯）取出，并且要求至少想出三个以上的方法来完成任务。

项目目标：资源的有效利用；增强团队凝聚力；解决问题的多种渠道，鼓励创新与发散性思维。

八、实验结果和总结

实验结果以打印的实验报告为准。总结实验过程，完成实验报告。

九、实验成绩评价标准

本实验采用五级评分制：

A：能够积极参加训练，认真撰写实验报告；实验报告内容完整、书写规范，体会深刻；

B：能够积极参加训练，认真撰写实验报告；实验报告内容完整、书写规范，有所领悟；

C：能够较积极参加训练，按时完成实验报告；实验报告内容基本完整、书写规范，有一定的心得体会；

D：能够参加各项训练，按时完成撰写实验报告；实验报告内容基本完整、书写较规范，有些体会；

E：能够参加各项训练，能够完成实验报告；实验报告内容一般。

实验六十五　团队意识训练的组织与实施（**P003**）

一、实验名称和性质

所属课程	团队拓展训练组织与培训实践
实验名称	团队意识训练的组织与实施（I003）
实验学时	4
实验性质	√□验证　□综合　□设计
必做/选做	√□必做　□选做

二、实验目的

本项目的主要目标在于培养学员的团队意识，学会平衡和处理个人利益与集体利益的关系；教会学员对团队意识训练项目的组织培训工作。

三、实验项目

百米障碍跑、团体梅花桩、运水接龙。

四、知识准备

熟悉并掌握与团队管理和沟通的相关知识。

五、实验材料和原始数据

部分沟通实例。

六、实验工具

百米障碍设施、梅花桩、水桶、接水竹筒。

七、实验步骤

游戏 1. 百米障碍跑

1. 项目时间：1.5 小时（项目前讲解、项目操作、分享小结）

2. 项目规则。

（1）两组以对抗赛的形式逐一完成各个障碍。

（2）矮墙与铁丝网：要求学员跨过矮墙，穿越铁丝网后迅速列队并报数，以时间为考核依据，用时少者赢得第一回合。期间允许学员互相协助。

技巧提示：

①矮墙：墙前墙后都安排人员协助。

②铁丝网：头压低、臀部压低作匍匐前进状进行。

（3）独木桥：此项目两个对抗的团队轮流完成。要求学员一个接着一个独立走过独木桥，并列队报数，用时少者赢得第二个回合。

技巧要点：

①学员行进过程中不得跟其他人有身体接触，不得在桥上跑步。

②本组其他学员可在桥的两边形成一个保护圈，以防桥上学员摔倒，但保护的学员不可接触桥及桥上学员。

③另一组的学员可在旁学习先行者的经验，也可选择在桥的两边 1 米之外作干扰的角色（不得与桥上学员有身体接触，也不能借助外物投掷桥上学员），使桥上学员尽可能多使用时间，以为自身团队争取更多的优势。

（4）天网：两个团队同时进行。要求学员从铁丝网和水的中间爬过，并列队报数，根据以下三个考核要点确定输赢：

①安全：所有人员必须毫发无损，如有人受伤，另一无人受伤的团队赢得第三回合，其他两考核点不考虑。

②湿身：身体上的任何部位（包括衣服、头发）不得与水接触。

③时间：用时少者。

（5）网绳：要求两队学员一个接着一个从网绳的一边翻越到另一边，用时少的一方赢得第四个回合。

操作要点：

①网上只允许 4 人在上面，即是各个团队只能有两人在上面，第三人要等第一个通过后才能开始上网，如若违规，在该队中总用时加 20 秒。

②网下的队员可在网的周围协助及保护网上有队友，但不能有身体接触。

（6）荡绳过涧：一组队员先进行，另一组接着进行；要求学员借助一条绳子从"涧"的一边荡到另一边。

操作要点：

①利用钟摆原理，轻松可以过"过涧"。

②已经过"涧"的队友可以在终点帮助其他队友。

③以不湿身且"过涧"人数多者赢得这一回合。

综合以上五个回合，以赢得回合数多者赢得这一整个项目的胜利，失败的团队接受"惩罚"。

3. 项目目标。

（1）体验团体成员对队友的鼓励及支持对克服障碍的帮助。

（2）营造良好竞争氛围，极大调动团队的积极能动性。

（3）强调个人与团队的从属关系，个人必须服从团队的利益。

（4）加强团队合作与团队的凝聚力。

（5）树立集体荣誉感。

游戏 2. 团体梅花桩

1. 项目时间：1.5 小时（项目前讲解、项目操作、分享小结）。

2. 项目规则：队员手拉手从梅花桩的起点走到终点。

3. 操作要点：

（1）两组学员同时进行，在介绍时明确规定起点桩与终点桩，上桩后的路线一般由学员自由选择。

（2）上桩时学员间必须手拉手，而且一旦上桩后不允许换手或脱手，也不允许从桩上掉下来。

（3）到达终点桩时必须有下一位队友的脚踏上终点桩，前一名队友才能从桩上下来并松开队友的手。

（4）以上几点，如有违规，则全体队友重新再来，培训师对各队失败的次数做好记录，以作分享之用。

4. 项目目标。

（1）100 - 1 = 0，感受工作流程中的每个环节的重要性。

（2）共同目标，群策。

（3）体验团队屡战屡败，越挫越勇的无畏精神，坚持的毅力。

（4）增加团队凝聚力。

游戏 3. 云水接龙

1. 项目时间：1.5 小时（项目前讲解、项目操作、分享小结）。

2. 项目规则。

各个团队利用长短约 50 厘米的 PVC 半边管（每人一条）连接成运水通道（通道约等于团队所有管道连起来的 2 倍），把水从始发点运输到终点（两边各放置一个水桶：一个装满水——起点放水；一个是空桶——终点接水），相同时间内，以运水量多少定胜负。

3. 操作要点：

（1）反复操作 2 ~ 3 个回合，每个回合约 8 分钟。

（2）在过程中学员不能用手堵管道口，以图阻止松开的管理口漏水，而是应该想办法使管道畅通无阻而不隔断。

（3）每个回合结束后，给团队 3 ~ 5 分钟的时间休整与讨论。

八、实验结果和总结

实验结果以打印的实验报告为准。总结实验过程，完成实验报告。

九、实验成绩评价标准

本实验采用五级评分制：

A：能够积极参加训练，认真撰写实验报告；实验报告内容完整、书写规范，体会深刻；

B：能够积极参加训练，认真撰写实验报告；实验报告内容完整、书写规范，有所领悟；

C：能够较积极参加训练，按时完成实验报告；实验报告内容基本完整、书写规范，有一定的心得体会；

D：能够参加各项训练，按时完成撰写实验报告；实验报告内容基本完整、书写较规范，有些体会；

E：能够参加各项训练，能够完成实验报告；实验报告内容一般。

实验六十六 团队沟通能力的训练（P004）

一、实验名称和性质

所属课程	团队拓展训练组织与培训实践
实验名称	团队沟通能力的训练（I004）
实验学时	4
实验性质	√□验证　□综合　□设计
必做/选做	√□必做　□选做

二、实验目的

本项目的主要目标在于让学员领会团队沟通的重要性和相关技巧，通过各类游戏让学员体会团队沟通的理论和方法；教会学员对团队沟通能力训练的组织培训工作。

三、实验项目

盲人方阵、风雨人生路。

四、知识准备

熟悉并掌握与团队管理和沟通的相关知识。

五、实验材料和原始数据

部分沟通实例。

六、实验工具

围巾、长绳、口哨。

七、实验步骤

游戏1. 盲人方阵

1. 项目时间：1.5 小时（项目前讲解、项目操作、分享小结）

2. 项目规则：在一定的时间内，蒙上眼睛的情况下，把一条若干米长的麻绳摆成等边的 N 边形（由培训师临时发出指令）。

3. 操作要点。

（1）项目实施前让各团队先讨论方法（约 5 分钟），然后进行操作（6～8 分钟）。

（2）一个小组先进行，另一个小组在旁观摩，然后轮递，如此两次以上，不断在过程中发现问题并解决问题。

（3）培训师在实施过程中观察各团队的问题，但现场不作提示。

4. 项目目标。

（1）展示在团队内怎样获得正确的沟通方法和进行有效的领导，促进学员对沟通的深一步理解。

（2）使团队成员体会沟通的重要性以及实施决策和服从执行的重要性。

（3）领导核心在团队中所起的作用。

（4）彰显企业常见管理问题：多头领导，员工无所适从现象，给领导者适时的警醒。

游戏 2. 风雨人生路

1. 项目时间：1.5 小时（项目前讲解、项目操作、分享小结）。

2. 项目规则：一组队员被蒙上眼睛，由另一组队员带着走一段有障碍的路。

3. 操作要点：

（1）该项目将采用两种不同的沟通方式来进行体验，即单一的声音语言及肢体语言。

（2）第一轮（约 20 分钟）：被领导者用黑眼罩蒙上眼睛接受领导者的指令。要求领导者只使用声音语言来引导被领导者走障碍路，期间不能有身体接触。

（3）第二轮（约 20 分钟）：到达终点后，角色对换，原来的领导者变成被领导者（用黑眼罩蒙上眼睛），原来的被领导者变成领导者，此时要求领导者只使用肢体语言来引导被领导者（即是通过身体接触来向对方发出指令），期间不能从嘴里发出任何声音。

（4）项目过程中要求确保被领导者的眼睛看不见任何东西，为了眼睛舒服一些，建议学员把眼睛闭上再戴黑眼罩。

（5）严格执行项目规则，否则该项目容易达不到预期的效果。

4. 项目目标：

（1）加强领导与被领导的角色理解，体验角色互换的重要性。

（2）培养各级员工间相互信任的情感，更利于工作中的相互配合。

（3）了解沟通的障碍，学习有效的沟通技巧。

八、实验结果和总结

实验结果以打印的实验报告为准。总结实验过程，完成实验报告。

九、实验成绩评价标准

本实验采用五级评分制：

A：能够积极参加训练，认真撰写实验报告；实验报告内容完整、书写规范，体会深刻；

B：能够积极参加训练，认真撰写实验报告；实验报告内容完整、书写规范，有所领悟；

C：能够较积极参加训练，按时完成实验报告；实验报告内容基本完整、书写规范，有一定的心得体会；

D：能够参加各项训练，按时完成撰写实验报告；实验报告内容基本完整、书写较规范，有些体会；

E：能够参加各项训练，能够完成实验报告；实验报告内容一般。

实验六十七　团队信任意识的培养和训练（P005）

一、实验名称和性质

所属课程	团队拓展训练组织与培训实践
实验名称	团队信任意识的培养和训练（I005）
实验学时	4
实验性质	√□验证　□综合　□设计
必做/选做	√□必做　□选做

二、实验目的

本项目的主要目标在于帮助学员建立起团队信任的意识，让学员体会和认识到团队信任意识对团队的建设和发展的重要价值；教会学员对团队信任意识的培养和训练的组织技能。

三、实验项目

孤岛求生、信任后倒。

四、知识准备

熟悉并掌握与团队管理和沟通的相关知识。

五、实验材料和原始数据

部分沟通实例。

六、实验工具

圆形石台、阶梯台、沙坑。

七、实验步骤

游戏 1. 孤岛求生

1. 项目时间：1.5 小时（项目前讲解、项目操作、分享小结）。

2. 项目规则。

（1）将学员随机分机三个小组，分别扮演三个角色：哑巴、盲人、正常人。

（2）分派任务书（另附）。

（3）将各组学员带到各自岛上完成任务书上的任务。

3. 项目目标。

（1）培养学员树立全局意识。

（2）学会抓主要矛盾，分清待解决问题的轻重缓急。

（3）理解收集和过滤信息的重要性。

（4）理解主动沟通和有效沟通，特别是在沟通中要善于利用正确的方式、渠道，乃至在一个组织内部建立健全沟通机制的重要性。

（5）加深体验有效领导及团队协作对完成任务的重要性。

游戏 2. 信任后倒

1. 项目时间：1.5 小时（项目前讲解、项目操作、分享小结）。

2. 项目规则：站在 1.5 米高的背摔台上，背向你的团队，直倒下去，由你的队员接住。

3. 操作要点。

（1）游戏开始之前，让所有队员摘下手表、戒指以及带扣的腰带等尖锐物件，并把衣兜掏空。

（2）在学员上背摔台前双手交叉掌心相向，由外往里顶着下巴，不得松开（也可用布条绑手，以防打开误伤他人）。

（3）在背摔台上倒下的过程中始终保持身体挺直，双脚并拢。

（4）在地下接人的团队由 10 人组成，两人一小组，双手搭成大"口"状，搭好后 10 人紧挨着连起一张"手床"接背摔台的队友；承接团队不得嬉笑打闹，必须严肃对待承接任务。

（5）在此过程中培训师必须时刻关注承接团队的状态，并站在背摔台上把握全局，及时修正及鼓励学员的动作与情绪。

4. 项目目标：

（1）培养学员换位思考的能力，在实际体验中理解信任与被信任之间的关系。

（2）让学员感知在不同角度观察同一问题所得到的不同见解，加深体会相互协作和相互理解的重要性。

（3）培养团队中成员之间的信任感和责任感，学会换位思考。

（4）在面对问题时，理清整体和个人关系，能从全局出发，以团队的共同目标为最终追求。

5. 安全。

（1）任何时候，都不能让队员从 1.8 米以上的地方向后倒。否则跌落者的头或肩将比身体的其他部位先接触承接队伍，导致摔伤。因为跌落者下落时，重量主要集中在这些部位，头很容易撞在地上，那样是相当危险的。

（2）务必让承接员摘下手表、戒指或其他尖锐的物件。

（3）跌落者掏空所有衣兜，解下带扣的腰带。

6. 讨论问题示例：

（1）最初你们对游戏有何认识？

（2）参加游戏之后你们有何感受？

（3）当站在平台上准备向后倒时，你有何感想？

八、实验结果和总结

实验结果以打印的实验报告为准。总结实验过程，完成实验报告。

九、实验成绩评价标准

本实验采用五级评分制：

A：能够积极参加训练，认真撰写实验报告；实验报告内容完整、书写规范，体会深刻；

B：能够积极参加训练，认真撰写实验报告；实验报告内容完整、书写规范，有所领悟；

C：能够较积极参加训练，按时完成实验报告；实验报告内容基本完整、书写规范，有一定的心得体会；

D：能够参加各项训练，按时完成撰写实验报告；实验报告内容基本完整、书写较规范，有些体会；

E：能够参加各项训练，能够完成实验报告；实验报告内容一般。

实验六十八　团队管理综合能力训练（**P006**）

一、实验名称和性质

所属课程	团队拓展训练组织与培训实践
实验名称	团队管理综合能力的训练（I006）
实验学时	6
实验性质	√□验证　□综合　□设计
必做/选做	√□必做　□选做

二、实验目的

本项目是对学员团队管理综合能力的训练，其目标在于全面介绍团队管理的各项能力以及在团队管理过程中各项能力的综合性运用；教会学员对团队管理综合能力的训练组织工作和技能。

三、实验项目

电网、求生墙、无轨列车。

四、知识准备

熟悉并掌握与团队管理和沟通的相关知识。

五、实验材料和原始数据

部分沟通实例。

六、实验工具

电网、求生墙、报纸。

七、实验步骤

游戏 1. 电网（蜘蛛网）

1. 项目时间：1.5 小时（项目前讲解、项目操作、分享小结）。

2. 项目规则。

（1）在一定时间内，通过共同合作，通过一张有多个网洞的"高压电网"，摆脱追兵。

（2）项目操作过程中队员可以互相帮助。

（3）在通过时身体的任何部位（包括衣物）都不能接触到电网，如触到网则要重新再来，而且跟该学员有身体接触的其他队员也将受到"牵连"，必须重新回到"逃生地点"再次进行。

（4）以用时少者而全队人员通过的一方为胜方。

3. 项目目标。

（1）培养学员团队合作精神，培养集体荣誉感。

（2）学习冲突处理技巧及培养领导才能。

（3）积极思考，学会从多角度去考虑问题，找出最有效的解决方法。

（4）深刻理解细节决定成败的含义。

游戏 2. 求生墙

1. 项目时间：0.5 小时（项目前讲解、项目操作）。

2. 项目介绍：模拟第二次世界大战时战争场面，舰艇被敌人潜艇击中，机舱内燃起了熊熊烈火，所有出口已被大火阻断，队员必须相互协作，翻上 3.3 米高的甲板才能逃生。

3. 项目规则：团队所有成员不借助任何工具，使用尽可能少的时间翻越 3.3 米高的求生墙。

4. 操作要点。

（1）越墙时始终保持身体面向墙体，身体紧贴墙身。

（2）提醒学员：如采用叠罗汉方式时要注意三个安全点，即不能用脚踩着头、脖子、腰间往上爬。

（3）到达墙上的学员如果需要协助拉其他学员上来必须跨坐在墙体上，确保自身的身体平衡。

（4）项目实施前给团队约 5 分钟时间讨论方法与技巧。

5. 项目目标。

（1）培养集体荣誉感。

（2）体会一个有效的团队合作的重要性以及奉献精神的可贵。

（3）加深对个人与集体关系的理解，意识到应把个人理想的实现和企业的发展融合在一起。

（4）没有企业的成功，就不可能有每个人的成就，而每个人的成功又都是企业成功的重要保证。

游戏 3. 无轨列车

1. 项目时间：0.5 小时（项目前讲解、项目操作、分享小结）。

2. 项目规则：各个团队队员分成几个小组分别站在两块木板上进行接力赛，用时少者取得胜利。

3. 操作要点。

（1）为了加大项目的难度与趣味性，可要求学员采用不一样的排列来进行，如一正一反的方式排列，或背向目的地进行等。

（2）前进过程中要求所有站在木板上的队员不能碰到地上。

（3）其他没站在板上的队友不能用手协助他们进行，只能在旁边鼓励、指挥及保护。

4. 项目目标。

（1）感受团队不同的发展阶段里，各成员之间的心态变化及所需要的调整。

（2）团队成员目标一致，协调配合对团队发展的重要性。

（3）培养员工之间相互包容、相互理解和谦让的合作氛围。

（4）角色的投入，加强自信心与表达能力。

八、实验结果和总结

实验结果以打印的实验报告为准。总结实验过程，完成实验报告。

九、实验成绩评价标准

本实验采用五级评分制：

A：能够积极参加训练，认真撰写实验报告；实验报告内容完整、书写规范，体会深刻；

B：能够积极参加训练，认真撰写实验报告；实验报告内容完整、书写规范，有所领悟；

C：能够较积极参加训练，按时完成实验报告；实验报告内容基本完整、书写规范，有一定的心得体会；

D：能够参加各项训练，按时完成撰写实验报告；实验报告内容基本完整、书写较规范，有些体会；

E：能够参加各项训练，能够完成实验报告；实验报告内容一般。

第七章 实验教学大纲

I 《工作分析》实验教学大纲

课程代码：1102532056

开课专业：人力资源管理

总学时/实验学时：32/6

总学分/实验学分：2

实验室名称：人力资源管理实验室

一、课程简介

本课程是人力资源管理专业的专业主干课。通过本课程的学习，学生应该了解和掌握各工作分析系统的程序、方法、工作说明书的编写、工作调查和工作设计的有关知识和技能。本课程旨在提高学生对于工作分析的应用能力和操作能力，通过本课程的学习，学生应该具有独立从事工作分析活动的专业技能。

二、实验的地位、作用和目的

本实验属于设计性实验课，适用于人力资源管理专业；是《工作分析》专业课程教学中重要的配套性实践操作环节。其目的主要是强化学生对已学知识的综合运用能力，通过实验，熟练运用问卷调查法和访谈法，学会对工作分析过程中收集的信息进行整理和归纳；熟悉并理解工作分析说明书编制的基本流程，对具体编制过程中将要遇到的问题及应该注意的事项有初步的了解，学会撰写工作分析说明书。该课程的任务是使学生在掌握工作分析基本理论和主要方法的基础上，通过工作分析问卷和访谈提纲的设计制作以及工作说明书的编制，拓宽学生的知识领域，锻炼学生的实践技能，培养创新与探究意识。

三、实验内容、学时分配与基本要求

本实验共包括两个方面的内容，分别为：工作分析信息收集的方法实验和工作说明书的编写实验，总共由四个实验项目构成，共计 6 个学时。实验借助电脑进行模拟型设计，要求学员体验式参与。

四、考核及实验报告

（一）考核

本课程实验为非独立设课，实验考核以平时实验操作表现为主（60%），结合实验后的实验报告内容（40%），综合评定实验成绩。实验成绩占该课程总成绩的40%。

（二） 实验报告

1. 实验报告的内容。

结合实验指导书，按各次实验序号，列出当次实验的目的、实验任务、实验内容、实验过程描述及自己的完成情况。

2. 实验报告的要求。

报告必须要有封面，统一用 A4 纸型打印、装订，以文本形式递交。实验报告总体上要求字迹工整，文字简练，数据真实有效，图表规范，分析充分、具体、定量，采用专业术语说明事物，使用统一规定的名词和符号。

五、主要仪器设备

硬件：微型计算机。中央处理器 Pentium133 以上；显示器 256 色 VGA 以上；内存使用 64 兆；硬盘 100M 以上。

软件：人力资源管理系统软件。

六、实验项目与内容提要

序号	实验名称	目的要求、内容提要	每组人数	实验学时	实验类型	必做/选做	所在实验分室
1	访谈提纲编写实验	了解并掌握访谈提纲编写基本要求以及访谈技巧	3	2	设计	必做	人力
2	职务分析问卷设计实验	熟练运用 PAQ 的编写方法实际编写具体问卷	6	2	设计	必做	人力
3	服务类岗位说明书编写实验	掌握工作说明书编写的基本方法。以某服务类岗位为例	5	1	设计	必做	人力
4	培训专员工作说明书设计实验	熟悉人力资源管理职位的内容和特征，并熟练编写相关工作说明书	3	1	设计	选做	人力

七、实验指导书及主要参考书

《工作分析实验指导书》。

主要参考文献：

1. 谌新民、张帆编著：《工作岗位设计》，广东经济出版社 2000 年版。

2. 周文、刘立明、黄江瑛编著：《工作分析与工作设计》，湖南科学技术出版社 2005 年版。

3. 彭剑锋、张望军等著：《职位分析技术与方法》，中国人民大学出版社 2004 年版。

4．赵永乐、朱燕等编著：《工作分析与设计》，上海交通大学出版社 2006 年版。

5．付亚和主编：《工作分析》，复旦大学出版社 2005 年版。

6．［美］加里·德斯勒著，刘昕、吴雯芳等译：《人力资源管理》，中国人民大学出版社 1999 年版。

7．［美］R. 韦恩·蒙迪，罗伯特·M·诺埃，沙恩·R·普雷梅克斯著，葛新权等译：《人力资源管理》，经济科学出版社 2003 年版。

8．［美］罗宾斯著，孙健敏、李原等译：《组织行为学》（第七版），中国人民大学出版社 1997 年版。

9．付亚和、孙健敏著：《企业人力资源管理》，企业管理出版社 1995 年版。

10．萧鸣政著：《工作分析的方法与技术》，中国人民大学出版社 2002 年版。

11．萧鸣政著：《工作分析的理论与方法》，兵器工业出版社 1997 年版。

12．萧鸣政著：《人员测评理论与方法》，中国劳动出版社 1997 年版。

13．姚若松、苗群英著：《工作岗位分析》，中国纺织出版社 2003 年版。

Ⅱ　《招聘与甄选》实验教学大纲

课程代码：1102532007

开课学期：第 7 学期

开课专业：人力资源管理

总学时/实验学时：56/10

总学分/实验学分：3.5/0.31

实验室名称：经济管理实验中心

一、课程简介

企业的竞争说到底是人才的竞争，能否招聘并选拔出合适的人才是一个企业兴衰成败的关键。员工的招聘与选拔在人力资源管理与开发中是一项重要的基础性工作，它对于企业人力资源的合理形成、管理与开发具有至关重要的作用。本课程讲述了人员招聘与甄选的全过程，目的是使学生系统地理解人员招聘与选拔工作，并掌握一些实际的招聘选拔方法和工具。

二、实验的地位、作用和目的

实验课程的设计在整个课程中占据重要的地位，通过各实验项目的练习，有助于提高学生对所学知识的理性认识，并锻炼学生的实际运用能力。

三、实验方式与基本要求

各实验项目在进入实验室实验之前，要求学生做好相应实验项目内容的预习和准备，实验过程中对数据的记录和把握要真实科学，实验后按要求写出实验报告并进行相关讨论。

四、报告与考核

实验报告撰写要做到及时、详细和真实。实验考核主要针对实验准备、实验过程和实验报告撰写三个环节。

五、设备及器材材料配置

1. 人力资源实验室的相关仪器及设备。
2. ERP 等实验室的计算机及人力资源教学软件。
3. 打印机及打印纸。

六、实验指导书及主要参考书

自制实验指导书；参考《招聘与录用》。

七、实验项目与内容提要

序号	实验名称	目的要求、内容提要	每组人数	实验学时	实验类型	必做/选做	所在实验分室
1	16PF 个性测验	了解有关个性理论，掌握测验方法，理解测评维度	1	1	验证	必做	管理综合实验室
2	职业锚测验		1	1	验证	必做	管理综合实验室
3	职业发展规划测验	掌握测验方法，理解影响个人职业发展的有关特质	1	1	验证	必做	管理综合实验室
4	职业兴趣测验	了解职业兴趣的相关理论，掌握测验方法，理解测评维度	1	1	验证	必做	管理综合实验室
5	能力测验	了解能力的构成，掌握测验方法	1	2	验证	必做	管理综合实验室
6	评价中心	掌握评价中心的流程，能够完成实验中指定的任务	2	2	综合	必做	管理综合实验室
7	案例中心	对有关知识综合运用	4	2	设计	必做	管理综合实验室
8	北森人员素质教学软件	了解其他测验项目	1	2	验证	选做	管理综合实验室
9	时间知觉测验	掌握时间知觉测试方法，分析其影响因素	4	1	验证	选做	管理综合实验室

续表

序号	实验名称	目的要求、内容提要	每组人数	实验学时	实验类型	必做/选做	所在实验分室
10	空间知觉测验	掌握空间知觉测试方法，分析其影响因素	4	1	验证	选做	管理综合实验室
11	模拟招聘	自定招聘单位，制订招聘计划，模拟招聘流程	6	2	综合	选做	管理综合实验室

Ⅲ　《职业培训与指导》实验教学大纲

课程代码：1102532002

开课学期：5

开课专业：人力资源管理

总学时/实验学时：48/8

总学分/实验学分：3

实验室名称：教室

一、课程简介

职业培训与开发指导是人力资源管理的基本内容，是人力资源管理本科专业的专业模块课程。

人力资源职业培训与开发是塑造与加强组织竞争优势的最重要措施之一。本课程将首先通过组织生存的环境分析、人力资源培训与开发的概念界定以及人力资源培训与开发的简要历史回顾三个方面的内容，阐述人力资源培训与开发的目的及其重要性，系统地介绍培训需求评价、培训方法、培训的实施、培训结果评价四个方面的理论与实务，并介绍职业生涯管理以及人力资源培训与开发的发展趋势等内容。着重探讨了在当前技术应用广泛、变革日益加剧情况下的培训与开发的一些新趋势，如应用网络技术的多媒体远程培训、管理开发项目、高科技企业中的人员培训等。希望通过学习理论、学习过程以及学习的影响因素三个方面的内容，介绍学习的一般规律，为更好地理解人力资源培训与开发这样一个特殊的学习活动提供必要的参考框架，使学生了解人力资源培训与开发的背景、概念、历史与发展情况，掌握人力资源培训与开发的基本技术方法与实务操作。本课程配套有教学讲义。

二、实验的地位、作用和目的

本课程的特点是紧密结合企业生产实际，具有很强的可操作性和实践性。因此在教学上应采取理论与实践相结合的方法。本课程以课堂讲授为主，课堂教学将充分利用多媒体技术，除课堂教学外，设置4课时的实验教学；通过实验教学，使学生能够了解培训方式对培训效果的影响，掌握管理游戏培训的基本原理和方法技术，并锻炼口头表达能力。

三、实验方式与基本要求

本课程实验方式分为两种，一是进行垒通天塔的游戏，要求学生积极参与游戏，有效合作，分组深入讨论感悟并分享体验；另一个培训计划的制订，要求学生设计调查表，去实地调查后讨论制订培训计划。

四、报告与考核

实验完成后需提交实验报告，实验报告格式需规范，具体要求详见实验指导书。实验完成后需进行考核，考核的依据主要分为三方面，一是实验感悟的合理性与深入程度；二是实验结论的完整性、科学性；三是实验教学中的纪律与态度。

五、设备及器材材料配置

相同大小的报纸若干张；双面胶带一组一卷；学生计时器。

六、实验指导书及主要参考书

《职业培训与指导实验指导书》。

七、实验项目与内容提要

序号	实验名称	目的要求、内容提要	每组人数	实验学时	实验类型	必做/选做	所在实验分室
1	垒通天塔	体验管理游戏培训的效果及趣味性。了解培训方法的基本知识	5~6	2	验证	必做	人力
2	培训计划制订	调研企业培训需求后制订培训计划	5~6	2	设计	必做	人力
3	培训成果转化设计	熟悉培训成果转化理论，调研企业的培训成果转化实践，进行具体的培训成果转化设计	5~6	2	设计	选做	人力

续表

序号	实验名称	目的要求、内容提要	每组人数	实验学时	实验类型	必做/选做	所在实验分室
4	企业培训效果评估	熟悉培训效果评估理论，调研企业的培训效果，进行具体企业的培训效果评估	5~6	4	综合	选做	人力
5	企业员工培训综合实验	进行培训确认需求、培训计划制订、教学设计、拟定培训实施要点、设计培训反馈方案	5~6	4	综合	必做	人力

Ⅳ　《社会心理学》实验教学大纲

课程代码：0715532002
开课学期
开课专业：人力资源管理
总学时/实验学时：48/6
总学分/实验学分：
实验室名称：人力资源管理实验室

一、课程简介

《社会心理学》是研究个体和群体的社会心理现象的心理学分支。个体社会心理现象指受他人和群体制约的个人的思想、感情和行为，如人际知觉、人际吸引、社会促进和社会抑制、顺从等。群体社会心理现象指群体本身特有的心理特征，如群体凝聚力、社会心理气氛、群体决策等。本课程配套有教学讲义、实验指导书，课件已上传校 BB 平台，学生可充分利用网络进行全天候学习。

二、实验的地位、作用和目的

本课程的特点是紧密结合社会实际，具有很强的可操作性和实践性。因此在教学上应采取理论与实践相结合的方法。本课程以课堂讲授为主，课堂教学将充分利用多媒体技术，除课堂教学外，设置 6 课时的实验教学；通过实验教学，提高学生自我认识的能力，塑造良好的心态和自我形象，提高社会交往能力、人际沟通能力和协调群体活动的能力，充分运用科学理论来指导自己的生活，促进学生的健康成长。

三、实验方式与基本要求

本课程实验方式分为两种：一类是心理测验、认知方式测试和心理健康症状自评量表测试，要求学生对自己的心理状况实事求是地进行测评；另一类通过管理游戏进行沟通技巧演练。实验要求学生以实验指导书为依据，事前预习，实验过程中需完整搜集数据，进行合理分析，得出实验结果。以小组形式的实验，需进行明确分工，充分沟通，有效合作，资源共享。

四、报告与考核

实验完成后需提交实验报告，实验报告格式需规范，具体要求详见实验指导书。实验完成后需进行考核，考核的依据主要分为两方面：一是实验数据、结论的完整性、科学性；二是实验教学中的纪律与态度。

五、设备及器材材料配置

心理测验量表和计分表的打印准备、白纸等。

六、实验指导书及主要参考书

《社会心理学实验指导书》。

七、实验项目与内容提要

序号	实验名称	目的要求、内容提要	每组人数	实验学时	实验类型	必做/选做	所在实验分室
1	认知方式测试	判定认知方式；认识认知方式对于管理的意义	不需要分组	2	验证	必做	人力
2	SCL－90症状自评量表	了解自己的心理健康状况；根据测评结果提出改善心理健康状况的相关措施	不需要分组	2	验证	必做	人力
3	"不要激怒我"沟通游戏	通过游戏操作，帮助学生掌握有关人际沟通技巧	5~7人	2	综合	必做	人力

V　《岗位劳动评价》实验教学大纲

课程代码：1102532002
开课学期：7
课专业：人力资源管理
总学时/实验学时：48/8
总学分/实验学分：3
实验室名称：人力资源管理实验室

一、课程简介

《岗位劳动评价》围绕岗位的相对价值和岗位劳动者的劳动消耗量投入问题而展开，课程的主要教学内容包括：劳动定额概论、劳动定额的制定方法、时间测定技术、定额标准的制定、劳动定额管理、疲劳研究、岗位评价。本课程配套有教学讲义、实验指导书，课件已上传校 BB 平台，学生可充分利用网络进行全天候学习。

二、实验的地位、作用和目的

本课程的特点是紧密结合企业生产实际，具有很强的可操作性和实践性。因此在教学上应采取理论与实践相结合的方法。本课程以课堂讲授为主，课堂教学将充分利用多媒体技术，除课堂教学外，设置 8 课时的实验教学；通过实验教学，使学生能够了解影响企业生产效率的基本因素，掌握劳动定额制定与岗位评价的基本原理和方法技术。

三、实验方式与基本要求

本课程实验方式分为两种：一类是工作日写实，以实际工作岗位为对象进行，要求学生明确落实具体写实对象，对其工时消耗与工作效率进行测评；另一类实验依托人力资源管理实验室平台，进行实验。实验要求学生以实验指导书为依据，事前预习，实验过程中需完整搜集数据，进行合理分析，得出实验结果。以小组形式的实验，需进行明确分工，充分沟通，有效合作，数据共享。

四、报告与考核

实验完成后需提交实验报告，实验报告格式需规范，具体要求详见实验指导书。实验完成后需进行考核，考核的依据主要分为三方面：一是实验组织的合理性与规范性；二是实验数据、结论的完整性、科学性；三是实验教学中的纪律与态度。

五、设备及器材材料配置

工作环境计测仪器、摄像机、显示器、装配产品的零部件、观测板、观测表格、计算器、平板机、秒表、肺通仪、粉尘取样仪、光电天平、生物显微镜、目镜测微尺、滤膜、载片、醋酸丁酯、秒表等。

六、实验指导书及主要参考书

《岗位劳动评价实验指导书》

七、实验项目与内容提要

序号	实验名称	目的要求、内容提要	每组人数	实验学时	实验类型	必做/选做	所在实验分室
1	工作日写实实验	了解工时分类的基本知识，掌握提高工时利用率的途径	3	4	设计	必做	人力
2	时间分析实验	确定作业的标准时间和制定劳动定额的方法	6	2	综合	必做	人力
3	劳动强度测定实验	了解劳动强度的类型，掌握劳动强度测定的基本方法	6	2	验证	必做	人力
4	工作疲劳计测实验	了解疲劳的一般规律，掌握疲劳测定方法	6	2	验证	选做	人力
5	粉尘计测实验	了解生产性粉尘的特点，掌握粉尘测定的一般方法	6	2	设计	选做	人力

Ⅵ 《绩效管理》实验教学大纲

课程代码：13761
开课学期：
开课专业：人力资源管理
总学时/实验学时：32/4
总学分/实验学分：2/0.25
实验室名称：多媒体教室

一、课程简介

绩效管理是工商管理人力资源专业的一门专业课程。它是以企业中人员的工作业绩作为研究对象，对如何实现员工个人目标与公司整体目标的平衡等问题进行了深入的阐述和分析。在知识经济时代，企业绩效管理较传统的财务评价指标体系的运用有着重大的改变，它更强调绩效评价后的沟通与管理，即与员工的深入交谈，发现绩效不佳的问题所在，从而找出根本性的对策使员工绩效得以改善和提高，从而达成公司目标和员工目标都得以实现的"双赢"效果。本课程讲述了绩效管理的基本理论和基本技术，目的是使学生系统地理解绩效管理工作，并掌握一些实际的绩效管理工具。

二、实验的地位、作用和目的

实验课程的设计在整个课程中占据重要的地位，通过各案例讨论和分析，有助于提高学生运用所学理论和知识发现问题、分析问题和解决问题的能力，并锻炼学生的实际运用绩效管理工具的能力。

三、实验方式与基本要求

以案例分析的形式进行。要求学生课外做好案例讨论和分析，按要求写出案例分析报告并做成 PPT。

四、报告与考核

案例分析报告撰写要做到要及时、简明和观点明确。以 PPT 的形式上交。

五、实验指导书及主要参考书

自制案例分析指导书；参考《绩效管理》。

六、实验项目与内容提要

序号	实验名称	目的要求、内容提要	每组人数	实验学时	所在实验分室
1	关键绩效法的记录及其运用	掌握关键绩效法的记录及其运用	6~7	2	多媒体教室
2	T 公司绩效管理方案的重新设计	掌握绩效管理的理念及其方法	6~7	2	多媒体教室

VII　《薪酬管理》实验教学大纲

课程代码：1102532071

开课学期：6

开课专业：人力资源管理

总学时/实验学时：48/6

总学分/实验学分：3/0.3

综合实验室（实验中心）名称：经济管理实验中心

二级实验室名称：人力资源管理实验室

一、课程简介

《薪酬管理》是人力资源管理专业的专业主干课。通过本课程的学习，旨在提高学生对薪酬基本概念的理解和应用操作能力。

二、实验的地位、作用和目的

《薪酬方案设计》是本课程核心内容，此实验是本课程理论联系实际的重要部分。通过此实验，要求学生掌握薪酬体系的设计，学习为高层管理人员、中层管理人员、销售人员、生产技术人员设计薪酬方案。

三、实验方式与基本要求

1. 教师就薪酬方案设计整体流程进行演示讲解。
2. 学生上网查阅资料，了解不同企业的薪酬体系。
3. 学生为某企业设计薪酬管理体系，体系的主要内容包括：企业组织系统、根据岗位排序的结果将企业的薪酬分为几个等级、确定不同等级的工资系数、分别为高层管理人员、中层管理人员、销售人员、生产技术人员设计薪酬结构，思考如何确定企业的薪酬体系，如何设计不同类型员工的薪酬结构。
4. 学生分组讨论并设计完整的薪酬方案。
5. 每组代表讲解各自的薪酬方案，并回答其他组同学的提问。
6. 各组代表和教师对薪酬方案进行评分。
7. 教师讲评。

四、报告与考核

实验报告要求包括以下三个方面的内容：
1. 实验的目的及要求。
2. 实验的内容。
3. 讨论及教师点评。
考核成绩由各组学生代表评分平均之后再和教师评分的平均分。

五、设备及器材材料配置

计算机，投影仪。

六、实验指导书及主要参考书

《薪酬方案设计》实验指导书。

七、实验项目与内容提要

序号	实验名称	目的要求、内容提要	每组人数	项目学时	项目类型	必做/选做	开设地点
1	薪酬调查	开展市场薪酬水平调查，掌握调查因子与方法	7～10	2	设计	必做	市场
2	薪酬方案设计	设计科学、合理、具有一定可操作性的薪酬方案	7～10	4	设计	必做	管理综合实验室

VIII 《劳动关系学》实验教学大纲

课程代码：1102532002

开课学期：7

开课专业：人力资源管理

总学时/实验学时：48/8

总学分/实验学分：2.5

实验室名称：人力资源管理实验室

一、课程简介

《劳动关系学》围绕劳动关系的产生、管理及出现劳动争议时的处理的各个环节展开，课程的主要教学内容包括：劳动关系概论、劳动合同的起草方法、劳动合同管理的各个环节的管理技巧、所需表单的制作，预防劳动争议发生的方法，劳动争议案例的分析及劳动争议诉讼的模拟。本课程配套有教学讲义、实验指导书，课件已上传校 BB 平台，学生可充分利用网络进行全天候学习。

二、实验的地位、作用和目的

本课程的特点是紧密结合企业劳动关系管理的实际，具有很强的可操作性和实践性。因此在教学上应采取理论与实践相结合的方法。本课程以课堂讲授为主，课堂教学将充分利用多媒体技术，除课堂教学外，设置 10 课时的实验教学；通过实验教学，使学生能够了解企业劳动关系管理过程中涉及的实务问题，掌握劳动劳动合同起草和管理的基本方法，熟悉劳动争议处理的基本流程。

三、实验方式与基本要求

本课程实验方式分为两种，劳动合同起草、劳动合同管理以企业真实的劳动关系管理为背景进行，要求学生明确落实具体企业及职位，对其劳动合同的起草和管理进行模拟操作；另一类实验以案例分析和模拟诉讼为主，进行情景模拟和演练。要求学生以事先提供的案例为依据，事前预习，充分准备。实验过程中需查找法条和资料，进行合理分析，得出分析结论。以小组形式的模拟，需进行明确分工，充分沟通，有效合作，资源共享。

四、报告与考核

实验完成后需提交实验报告，实验报告格式需规范，具体要求详见实验指导书。实验完成后需进行考核，考核的依据主要分为三方面：一是实验组织的合理性与规范性；二是实验报告内容的完整性、合法性；三是实验教学中的纪律与态度。

五、设备及器材材料配置

具体企业劳动管理的背景及相应的职位、普通劳动合同书的基本框架、劳动合同管理各个环节的操作要点及所需表单清单、内容完整，证据材料丰富的劳动争议案例等。

六、实验指导书及主要参考书

《劳动关系学实验指导书》。

七、实验项目与内容提要

序号	实验名称	目的要求、内容提要	每组人数	实验学时	实验类型	必做/选做	所在实验分室
1	劳动合同起草	了解劳动合同起草的基本知识，掌握起草适合用人单位劳动合同的方法	3	2	验证	必做	管理综合实验室
2	劳动合同管理	掌握劳动合同管理的各个环节的操作要点及所需表单	6	2	验证	选做	管理综合实验室
3	劳动关系诊断	了解企业劳动关系诊断的基本准则和一般方法，掌握劳动关系诊断的主要内容	9	2	综合	必做	管理综合实验室
4	劳动争议诉讼模拟	了解劳动争议诉讼程序的一般程序及相关法律文件，掌握原被告的举证责任分担	9	4	设计	选做	管理综合实验室
5	劳动争议案例分析	了解劳动争议案例分析的一般方法，掌握预防劳动争议发生的一般方法	6	4	综合	必做	管理综合实验室

IX 《人力资源管理信息系统操作实务》实验教学大纲

课程代码：1102735003

适用专业：人力资源管理专业

总学时：32 学时

总学分：2 学分

课程类别：专业特色课

预修要求：人力资源管理基础

（一） 课程的性质、 目的、 任务

通过学习本课程可以使学生了解人力资源管理信息系统的基本内容与操作方法。充分考虑目前企业人力资源管理工作的实际需要，以信息与流程并进为主要指导，既注重对企业员工的人事信息管理，又体现了企业人力资源管理业务流程。内容涵盖了信息查询、统计分析、报表处理、劳动合同管理、薪资福利管理、考勤业务管理、保险业务管理、教育培训管理、绩效考核等系统功能模块和业务管理模块。学习本课程，目的旨在提高学生实践动手能力。

（二） 教学基本方式

以课堂讲授基本知识和基本理论为主，以多媒体方式辅助教学，实际操作相结合。

（三） 大纲的使用说明

在 32 学时内按照本大纲授课，执行教学计划。

（四） 大纲正文

第一章 系统构建　　　　　　　　　　学时：0.5 学时

本章要点：

1.1 人员/单位类别

1.2 系统结构

第二章 机构管理　　　　　　　　　　学时：0.5 学时

本章要点：

2.1 机构创建

2.2 机构管理

2.3 发送接收

第三章 岗位管理　　　　　　　　　　学时：1 学时

本章要点：

3.1 职务体系

3.2 职务体系图

3.3 信息维护

3.4 岗位资格设定

3.5 岗位编制

3.6 岗位说明书

3.7 岗位结构图

3.8 岗位统计分析

第四章 组织管理　　　　　　　　　学时：0.5 学时

本章要点：

4.1 组织设置

4.2 人员反查

第五章 工作流管理　　　　　　　　学时：0.5 学时

本章要点：

5.1 流程定制

5.2 流程执行

5.3 流程监控

第六章 信息录入及编辑查看　　　　学时：4 学时

本章要点：

6.1 列表方式

6.2 视图方式

6.3 模板方式

6.4 数据联动

第七章 信息查询和统计　　　　　　学时：2 学时

本章要点：

7.1 信息查询

7.2 信息统计

第八章 登记表和花名册　　　　　　学时：1 学时

本章要点：

8.1 登记表

8.2 花名册

第九章 人员变动　　　　　　　　　学时：1 学时

本章要点：

9.1 人员变动

9.2 人员信息的发送和接收

第十章 统计报表　　　　　　　　　学时：2 学时

本章要点：

10.1 创建统计表

10.2 生成统计表

10.3 报表上报与汇总

第十一章 领导查询　　　　　　　学时：1 学时

本章要点：

11.1 领导查询维护

11.2 使用领导查询

第十二章 用户权限管理　　　　　　学时：2 学时

本章要点：

12.1 用户管理

12.2 组管理

12.3 操作日志

第十三章 指标代码维护　　　　　　学时：1 学时

本章要点：

13.1 名词解释

13.2 编码规则

13.3 制作指标代码

13.4 人员管理中应用自定义的指标代码

第十四章 数据库维护　　　　　　　学时：1 学时

本章要点：

14.1 数据备份

14.2 数据恢复

14.3 数据优化

14.4 预警设置

14.5 数据库归档

14.6 切换数据库

第十五章 工具箱　　　　　　　　　学时：2 学时

本章要点：

15.1 模板绘制

15.2 报表绘制

15.3 GPMS 升级

15.4 传输设置

15.5 数据库导入

15.6 导出数据库

15.7 采集表

15.8 文件加密与解密

15.9 事务提醒

第十六章 附加工具　　　　　　　　学时：1 学时

本章要点：

16.1 数据库升级

16.2 分类查询

16.3 姓名花名册

16.4 整体收发

16.5 报表转换

16.6 数据库诊断处理

第十七章 招聘管理　　　　　　　学时：1.5 学时

本章要点：

17.1 招聘需求征集

17.2 招聘计划管理

17.3 面试材料

17.4 招聘活动处理

17.5 计划归档

17.6 招聘业务用高级花名册

第十八章 劳动合同管理　　　　　　学时：0.5 学时

本章要点：

18.1 劳动合同的签订

18.2 劳动合同的变更

18.3 劳动合同的补充

18.4 劳动合同的解除

18.5 劳动合同的终止与续签

18.6 劳动争议管理

18.7 劳动合同台账管理

18.8 统计分析

18.9 合同处理的提醒设置

第十九章 企业薪资管理　　　　　　学时：4 学时

本章要点：

19.1 制作工资标准

19.2 工资调整设置和处理

19.3 工资发放设置和处理

19.4 工资发放表

19.5 银行模板

19.6 其他功能

19.7 单位工资总额变动情况

19.8 语法分析器

第二十章 保险业务管理　　　　　　学时：1 学时

本章要点：

20.1 保险管理设置

20.2 保险业务管理

20.3 保险台账管理

20.4 商业保险管理

第二十一章 教育培训管理　　　　　　学时：1 学时

本章要点：

21.1 培训计划管理

21.2 报名管理

21.3 人员培训信息管理

21.4 单位培训信息管理

21.5 统计报表

第二十二章 绩效考核管理　　　　　　学时：2 学时

本章要点：

22.1 考核系统

22.2 考核要素

22.3 数据录入

22.4 统计分析

22.5 绩效考核成绩计算公式

第二十三章 考勤业务管理　　　　　　学时：1 学时

本章要点：

23.1 基础数据设置

23.2 日常业务处理

23.3 刷卡数据接收及处理

23.4 考勤结果查询及统计

23.5 数据维护

（五） 课时数分配表

内　容	课时
第一章　系统构建	0.5
第二章　机构管理	0.5
第三章　岗位管理	1
第四章　组织管理	0.5
第五章　工作流管理	0.5
第六章　信息录入及编辑查看	4
第七章　信息查询和统计	2
第八章　登记表和花名册	1
第九章　人员变动	1
第十章　统计报表	2
第十一章　领导查询	1

内　容	课时
第十二章　用户权限管理	2
第十三章　指标代码维护	1
第十四章　数据库维护	1
第十五章　工具箱	2
第十六章　附加工具	1
第十七章　招聘管理	1.5
第十八章　劳动合同管理	0.5
第十九章　企业薪资管理	4
第二十章　保险业务管理	1
第二十一章　教育培训管理	1
第二十二章　绩效考核管理	2
第二十三章　考勤业务管理	1
合计	32

X　《团队拓展训练组织与培训实践》实验教学大纲

课程代码：1102532068
开课专业：人力资源管理
总学时/实验学时：32/26
总学分/实验学分：2
实验室名称：嘉兴学院拓展实训中心

（一）　课程的性质、目的、任务

本课程体现的是现代人力资源管理的一项重要职能，也是目前人力资源管理实践活动中的一个热点。企业为了更好更长远的发展必须做好员工的培训工作以及企业优质团队的建设，这就需要人力资源管理者专业的素质和水平来实现。本课程就是通过团队拓展训练的组织与培训实践两方面知识的讲解和实际演练来培养学生团队训练组织和培训的能力和素质，更好地为企业的发展服务，丰富和提高学生的专业技能和实际动手能力，提升学生就业竞争力。

本课程是人力资源管理专业的特色模块课。通过本课程的学习，学生应该了解和掌握组织内部团队训练与培训的有关知识和技能。本课程旨在提高学生对培训活动的组织能力和操作能力，通过本课程的学习，学生应该具有独立从事团队培训活动的专业技能。

（二）　教学基本方式

本课程以实训为主，辅以一定量的理论知识的介绍和讲解。强调实践操作能力。

（三）　大纲的使用说明

可适用于人力资源管理专业各类学生。

（四）　大纲正文

第一章　概述　　　　　　　　　　　　　　学时：4 学时（讲课 4 学时）

基本要求：了解团队拓展训练的基本概念和历史起源；了解团队拓展训练在组织培训和企业文化建设等方面的地位和作用；学会比较分析团队训练与个体技能训练的差异；掌握团队、企业文化、培训等基本概念。

重点：团队拓展训练的概念。

难点：团队拓展训练与团队建设的结合。

教学内容：团队拓展训练、企业团队、企业文化、企业培训等的基本概念；团队拓展训练的历史和发展；团队拓展训练在组织中的地位和作用；团队拓展训练与组织其他形式培训的区别与联系。

第二章　团队拓展训练的组织　　　　　　　学时：2 学时（讲课 2 学时）

基本要求：了解团队拓展训练的主要特点；掌握团队拓展训练组织实施的各个环节；掌握团队拓展训练活动的组织所需的基本素质要求；熟悉各项目组织活动的一般操作程序和注意事项。

重点：团队拓展训练的组织程序和步骤。

难点：掌握操作的各项注意事项。

教学内容：团队拓展训练的主要特点；团队拓展训练组织实施的各个环节；团队拓展训练活动的组织所需的基本素质要求；各项目组织活动的一般操作程序和注意事项。

第三章　团队破冰　　　　　　　　　　　　学时：4 学时（实训 4 学时）

基本要求：了解并掌握团队破冰的方式方法；学会独立组织学员进行团队破冰活动；掌握活动时间和程序步骤，并能适当运用个人技巧。

重点：团队破冰活动的程序。

难点：个人技巧展示。

教学内容：团队破冰的概念、方式方法以及相应技巧；演练游戏"赛跑"、"并肩作战"。

第四章　团队创新性思维培训　　　　　　　学时：4 学时（实训 4 学时）

基本要求：了解并掌握创新性思维的重要性；培养创新性思维的训练方式；掌握相关训练项目的实施步骤和程序以及相关注意事项和技巧。

重点：创新性思维训练的组织程序。

难点：个人技巧展示。

教学内容：创新性思维的简单介绍；相关训练项目的组织程序和注意事项以及实施技巧；游戏"阿水的故事"、"大树与松鼠"、"货币抱团"、"扫雷"、"七巧板"。

第五章　团队意识训练的组织与实施　　　　学时：4 学时（实训 4 学时）

基本要求：了解并掌握团队意识训练的相关项目；熟练掌握各项目的实施程序、步骤以及注意事项。

重点：团队意识训练项目的实施程序。

难点：团队意识训练项目的综合运用技巧。

教学内容："团体梅花桩"、"百米障碍跑"、"运水接龙"等项目的组织与实施步骤以及相关技巧和注意事项。

第六章　团队沟通能力的训练　　　　　　　学时：4 学时（实训 4 学时）

基本要求：了解并掌握团队沟通能力训练的相关方法和途径；掌握相关项目的实施步骤和技巧；熟悉活动组织实施过程中的注意事项和要求。

重点：团队沟通能力训练项目的实施步骤。

难点：活动项目的讨论。

教学内容：团队沟通能力训练组织的一般程序和步骤；相关实施技巧以及注意事项；游戏"风雨人生路"、"盲人方阵"的介绍。

第七章　团队信任意识的培养和训练　　　　学时：4 学时（实训 4 学时）

基本要求：了解并掌握团队信任意识的培养和训练的相关方法和途径；掌握相关项目的实施步骤和技巧；熟悉活动组织实施过程中的注意事项和要求。

重点：团队信任意识训练项目的实施步骤。

难点：安全防范技巧。

教学内容：团队信任意识的培养和训练组织的一般程序和步骤；相关实施技巧以及注意事项；游戏"孤岛求生"、"信任后倒"的介绍和演练。

第八章　团队管理综合能力的训练　　　　　学时：6 学时（实训 6 学时）

基本要求：了解并掌握团队管理综合能力训练的相关方法和途径；掌握相关项目的实施步骤和技巧；熟悉活动组织实施过程中的注意事项和要求。

重点：团队管理综合能力训练的相关步骤和程序。

难点：活动总结。

教学内容：团队管理综合能力训练和组织的一般程序和步骤；相关实施技巧以及注意事项；游戏"求生墙"、"无轨列车"、"电网"的介绍。

（五）　课时数分配表

序号	内容	讲课	实验	小计
1	概述	4		4
2	团队拓展训练的组织	2		2
3	团队破冰		4	4
4	团队创新性思维训练		4	4
5	团队意识训练的组织与实施		4	4
6	团队沟通能力的训练		4	4
7	团队信任意识的培养和训练		4	4
8	团队管理综合能力的训练		6	6
	合计	6	26	32

（六）　考核方式与评分说明

考查科目，本课程以课堂实训为主，故实训成绩即为该课程的总成绩，实训考核以平时课堂行为表现为主（60%），结合实训后的实训报告内容（40%），综合评定实训成绩。成绩最终按 A、B、C、D、E 五级进行评定。

XI　《社会调研实训》教学大纲

课程代码：1102519049

学分：0.5

时间：2 周

一、目的与任务

人力资源管理技能训练（社会调查）是本专业培养计划中的一个组成部分，目的是加强本专业学生对社会经济的了解，强化对所学理论知识的理解，进行业务技能的基本训练，培养和训练学生认识、观察社会的能力，提高分析问题、解决问题的基本能力与创新意识。

按照教学计划的安排，于第 4 学期短学期进行 2 周的认识实习。

二、基本要求

1. 指导思想：理论联系实际，发挥学生主体性，教师主导性，培养锻炼学生的社会调查能力，认识社会、了解社会。

2. 原则要求：要求学生自觉、自律，分组进行社会调查；指导老师加强指导、督促，保证社会调查质量。

三、内容

序号	项目名称	主要内容	应达到的能力标准	时间分配（天数）
1	确定调查方向和单位	根据本专业的特点，结合热点问题设计调查表格和调查提纲	调查提纲的完成	3
2	调查报告	实地调查收集资料，完成调查报告，字数 3500 字以上	调查报告的完成	7

四、考核方式与评分办法

学生的社会调查成绩，应根据学生社会调查及其报告的质量并考虑其在实习中表现综合测定。按学校学籍管理规定，实习成绩分为 A、B、C、D、E 五级制计入。对于实习表现突出，成绩优秀的学生，予以表彰；对无故不实习和抄袭他人社会调研报告的学生，其实习成绩作不及格处理；对于在实习期间犯有违纪行为的学生，不仅要进行批评教育，而且还应按违纪的情节轻重在成绩上作出降低成绩等级。

XII 《学年论文实训》教学大纲

课程代码：1102519051
课程名称：学年论文
学分：0.5
时间：2 周

一、目的与任务

学年论文是本专业培养计划中的一个重要的组成部分和整个专业教学过程中的重要环节。按照教学计划的安排，于第 6 学期进行 2 周的学年论文。

二、基本要求

1. 指导思想：为即将开展的毕业论文做准备。通过确定论文选题、收集相关资料，开展一定的文献整理工作。

2. 原则要求：要求学生自觉、自律开展学年论文工作；指导老师加强指导、督促，保证学年论文质量。

三、内容

（一）选择题目

选题，即选择研究课题。选题，有狭义与广义之分。狭义是指选择写作人力资源管理论文的题目；广义是指选择研究领域、确定科研方向。这里我们主要是指前者。正确地选择题目是人力资源管理论文写作的关键一步，人力资源管理论文的成败与否，论文成绩高低，在很大程度上取决于题目的选择，因此我们必须慎重对待题目的选择。在选题过程中指导教师应注意帮助学生掌握以下原则和方法。

1. 选题的一般原则。

（1）学术价值和社会急需原则。要选择有科学价值的课题。学术价值是人力资源管理理论研究和人力资源管理论文的生命。人力资源管理领域中有科学价值的新发现、新创造、新成果、新经验，是每个经济人力资源管理工作者努力追求的目标。科学价值体现在揭示规律、探求真理、有益于人力资源管理事业发展上。因此，对于凡是有科学价值的课题，都应在选择之列，尤其是要选择处于人力资源管理学科前沿领域和人力资源管理体制改革中急需解决的重大课题。在大量的人力资源管理问题中，有些是关系到人力资源管理事业发展的重大问题；有些是某个方面的关键；有些虽然没有学术价值，但对解决实际问题有指导作用；有些虽是一般问题，但其往往与社会生活和人力资源管理科学发展密切相关，迫切需要解决。

（2）量力而行原则。选择课题要充分考虑主观条件与客观条件，从实际出发，实事求是，量力而行。主观条件主要是指个人兴趣与爱好、知识水平和科研能力等统筹考虑，切不可好高骛远，强行为之。实践证明，凡是勉强为之的题目，是不可能出好的成果的。而选题适中，难易适度，通过努力可以取得成功。客观条件是指占有资料的条件和指导老师的条件。选题需要阅读有关的文献资料，需要了解研究内容的历史和现状，这对于学生而言是必需的。所以应当注意选择那些能够获得丰富资料的课题，这将有利于人力资源管理科研的展开和高质量论文的写作。

学生在实际选题过程中往往容易犯以下两方面的错误：

一是选题过大，过于空泛。如"关于中国人力资源管理改革的研究"，"中国市场经济发展与人力资源管理改革"，等等，选题不宜过大，过大了，会造成面面俱到，不着边际，什么问题都谈到，什么问题也说不清楚，难以将论题说深说透。

二是选题过于陈旧，缺乏新意。如"加入 WTO 与中国人力资源管理改革"等。这些问题如在前些年尚可，但现在仍然只是泛泛地研究这样的课题，就没有多大意义，而需要的是深入研究。

2. 选题方法。每个人写作人力资源管理论文的基本条件都不同，因而选题方法也是不同的，我们必须在坚持上述选题原则的基础上，寻求适合自己的基本条件的选题方法，才能取得事半功倍的效果。

（1）从指导老师的专长入手，与学生协商选题。人力资源管理理论文章大体可以分为总结实践经验的理论文章、探讨研究人力资源管理理论、政策的文章等。应根据指导老师擅长的研究领域，结合学生兴趣进行选择。例如对人才测评问题，或在实际工作中从事人员培训工作，人员聘任中存在的问题进行分析，并提出解决的办法。

（2）小处入手。选择问题的开口要小，就是说选题在保证有充分的发挥余地的前提下，要尽可能小一些，小一些的问题容易说透，如同尖刀，可以插得深一些一样。仍以上述人员测评为例，如果笼统地写如何开展人员测评，或如何解决测评过程中存在的主要问题，当然也可以，但显然缺乏足够的深度，但是如果仅就评价效度一方面的问题，就较容易写出深度来，例如，评价量表的建立问题、评价记分的问题、评价的效标问题等。

（二）　收集资料

收集资料是人力资源管理论文写作的基础和前提。收集资料是件花时多、费力大的繁而艰巨的工作，要占有丰富的资料，不仅仅需要勤奋，还必须掌握科学方法。在资料收集过程中，指导教师应对资料来源、图书馆的使用、资料的出处，及时对学生给予指导。任何研究都有一个研究的发展历史，不可能是空穴来风，具体来说：

1. 要对所选题目中选题中涉及的研究资料进行梳理，弄清主次真伪，以便有重点、有计划、有目的地加以运用。

2. 要以自己的选题为中心，到各种人力资源管理期刊、经济期刊、论文集及其他文献资料、人力资源管理统计报表、人力资源管理年鉴，以及各种有关文件中等搜集资料，并可结合自己的论文进行必要的调查研究。

3. 要对收集来的材料在消化的基础上，进行认真而刻苦的研究，努力做到由此及彼、由表及里、去伪存真、去粗取精。特别是对于他人的研究成果和见解，要采取严肃的科学态度，使之成为鉴戒或起点。

（三） 论文撰写

在确定选题、收集资料基础上，撰写学年论文，完成字数 5000 字以上。

四、考核方式与评分办法

学生的学年论文成绩，应根据学生学年论文的质量并考虑其在学年论文工作中表现综合测定。按学校学籍管理规定，学年论文成绩分为 A、B、C、D、E 五级制计入。对于学年论文工作表现突出，成绩优秀的学生，予以表彰；对无故不撰写学年论文和抄袭他人学年论文的学生，其学年论文成绩作不及格处理；对于在学年论文期间犯有违纪行为的学生，不仅要进行批评教育，而且还应按违纪的情节轻重在成绩上作出降低成绩等级。

XⅢ 人力资源管理专业毕业实习教学大纲

课程代码：1102519052
课程名称：毕业实习
学分：2
时间：4 周

一、目的与任务

毕业实习是本专业培养计划中的一个重要的组成部分和整个专业教学过程中的重要环节。按照教学计划的安排，于第 8 学期进行 4 周的毕业实习。

二、基本要求

1. 指导思想：理论联系实际，发挥学生主体性，教师和实习单位指导老师主导性，培养锻炼学生的专业实践能力。通过深入调研，认识社会，了解社会，为毕业论文的完成做好调研工作，同时为就业做积极准备。

2. 原则要求：要求学生自觉、自律进行毕业实习；指导老师和实习单位指导老师加强指导、督促，保证毕业实习质量。

三、内容

毕业实习阶段是主要的实践环节，为期 4 周。此阶段实习具体安排如下：从第 8 学期开始学生分赴实习单位（具体时间由各学年视实际情况决定），具体落实实习岗位和岗位指导老师，开展实习工作。实习结束时，应同时完成毕业实习报告，并由实习单位对学生的毕业实习报告作书面鉴定，作为对实习的考核材料之一。

四、考核方式与评分办法

学生的毕业实习成绩，应根据学生毕业实习及其报告的质量并考虑其在毕业实习中表现综合测定。按学校学籍管理规定，实习成绩分为 A、B、C、D、E 五级制计入。对于毕业实习表现突出，成绩优秀的学生，予以表彰；对无故不实习和抄袭他人毕业实习报告的学生，其毕业实习成绩作不及格处理；对于在毕业实习期间犯有违纪行为的学生，不仅要进行批评教育，而且还应按违纪的情节轻重在成绩上作出降低成绩等级。

XIV 人力资源管理专业毕业论文（设计）教学大纲

课程代码：1102519063
课程名称：毕业论文（设计）
学分：7
时间：14 周

一、目的与任务

人力资源管理毕业论文的写作，是人力资源管理专业学生的一门重要的课程。人力资源管理毕业论文是用来阐述人力资源管理问题、提示经济人力资源管理规律、公布人力资源管理研究成果的论说文章。它既是人们从事人力资源管理科学研究的一种手段，也是进行人力资源管理学术交流的一种工具。人力资源管理论文的写作与其他文章的写作一样，要有论题、论点、论据等等，但人力资源管理理论文章的写作又有其自身的一些特点和要求。人力资源管理论文实际上是对某一人力资源管理问题的研究，并将研究成果描述出来。

二、基本要求

1. 指导思想：理论联系实际，发挥学生主体性，教师主导性。对学生而言，毕业论文是对过去几年学过的人力资源管理相关知识综合运用能力的一种检验。人力资源管理论文的写作具体来说主要包括选择课题、搜集资料、研究他人成果、学习理论、调查研究、整理资料、分析资料、提炼观点、撰写文章等步骤。

2. 原则要求：要求学生自觉、自律进行毕业论文写作；指导老师加强指导、督促，保证毕业论文质量。

三、内容

（一） 毕业论文 （设计） 写作

1. 毕业论文（设计）的写作过程。

完成一篇毕业论文（设计），大体要经过以下几个主要步骤：选择一个适当的课题→收集、占有资料→确立论点，选定材料→拟定写作提纲→撰写初稿→修改定稿。

撰写毕业论文（设计）的过程，也可以说是一项科学研究工作过程，其首要问题是选择一个适当的课题，即确定论文（设计）将要研究的对象，研究哪方面的内容，明确研究工作的方向、范围和目标。

研究课题确立以后，就要根据论文（设计）的选题，收集和占有完成毕业论文（设计）所必需的资料，占有全面、准确、足够的资料是完成毕业论文（设计）的基础。

鲜明、正确的论点，充分、确凿的论据是一篇优秀论文（设计）的精髓。论点的确立是在对占有大量的资料进行分析整理的基础上，结合自己所学的知识和实践经验，经过归纳总结而形成的。因此，论点的确立与材料的选择是一个相辅相成的过程。

写作提纲是作者对论文写作思路、写作方法和论文结构框架的总体设计。拟写写作提纲，就好比是为一篇文章搭好一个骨架。

撰写初稿并修改定稿。就是按照拟定的论文写作提纲执笔撰写论文，这好比是为搭好骨架的文章填充"血"和"肉"，并经过思考——修改——再思考——再修改的不断完善的过程，使论文达到观点明确，论据充分，材料翔实，结构合理、严谨，语言流畅、生动等要求。

2. 毕业论文（设计）的构成项目。

毕业论文（设计）的构成，一般包括以下项目：

（1）标题。毕业论文（设计）的标题要简洁、明了，使读者一看就能了解论文的中心思想。

（2）目录。篇幅比较长，分章、分节，并加有大小标题的毕业论文（设计）要写出目录。这样使人一看便能了解论文的大致结构和内容。目录前面加上序码，后面标明页数。

（3）内容提要。篇幅比较长的毕业论文（设计），要在正文前附有内容提要。内容提要要求用高度概括的语言，全面反映论文的要点，尤其是要揭示作者的创见，以便读者掌握论文的主旨，并引起阅读的兴趣。

（4）正文。正文是毕业论文（设计）构成的主体。包括立论、本论、结论三个部分。这三个部分一般在行文上不必明确标示出来。但论文的主体部分如果分为若干章、节或部分，则尽可能用小标题表示出来。

（5）参考文献。毕业论文（设计）正文之后要列出使用过的主要参考文献，包括专著、论文及其他重要资料。所列的参考文献，应按使用的先后顺序列出，应是正式出版物，未公开发表的资料不必列出。列出参考文献的作用有两个：一是引文有差错，便于查找；二是便于审查者从所引的参考文献中看出论文作者阅读材料的范围和努力程度，有利于考查。参考文献的顺序一般为：对于著作类依次为作者、书名、出版社、出版时间等；对于文章类依次为作者、文章名、刊物名、刊物期号等。

（二）　毕业论文（设计）的答辩

毕业论文（设计）的答辩，是审查论文的一种补充形式。通过答辩，可以了解学生的撰写过程、对课题研究的深度和广度以及存在的问题，以便综合考核学生的学术水平和研究能力。通过答辩，也可以使学生了解到自己的不足之处，明确今后努力的方向。

答辩时，提出的问题应该是针对论文本身所涉及的学术性问题，包括不清楚、不确切、不完善之处。提出问题之后，让答辩者稍做准备，然后再回答。

答辩者在回答答辩小组提出的问题时，一定要抓住要点，简明扼要地回答，切不可不懂装懂，胡乱作答。

为使答辩能顺利通过，并能表现出自己应有的学术水平，在答辩前应对可能涉及的问题做比较充分的准备。应准备的问题一般有：

（1）自己为什么选择这一课题？这一课题有什么科研价值和现实意义？

（2）所选的这一课题曾有哪些人研究过，已有哪些研究成果？有哪些问题还没有解决？自己有什么新的见解，提出和解决了哪些问题？

（3）自己所写的论文的基本观点和立论根据是什么？

（4）对本课题的研究设想，还有哪些问题需要今后进一步研究和探讨。

（5）文中涉及的引文及一些重要的概念、定义等，自己是否清楚。（引文要注明出处）

（6）有没有什么特别需要说明的地方。

（三）　指导教师的责任

指导教师在学生完成毕业论文（设计）的过程中负有重要责任。指导教师的积极性、创造性的发挥和工作的责任感，对于保证和提高学生的毕业论文（设计）的质量和水平至关重要。

指导教师的主要职责有：

（1）根据专业特点和学校对毕业论文（设计）的要求，做好宣传工作，使学生明确写好毕业论文（设计）对提高综合能力、创新能力的意义。

（2）了解学生本人的学习情况、写作能力及毕业实习环节中所了解和研究的问题，以便从实际出发来指导学生完成毕业论文（设计）。

（3）指导学生正确进行选题，对学生所选论题的中心及重点、难点进行讲解、说明和剖析，在此基础上指导学生拟订毕业论文（设计）的提纲。

（4）给学生指定有关的文献和参考资料，指导学生到对口的单位去调查、实践和搜集材料，指导学生将所搜集到的材料进行恰当地选择和使用，并帮助学生解答各种疑难问题。

（5）具体指导学生的写作过程。

（6）审阅和批改毕业论文（设计）文稿，并写出评语，对学生的毕业论文（设计）要进行严格的审查，如发现有抄袭他人的作品又拒不承认和改正者，应在评语中加以注明，并向毕业论文指导小组报告。

（7）指导学生深入思考自己论文的论点、论据，帮助学生做好答辩前的准备工作。

四、考核方式与评分办法

毕业论文（设计）成绩由毕业论文（设计）答辩工作小组评定，成绩评定的主要依据是毕业论文（设计）质量和答辩成绩，成绩分为优秀、良好、中等、及格和不及格五级。

附录

附录一　人力资源管理专业培养方案

一、培养目标

人力资源管理专业培养具备较高的政治素养、良好的道德修养，基础扎实，具有人力资源管理方面的基本理论、基础知识和基本技能，知识面宽，身心健康，有较强学习能力、交流能力、实践能力和创新创业精神的应用型高级专门人才。学生毕业后可以在各类工商企业或管理咨询服务业，以及政府机关、群众团体、事业单位及其他相关部门从事人力资源管理实际工作，或继续深造攻读研究生。

二、培养规格要求

（一）　基本要求

1. 具备较高的政治素养和良好的身心素质；具有较强的自信心、进取心、事业心和社会责任感；具备良好的道德修养和敬业精神、团队精神、创新创业精神。

2. 比较系统地掌握管理学学科和人力资源管理专业的基础理论、基本知识和必要的专门知识，了解管理学学科和人力资源管理专业的发展动态和趋势、熟悉相近学科和交叉学科的相关知识；具备一定的人文社会科学、自然科学和工科方面的基本知识。

3. 具有较强的学习能力、沟通协调能力以及社会适应能力；语言和文字表达能力强，基本掌握一门外国语，具备计算机基础应用能力；具有较强的动手能力、社会实践能力；初步形成科学的思维方法，具备创新意识、创新精神和一定的创新能力，具有从事人力资源管理专业业务工作的能力和进一步深造的潜力。

（二）　业务规格要求

人力资源管理专业学生主要学习管理学、经济学及人力资源管理方面的基本理论和基本知识，受到人力资源管理方法与技巧的基本训练，具有发现、分析和解决人力资源管理问题的基本能力。

毕业生应获得以下几方面的知识和能力：

1. 掌握管理学、经济学及人力资源管理的基本理论、基本知识。
2. 掌握人力资源管理的定性和定量分析方法。
3. 具有较为丰富的人力资源管理实验实践学习经历和能力。
4. 具有较强的语言与文字表达、人际沟通、组织协调及政策拟定能力。
5. 熟悉有关人力资源管理的方针、政策、法律和法规。
6. 了解本学科理论前沿与发展动态。

7. 具备信息搜集与处理能力，具有初步的科研和实际工作能力。

8. 具有阅读、翻译商务外语的能力和较高的计算机应用能力。

三、课程结构关系示意图

未列课程表示无先后顺序，部分有先后顺序的课程可以同时安排。未列课程有：马克思主义基本原理概论；毛泽东思想和中国特色社会主义理论概论；中国近代史纲要；体育以及公共选修课等。

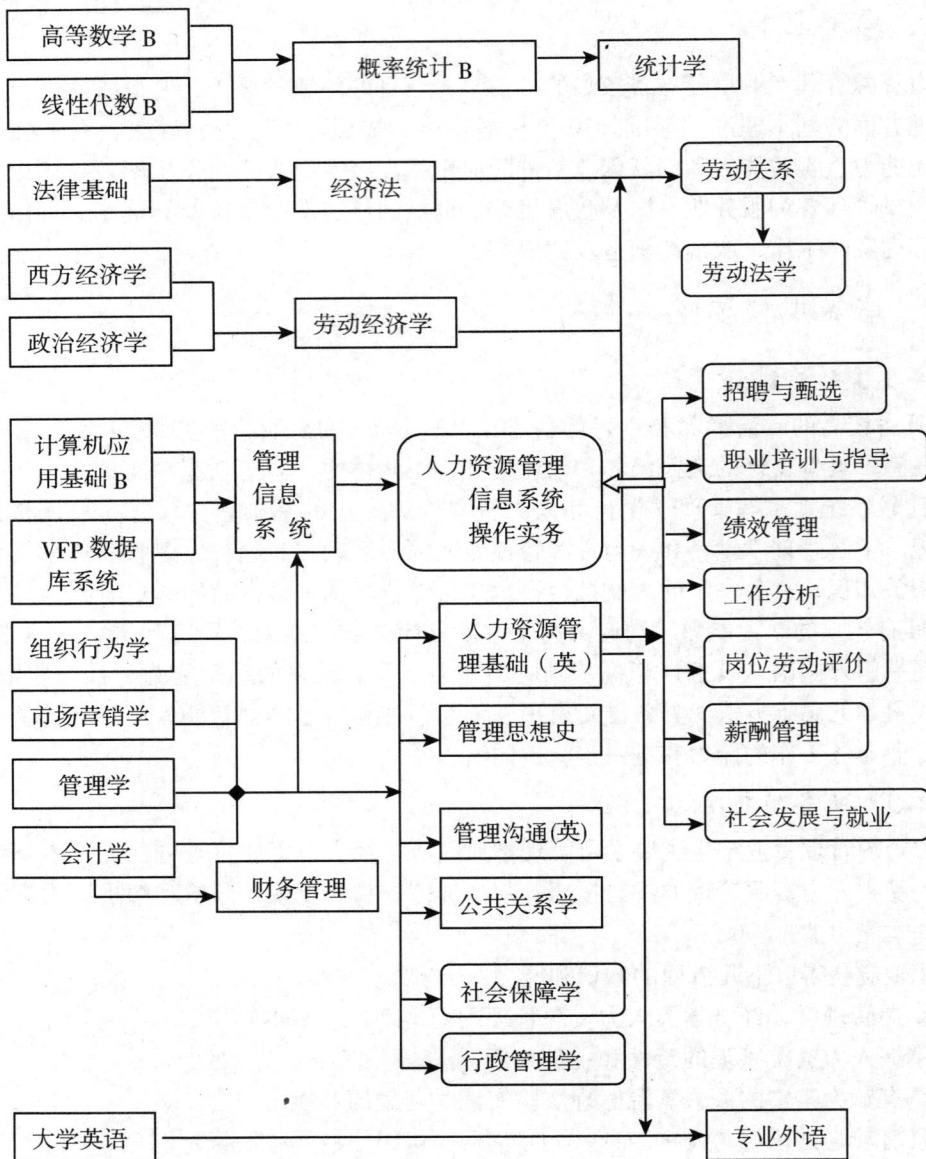

模块一：企事业人力资源管理模块

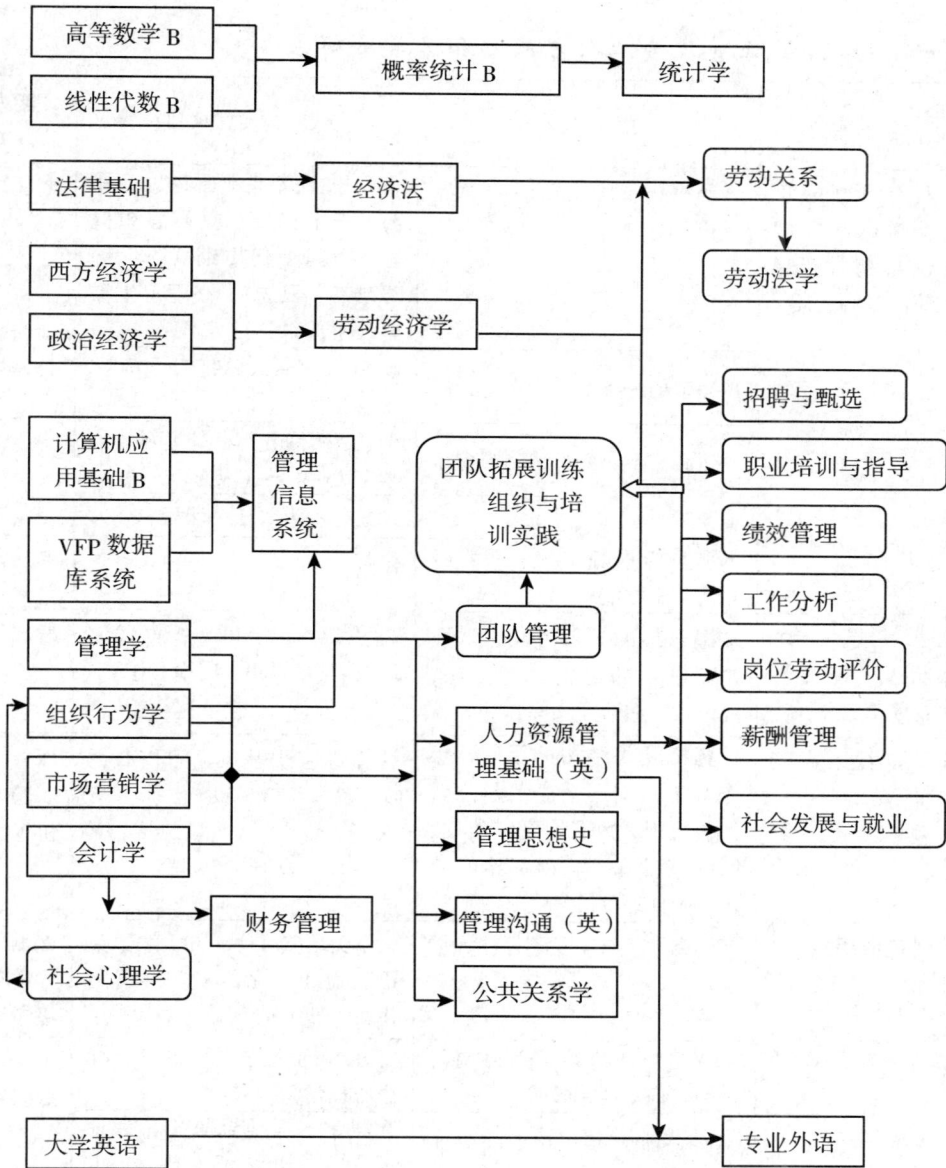

模块二：人力资源团队培训模块

附录二 人力资源管理专业教学与能力培养

（一）人力资源管理专业人才能力和素质分解表

专业能力	专项能力	能力要求	对应课程与实践项目设置	能力测评方式
基本素质与基本能力	具有良好的职业道德和开拓创新精神；健康的身心素质	热爱祖国，树立正确的世界观和人生观	马克思主义基本原理、毛邓与"三个代表"重要思想概论、中国近代史纲要、形势与政策（限选）、心理卫生保健（限选）	考试与考查
		掌握市场经济基本知识	政治经济学、西方经济学Ⅰ、Ⅱ	
		责任心、事业心、法制观念	思想道德修养与法律基础、大学生就业指导（限选）	
		审美观	人文艺术类的任选课程	
		掌握科学锻炼身体、保养身体的基本技能	体育	达标
一般工具应用能力	学习能力、逻辑思考能力与文字表达能力	掌握合理的学习方法，掌握判断事物的逻辑思考方法，能进行一些应用文写作	高等数学B1、B2、线性代数B、概率统计B、应用写作	考试与考查
	信息技术应用能力	计算机硬件结构的了解、操作系统的使用、常用办公软件的使用、数据库系统使用、网络基础知识、浏览器的使用、邮件使用	计算机应用基础、VFP数据库系统	课程考试与实验、计算机等级考试
	外语应用能力	英语阅读、听说及笔译能力	大学英语（Ⅰ-Ⅳ），大学英语听力Ⅰ、Ⅱ，大学英语写作，专业外语	课程考试、大学英语等级考试
管理基础能力	协作、沟通能力	企业内外部公共关系协调与沟通、商务谈判技术	管理沟通、公共关系学、社会心理学	考试、实验、实训
	管理知识学习与应用能力	掌握管理类专业必需的专业知识能力及相应的应用能力	管理学、管理思想史、会计学、统计学、行政管理学、市场营销学	
	管理技术应用能力	应用管理技术与工具进行人力资源管理分析、设计、策划能力	管理信息系统、人力资源管理信息系统操作实务	
	政策理解与制定能力	掌握人力资源管理政策与相关法律	经济法、劳动关系、劳动法学	

续表

专业 能力	专项能力	能力要求	对应课程与实践项目设置	能力测 评方式
人力资源管理专业能力	规划分析能力	独立进行市场调查、分析及预测的能力、应用调研工具调研方法的能力、调研策划能力	人力资源管理基础、劳动经济学、社会发展与就业、社会保障学	考试、实验、实训、竞赛
	组织执行能力	机构、人员、流程设置的计划与执行能力、组织能力	工作分析、岗位劳动评价	
	团队管理能力	熟悉员工心理把握员工需求的能力、发展与维系团队的能力	团队管理、团队拓展训练组织与培训实践、组织行为学	
	人事策划能力	制订企业人力资源发展战略和人力资源管理方案的能力	招聘与甄选、职业培训与指导、绩效管理、薪酬管理	
	综合应用及创新能力	分析研究特定项目或案例的能力，结合社会实践、毕业实习进行毕业设计的能力	短学期实训、人力资源毕业设计综合实训、人力资源管理沙盘实训、团队拓展训练组织与培训实践	

（二） 人力资源管理专业实践能力培养框架图

培养的专业实践 能力名称		能力描述	对应应完成的实验实训项目	
			实验实训 项目编号	实验实训项目名称
人力资源管理基础能力	管理知识学习与应用能力	管理知识学习与应用能力，管理技术应用能力，协作、沟通能力，政策理解与制定能力	A***	《会计学》实验项目，参见《会计实践指导书》
			B001	Excel 变量数列编制实验
			B002	Excel 分布特征值计算实验
			B003	Excel 趋势方程拟合、综合指数计算实验
			B004	Excel 抽样区间估计、回归分析实验
			C001	需求分析
			C002	系统设计
			C003	数据设计
			C004	程序设计
			C005	软件测试
			D001	基础数据初始化
			D002	采购管理
			D003	生产计划
			D004	生产管理
			D005	销售管理
			D006	应收应付管理

培养的专业实践能力名称		能力描述	对应应完成的实验实训项目	
			实验实训项目编号	实验实训项目名称
人力资源管理专业能力	人力资源规划与设计能力	制订企业人力资源发展战略能力，机构、岗位、人员、流程设置的计划与执行能力、组织能力	E001	访谈提纲编写实验
			E001	职务分析问卷设计实验
			E002	服务类岗位说明书编写实验
			E003	培训专员工作说明书设计实验
			F001	A 企业人力资源规划方案编制
	人力资源招聘与配置能力	人员招聘、录用、调配能力，人力资源素质测评能力	G001	16PF 个性测验
			G002	职业锚测验
			G003	职业发展规划测验
			G004	职业兴趣测验
			G005	能力测验
			G006	评价中心演练
			G007	案例中心演练
			G008	人力资源测评教学软件学习
			G009	时间知觉测验
			G010	空间知觉测验
			G011	模拟招聘与录用
	人力资源培训与开发能力	熟悉员工心理把握员工需求的能力、制订与实施人力资源教育培训、开发的日常工作能力	H001	SCL-90 症状自评量表测试
			H002	认知方式测试
			H003	"不要激怒我"沟通游戏
			I001	管理游戏——通天塔
			I002	培训计划制定
			I003	培训成果转化设计
			I004	企业培训效果评估
			I005	企业员工培训综合实验
	绩效与薪酬管理能力	熟悉绩效管理流程，制订绩效管理方案、绩效考核指标及实施绩效考核活动的能力 薪酬分配政策策划能力，薪酬调查能力、岗位管理与评价能力，薪酬日常管理的实施能力	J001	工作日写实实验
			J002	时间分析实验
			J003	劳动强度计测实验
			J004	工作疲劳测定实验
			J005	粉尘计测实验
			K001	关键绩效法的记录及其运用
			K002	T 公司绩效管理方案的重新设计
			L001	薪酬调查
			L002	薪酬方案设计
	劳动关系管理能力	解读劳动关系与劳动保障政策能力，劳动关系维护与团队管理能力，劳动关系日常管理能力	M001	劳动合同起草实验
			M002	劳动合同管理实验
			M003	劳动关系诊断
			M004	劳动争议诉讼模拟实验
			M005	劳动争议案例分析实验

培养的专业实践能力名称		能力描述	对应应完成的实验实训项目	
			实验实训项目编号	实验实训项目名称
人力资源管理综合能力	综合应用及创新能力	分析研究特定项目或案例的能力，发展与维系团队的能力，结合社会实践、毕业实习进行毕业设计的能力	N001	系统构建实验
			N002	机构管理实验
			N003	岗位管理实验
			N004	组织管理实验
			N005	工作流管理实验
			N006	信息录入及编辑查看实验
			N007	信息查询和统计实验
			N008	登记表和花名册实验
			N009	人员变动实验
			N010	统计报表实验
			N011	领导查询实验
			N012	用户权限管理实验
			N013	指标代码维护实验
			N014	数据库维护实验
			N015	工具箱实验
			N016	附加工具实验
			N017	招聘管理实验
			N018	劳动合同管理实验
			N019	企业薪资管理实验
			N020	保险业务管理实验
			N021	教育培训管理实验
			N022	绩效考核管理实验
			N023	考勤业务管理实验
			O001	人力资源管理沙盘实验
			P001	团队破冰
			P002	团队创新性思维训练
			P003	团队意识训练的组织与实施
			P004	团队沟通能力的训练
			P005	团队信任意识的培养和训练
			P006	团队管理综合能力的训练
			Q001	社会调研实训
			R001	学年论文实训
			S001	毕业（设计）论文实训

（三） 课程与实验项目对照表

课程名称	实验实训项目编号	实验实训项目名称	备注
会计学 （代码 A）	A＊＊＊	参见《会计学实践指导书》	
统计学 （代码 B）	B001Excel	变量数列编制实验	
	B002Excel	分布特征值计算实验	
	B003Excel	趋势方程拟合、综合指数计算实验	
	B004Excel	抽样区间估计、回归分析实验	
管理信息系统 （代码 C）	C001	需求分析	
	C002	系统设计	
	C003	数据设计	
	C004	程序设计	
	C005	软件测试	
ERP 综合训练 （代码 D）	D001	基础数据初始化	
	D002	采购管理	
	D003	生产计划	
	D004	生产管理	
	D005	销售管理	
	D006	应收应付管理	
工作分析 （代码 E）	E001	访谈提纲编写实验	
	E002	职务分析问卷设计实验	
	E003	服务类岗位说明书编写实验	
	E004	培训专员工作说明书设计实验	
人力资源管理基础 （代码 F）	F001	A 企业人力资源规划方案编制	
招聘与甄选 （代码 G）	G001	16PF 个性测验	
	G002	职业锚测验	
	G003	职业发展规划测验	
	G004	职业兴趣测验	
	G005	能力测验	
	G006	评价中心演练	
	G007	案例中心演练	
	G008	人力资源测评教学软件学习	
	G009	时间知觉测验	
	G010	空间知觉测验	
	G011	模拟招聘与录用	
社会心理学 （代码 H）	H001	SCL－90 症状自评量表测试	
	H002	认知方式测试	
	H003	"不要激怒我"沟通游戏	
职业培训与指导 （代码 I）	I001	管理游戏——通天塔	
	I002	培训计划制定	
	I003	培训成果转化设计	
	I004	企业培训效果评估	
	I005	企业员工培训综合实验	

续表

课程名称	实验实训项目编号	实验实训项目名称	备注
岗位劳动评价 （代码 J）	J001	工作日写实实验	
	J002	时间分析实验	
	J003	劳动强度计测实验	
	J004	工作疲劳测定实验	
	J005	粉尘计测实验	
绩效管理 （代码 K）	K001	关键绩效法的记录及其运用	
	K002	T 公司绩效管理方案的重新设计	
薪酬设计与管理 （代码 L）	L001	薪酬调查	
	L002	薪酬管理方案设计综合实验	
劳动关系学 （代码 M）	M001	劳动合同起草实验	
	M002	劳动合同管理实验	
	M003	劳动关系诊断	
	M004	劳动争议诉讼模拟实验	
	M005	劳动争议案例分析实验	
人力资源管理信系 统操作实务 （代码 N）	N001	系统构建实验	
	N002	机构管理实验	
	N003	岗位管理实验	
	N004	组织管理实验	
	N005	工作流管理实验	
	N006	信息录入及编辑查看实验	
	N007	信息查询和统计实验	
	N008	登记表和花名册实验	
	N009	人员变动实验	
	N010	统计报表实验	
	N011	领导查询实验	
	N012	用户权限管理实验	
	N013	指标代码维护实验	
	N014	数据库维护实验	
	N015	工具箱实验	
	N016	附加工具实验	
	N017	招聘管理实验	
	N018	劳动合同管理实验	
	N019	企业薪资管理实验	
	N020	保险业务管理实验	
	N021	教育培训管理实验	
	N022	绩效考核管理实验	
	N023	考勤业务管理实验	
人力资源管理沙盘 模拟 （代码 O）	O001	人力资源管理沙盘实验	

课程名称	实验实训项目编号	实验实训项目名称	备注
团队拓展训练组织与培训实践（代码 P）	P001	团队破冰	
	P002	团队创新性思维训练	
	P003	团队意识训练的组织与实施	
	P004	团队沟通能力的训练	
	P005	团队信任意识的培养和训练	
	P006	团队管理综合能力训练	
社会调研实训（代码 Q）	Q001	社会调研实训	
学年论文实训（代码 R）	R001	学年论文实训	
毕业（设计）论文实训（代码 S）	S001	毕业（设计）论文实训	

参考书目

1. 黄希庭：《人格心理学》，浙江教育出版社 2002 年版。

2. 彭凯平：《心理测验——原理与实践》，华夏出版社 1989 年版。

3. 王重鸣：《管理心理学》，人民教育出版社 2005 年版。

4. 王垒、姚宏、廖芳怡等：《实用心理测量》，经济科学出版社 1999 年版。

5. 萧鸣政：《人员测评理论与方法》，中国劳动社会保障出版社 2004 年版。

6. 陈国鹏：《心理测验学与常用量表》，上海科学普及出版社 2005 年版。

7. 王桦宇：《人力资源管理实用必备工具箱》，中国法制出版社 2010 年版。

8. 黄新发、汤云周：《企业人力资源法律实务：指引与对策》，中国法制出版社 2009 年版。

9. 徐进、付勇、王洋林：《劳动合同争议处理法律依据与案例指导》，中国法制出版社 2008 年版。

10. 谌新民、张帆编著：《工作岗位设计》，广东经济出版社 2000 年版。

11. 周文、刘立明、黄江瑛：《工作分析与工作设计》，湖南科学技术出版社 2005 年版。

12. 彭剑锋、张望军等：《职位分析技术与方法》，中国人民大学出版社 2004 年版。

13. 赵永乐、朱燕等：《工作分析与设计》，上海交通大学出版社 2006 年版。

14. 付亚和：《工作分析》，复旦大学出版社 2005 年版。

15. ［美］加里·德斯勒著，刘昕、吴雯芳等译：《人力资源管理》，中国人民大学出版社 1999 年版。

16. ［美］R. 韦恩·蒙迪，罗伯物·M·诺埃，沙恩·R·普雷梅克斯著，葛新权等译：《人力资源管理》，经济科学出版社 2003 年版。

17. ［美］罗宾斯著，孙健敏、李原等译：《组织行为学》（第七版），中国人民大学出版社 1997 年版。

18. 萧鸣政：《工作分析的理论与方法》，兵器工业出版社 1997 年版。

19. 姚若松、苗群英：《工作岗位分析》，中国纺织出版社 2003 年版。

20. 北森测评技术有限公司：《人力资源测评》，2008 年。

21. 北森测评技术有限公司：《北森人力资源测评教学系统使用手册》，2008 年。